Prinzenkinder

Erscheinungsbild, mögliche Ursachen und Behandlungsansätze
bei autistischem Syndrom

von

Alexandra Hüge

D1717959

Tectum Verlag
Marburg 2000

Die Deutsche Bibliothek - CIP-Einheitsaufnahme

Hüge, Alexandra:
Prinzenkinder.
Erscheinungsbild, mögliche Ursachen und Behandlungsansätze bei autistischem
Syndrom.
/ von Alexandra Hüge
- Marburg : Tectum Verlag, 2000
ISBN 978-3-8288-8109-9

© Tectum Verlag

Tectum Verlag
Marburg 2000

INHALTSVERZEICHNIS

1. EINLEITUNG

„Wenn man einem Kind zuschauen muß, das sich unentwegt in die eigene Hand beißt, das wie hypnotisiert einen Aschenbecher rotieren läßt, das stundenlang ein Staubkorn anstarrt oder wie ein verwundetes Tier aufschreit, sobald sich jemand ihm nähert, das stundenlang mit den Händen sein Gesicht beklatscht oder das sich mit seinem eigenen Kot den Körper beschmiert - und all dies mit einem leeren Blick in den Augen -, da kann man es mit der Angst zu tun bekommen. Das ist das autistische Kind."

Carl H. DELACATO[1]

Ähnlich ging es mir bei meinem ersten persönlichen Kontakt mit einem autistischen Menschen. Dies war zu Beginn meines Studiums während eines Praktikums in einer Werkstatt für Behinderte (WfB). B. war gerade neu in die Werkstatt aufgenommen worden, da sie aus Altersgründen die Schule für praktisch Bildbare nicht länger besuchen konnte. Aufgrund ihrer ausgeprägten Symptomatik hatte man sie der Schwerbehindertengruppe der WfB zugeteilt. Dort lernte ich sie kennen. Der erste Eindruck und auch die nachfolgenden waren für mich erschreckend. B. machte nicht nur den Eindruck geistig, sondern auch körperlich nicht altersgemäß entwickelt zu sein. Ihre Bewegungen waren steif und ungelenk, und sie war schrecklich dünn. So saß sie, wenn sie nicht zwischendurch zum Essen oder zur Toilette mußte, den ganzen Tag mit ausgestreckten Beinen auf einer Matratze in einer Ecke des Zimmers, in die man sie am Morgen gesetzt hatte. Dort gab sie sich ihren stereotypen und selbstverletzenden Handlungen hin, indem sie sich ständig in den Handrücken biß oder unkontrollierte Laute von sich gab. Sie sprach nicht und zeigte auch keine Bereitschaft, Blickkontakt aufzunehmen. Laut Information der Eltern gab es zuhause große Schwierigkeiten bei der Nahrungsaufnahme. Jede Veränderung der Körperlage versetzte sie in Panik. Der Gang aus dem Gruppenraum zu dem Bus, der sie nach Hause bringen sollte, schien eine Qual für sie zu sein. Beim Aufstehen von der Matratze half sie niemals mit. Ihre Beine blieben steif, und sie klammerte sich angstvoll an die Person, die sie hochzog. Jede Veränderung im Bodenbelag vermittelte ihr den Eindruck einer unüberwindlichen Stufe, und so wurde sie auch in den Bus hineingehoben, als sei sie gelähmt.

Dies waren meine ersten Erfahrungen mit einem autistischen Menschen. Entsprechend überrascht war ich, als ich zu Anfang des Jahres 1997 einen Jungen in B's Alter kennenlernte, der ebenfalls als „autistisch" diagnostiziert war. Dieser Junge war körperlich etwa altersgemäß entwickelt und sprach im Gegensatz zu B. sogar mit mir. Auch wenn seine Sprache etwas undeutlich war, so konnte er zumindest seine Bedürfnisse in ei-

---

[1] DELACATO, 1975, S. 9

nem gewissen Rahmen zum Ausdruck bringen. Als er aufgefordert wurde, mir sein Zimmer in der Wohngruppe zu zeigen, nahm er mich, obwohl er mich erst eine halbe Stunde kannte, an der Hand und führte mich dort hin. Gelegentlich kamen sogar kurze Blickkontakte zustande, denen er aber bald wieder auswich. Alles in allem machte er einen sehr aktiven und interessierten Eindruck. Seine Lieblingsbeschäftigung galt dem Auseinanderbauen von Elektrogeräten - besonders von Radios -. Zusammenbauen konnte er sie jedoch nicht mehr.

Aufgrund dieser Erfahrungen entwickelte ich ein verstärktes Interesse, mich mit dem Thema Autismus zu beschäftigen. In der nachfolgenden Arbeit werde ich versuchen, einen Gesamtüberlick über das „Phänomen" Autismus zu geben. Schwerpunktmäßig soll während der gesamten Arbeit die sich in frühester Kindheit manifestierende Form des Autismus-Syndroms - der Frühkindliche Autismus - bearbeitet werden.

Nach einer Darstellung der Symptomatik aus Sicht der Erstbeschreiber des „frühkindlichen Autismus" (KANNER) bzw. der „Autistischen Psychopathie" (ASPERGER) im ersten Kapitel erfolgt eine historischen Betrachtung offensichtlich autistischer Erscheinungsbilder aus den vorigen Jahrhunderten. Im Anschluß daran soll zunächst eine medizinische Einordnung des Autismus-Syndroms unter Zuhilfenahme der beiden Klassifikationsschemata DSM-IV und ICD-10 geschehen. Bereits hier erfolgt eine Darstellung des Erscheinungsbildes, die sich an den derzeitigen wissenschaftlichen Erkenntnissen orientiert. Nachfolgend wird dann kurz beschrieben, wie sich dieses Erscheinungsbild innerhalb der verschiedenen Lebensphasen verändert. Es werden sich Ausführungen zur Diagnostik, Differentialdiagnostik, Epidemiologie sowie zum Verlauf und zur Prognose bei Frühkindlichem Autismus anschließen. Ferner soll die schwierige Situation von Familien mit einem autistischen Familienmitglied dargestellt werden, bevor dann im nächsten Abschnitt Hilfsmöglichkeiten für betroffene Familien im Rahmen der Eltern- und Angehörigenarbeit vorgestellt werden. Zum Ende dieses ersten Kapitels werde ich auf die von mir durchgeführte Befragung zum therapeutischen Vorgehen im Rahmen der Autismusbehandlung eingehen.

In dem sich anschließenden Kapitel soll dann eine Auswahl von Verursachungstheorien vorgestellt werden.

Im letzten Kapitel werden Behandlungsmöglichkeiten beschrieben. Die Auswahl dieser Ansätze wird sich an den Ergebnissen meiner Befragung orientieren. Für mich war es wichtig, aus einer nahezu unüberschaubaren Zahl von Therapieansätzen eine am praktischen Nutzen orientierte Auswahl treffen zu können.

Es sei darauf hingewiesen, daß ich der Einfachheit halber, wenn die Rede von Therapeuten, Lehrern, Ärzten etc. ist, darauf verzichten werde, in jedem Fall auch die weibliche Form anzugeben. Selbstverständlich treffen derartige Aussagen auch auf Therapeutinnen, Lehrerinnen, Ärztinnen etc. zu. Außerdem werde ich Literatur, die ich erwähnt, aber nicht selbst eingesehen habe, nur in der Fußnote aufführen.

Gießen, im Februar 1998

2. DAS AUTISMUS-SYNDROM

2.1. Historischer Abriß

Die etymologischen Wurzeln des Begriffs „Autismus" finden ihren Ursprung im griechischen Wort "αυτοσ", welches „selbst" bedeutet. Der Begriff Autismus bzw. das Verb autistisch beschreibt somit zunächst das wohl „augenfälligste Merkmal autistischer Menschen: ihre Selbstbezogenheit."[2]

Geschaffen wurde dieser Begriff im Jahre 1911 durch den aus der Schweiz stammenden, bekannten Psychiater Eugen BLEULER[3]. Dieser bezeichnete mit „autistisch" eine Wesensart schizophrener Patienten, die er in seiner Arbeit an der Universitätsklinik Burghölzli immer wieder beobachten konnte. Er verstand unter Autismus lediglich ein Grundsymptom der Schizophrenie und nicht ein eigenständiges Krankheitsbild.[4] Autismus wird bei BLEULER beschrieben als eine Störung des Realitätsbezugs: „Die Schizophrenen verlieren den Kontakt mit der Wirklichkeit, die leichteren Fälle ganz unauffällig da und dort, die schwereren vollständig."[5]

> „Dafür leben sie in einer eingebildeten Welt von allerlei Wunscherfüllungen und Verfolgungsideen."[6]

Unabhängig voneinander beschrieben Leo KANNER - amerikanischer Kinderpsychiater - und Hans ASPERGER - Kinderarzt in Wien - im Jahr 1943 ihre Beobachtungen autistischer Verhaltensweisen bei Kindern.[7]

Leo KANNER, zu dieser Zeit Direktor der Child-Psychiatric-Klinik am John-Hopkins-Hospital in Baltimore, USA[8], nannte das beobachtete Erscheinungsbild „frühkindlichen Autismus" (early infantile autism). Bis heute gilt KANNERs Ansatz als der bedeutendere, da das von ihm beschriebene Krankheitsbild häufiger ist als die von ASPERGER beschriebene „autistische Psychopathie".[9] Den frühkindlichen Autismus kennzeichnen zwei zentrale Symptome:

---

[2] JANETZKE, 1997, S. 8
[3] BLEULER, Eugen (1911): Dementia praecox oder die Gruppe der Schizophrenien. In: ASCHAFFENBURG, G. (Hrsg.): Handbuch der Psychiatrie, Spezieller Teil, 4. Abteilung, 1. Hälfte, Leipzig; Wien.
[4] vgl. ROEDLER, 1983, S. 12
[5] BLEULER, 1983, S. 415; fünfzehnte, von M. BLEULER überarbeitete Auflage des erstmals 1916 erschienenen „Lehrbuch(s) der Psychiatrie".
[6] BLEULER, 1983, S. 415
[7] vgl. ROEDLER, 1983, S. 13
[8] vgl. DZIKOWSKI/VOGEL, 1993, S. 12
[9] vgl. ROEDLER, 1983, S. 14

1. Ein extremer Grad an Isolation von Geburt an.

> „In 1943, I reported eleven children whose withdrawal tendencies were noted as early as in the first year of life."[10]

Als eine grundlegende Störung nennt er ein von Geburt an bestehendes Unvermögen, mit anderen Menschen in Beziehung zu treten.

> „[...] a disability to relate themselves in the ordinary way to people and situations from the beginning of life".[11]

Die Folgen dieses Unvermögens beschrieben die Eltern folgendermaßen:

Die Kinder erschienen als Sich-selbst-genügend „self-sufficient"; wie in einer Schale oder Muschel „like in a shell"; alleingelassen am glücklichsten „happiest when left alone"; sich benehmend, als sei niemand sonst anwesend „acting as if people weren't there"; den Eindruck einer stillen Weisheit vermittelnd „giving the impression of silent wisdom". Weiterhin beschrieben die Mütter eine fehlende Antizipationshaltung der Kinder beim Aufnehmen, wie sie normalerweise ab dem vierten Lebensmonat zu erwarten wäre.[12] Etwa Zwei-Drittel der Kinder lernten sprechen, der Rest blieb stumm. Die sprechenden Kinder zeigten jedoch zahlreich Sprachauffälligkeiten, wie beispielsweise verzögerte Echolalie „delayed echolalia".[13]

2. Ein ängstliches Beharren auf die Gleicherhaltung sowohl der dinglichen, als auch der zeitlichen Ordnung.

> „The child's behavior is governed by an anxiously obsession desire for the maintenance of sameness that nobody but the child himself may disrupt on rare occasions. Changes of routine, of furniture arrangement, of a pattern, of the order in which everyday acts are carried out can drive him to despair."[14]

Als Beispiel beschreibt KANNER die Reaktion eines Jungen (John) auf das Eintreffen der Möbelpacker, die das Mobiliar für den geplanten Umzug einluden. Als diese in Johns Zimmer den Teppich zusammenrollten, wurde er „fanatisch". Erst, als in der neuen Wohnung seine Möbel so standen wie zuvor, ging er umher und musterte liebevoll jedes Teil. Bauklötze, Perlen und Stöcke wurden in einer bestimmten, immer gleichen Art und Weise zusammengefügt, selbst wenn es keine klare Absicht/kein klares Muster zu erkennen gab.[15]

Die beiden beschriebenen zentralen Symptome - auch Kardinalsymptome genannt - ziehen einige sekundäre Symptome nach sich, die bei jedem Kind mehr oder weniger

---

[10] KANNER, 1966, S. 739
[11] KANNER, 1966, S. 739
[12] vgl. KANNER, 1966, S. 739
[13] vgl. KANNER, 1966, S. 739 f.
[14] KANNER, 1966, S. 740
[15] vgl. KANNER, 1966, S. 740 f.

stark in Erscheinung treten können. Aus diesem Grund sind diese Symptome - Auffälligkeiten im kognitiven Bereich; psychische Auffälligkeiten; mangelnde Spontaneität etc. - nicht ausschlaggebend für die Diagnosestellung.[16]

> „Eine wichtige Stellung in der Arbeit Kanners über den frühkindlichen Autismus nehmen seine Untersuchungen über den familiären Hintergrund und die psychodynamische Situation dieser Kinder ein."[17]

KANNER fand weder bei den Eltern noch bei den Großeltern oder Tanten bzw. Onkeln nennenswerte psychotische Erkrankungen. Die Persönlichkeit aller Eltern wies jedoch gewisse Besonderheiten auf. Immer gehörten sie intellektuellen Kreisen an, waren als Wissenschaftler, Ärzte, Künstler etc. tätig. Den Müttern fehlte laut KANNER oft die mütterliche Wärme. Auch die Väter zeigten i.d.R. kein Interesse an den Kindern. Perfektionismus war unter den Eltern weit verbreitet. KANNERs Studien kam dies insofern zugute, als jedes kleine Detail bezüglich der kindlichen Entwicklung aufgezeichnet worden war. Trotzdem hielt KANNER die familiäre Situation nicht für die Ursache des Autismus, da dieser zu früh auftrat, um eine Reaktion auf elterliche Einflüsse zu sein. Er hielt den frühkindlichen Autismus vielmehr für angeboren.[18] Den Intelligenzquotient dieser Kinder bezeichnete er als sehr niedrig. Ihr tatsächliches geistiges Potential werde jedoch durch die grundlegende Störung verdeckt.[19]

Hans ASPERGER reichte im Oktober 1943 seine Habilitationsschrift zum Thema „Die Autistischen Psychopathen im Kindesalter" ein. Ich werde hier nur kurz darauf eingehen, wie ASPERGER das Erscheinungsbild der „Autistischen Psychopathie" beschreibt. Auf seinen Ansatz bezüglich der Verursachung und der pädagogischen Konsequenzen soll in Kapitel 3 (siehe 3.2.3) eingegangen werden.

Als Grundstörung sah ASPERGER bei den Betroffenen eine „Einengung der Beziehungen zur Umwelt"[20]. Diese Störung wirkt sich sowohl auf die Ausdruckserscheinungen als auch auf die Intelligenzleistung aus.

Die **Ausdruckserscheinungen** betreffen das Äußere, den Blick und die Sprache. Das Äußere dieser Kinder zeigt häufig „prinzenhafte" Züge. Ihr Blick haftet kaum an bestimmten Dingen oder Menschen, und ihm fehlt die Wachheit der Aufmerksamkeit, durch die der lebendige Kontakt normalerweise gekennzeichnet ist. Autistische Kinder sind arm an Mimik und Gestik.[21] Ihre Sprache ist so anders als die gesunder Kinder.

---

[16] vgl. ROEDLER, 1983, S. 16 ff.
[17] ROEDLER, 1983, S. 25
[18] vgl. ROEDLER, 1983, S. 25 ff.
[19] vgl. KANNER, 1966, S. 739
[20] ASPERGER, 1944, S. 120
[21] vgl. ASPERGER, 1944, S. 112 f.

„[...]: einmal ist die Stimme auffallend leise und fern, vornehm-näselnd, dann wieder schrill, krähend, unangepaßt laut, daß es einem förmlich im Ohr wehtut; einmal geht sie monoton dahin, ohne Hebung und Senkung - [...] -, ist ein leiernder Singsang; oder aber die Sprache ist übertrieben moduliert, wirkt wie eine schlechte Deklamation, wird mit übertriebenem Pathos vorgetragen."[22]

Die **Intelligenzleistungen** der sogenannten ASPERGER-Autisten gelten als gut bis durchschnittlich. Eine besondere Fähigkeit im Beobachten führt dazu, daß sich häufig Sonderinteressen entwickeln. Diese können im Bereich der Naturwissenschaften, der Literatur oder beispielsweise der Kunst liegen.[23]

Am tiefgreifendsten sind die Auswirkungen der Grundstörung im **Umgang mit anderen Menschen**, besonders mit Familienmitgliedern. Innerhalb der Familien spielen Gefühle normalerweise eine große Rolle. Die in ihrem Gefühlsmäßigen eingeengten Autisten stehen diesen familiären Gefühlen mit Abwehr gegenüber. Über dieses gefühllose Verhalten sind die Eltern besonders unglücklich. Autistische Bosheitsakte und negativistische Reaktionen sind ebenfalls häufig.[24] Das mangelnde Intesesse an der Umwelt führt dazu, daß die Kinder sich in stereotyper Weise mit Dingen beschäftigen oder einfache Bewegungsstereotypien, wie rhythmisches Wackeln, zeigen.[25]

Der holländische Kinderspychiater VAN KREVELEN beschrieb 1952 als erster Europäer seine Beobachtungen eines frühkindlichen Autisten im Sinne KANNERs. Er entwickelt darin und auch in seinen späteren Ausführungen keine neues Autismuskonzept, sondern orientiert sich an den Ausführungen KANNERs und ASPERGERs.[26] Seine Erfahrungen mit Autisten vom Typ KANNER legte er 1960 in seinem Werk „Autismus Infantum" dar. Die gesamte Entwicklung dieser Kinder scheint seinen Beobachtungen nach im Zeitlupentempo abzulaufen.

Ihre Intelligenz entspricht seiner Meinung nach nicht der Norm. Auf Einschränkungen in diesem Bereich weist seiner Ansicht nach das zwanghafte, mechanische und wenig kreative Vorgehen beim Auswendiglernen hin.[27] Demzufolge ist VAN KREVELEN auch der Meinung, „daß der frühkindliche Autismus eine entscheidende Störung ist, die nicht einfach durch die Beseitigung eines „emotionalen Blocks" zu beseitigen ist."[28]

Da VAN KREVELEN in einigen Familien sowohl Kinder mit frühkindlichem Autismus als auch mit Autistischer Psychopathie fand, folgerte er, daß letztere bei beiden

---

[22] ASPERGER, 1944, S. 114
[23] vgl. ASPERGER, 1944, S. 115 f.
[24] vgl. ASPERGER, 1944, S. 120 ff.
[25] vgl. ASPERGER, 1944, S. 122
[26] vgl. ROEDLER, 1983, S. 40
[27] vgl. ROEDLER, 1983, S. 40 f.
[28] ROEDLER, 1983, S. 42

Erscheinungsbildern vorläge und vererbt sei. Im Falle von frühkindlichem Autismus läge zusätzlich eine Hirnschädigung vor.[29]

Das es das Erscheinungsbild des Autismus schon lange vor KANNER und ASPERGER gab, ohne dafür jedoch einen Begriff zu haben, der es so eindeutig beschreibt, zeigen die zahlreichen Berichte über sogenannte Wolfskinder.[30]

Die ersten Fälle tauchten im Jahre 1344 in Deutschland auf. Bis ins Jahr 1961 listet Lucien MALSON[31] insgesamt dreiundfünfzig Fälle von Kindern auf, die außerhalb jeder menschlichen Gesellschaft entweder von Tieren aufgezogen wurden, oder völlig isoliert und folglich ohne menschliche Erziehung aufgewachsen sind. Zu den bekanntesten zählen sicherlich Kaspar Hauser von Nürnberg, Kamala von Midnapore (Indien) sowie Victor von Aveyron (Frankreich).

Die von Paul Anselm von FEUERBACH[32] beschriebenen Verhaltensweisen des Kaspar Hauser, bei seinem Auftauchen, spiegeln - aus heutiger Sicht - zahlreiche autistische Symptome wieder:

Als Kaspar Hauser am 26. Mai 1828 auf dem Nürnberger Unschlittplatz auftauchte, war sein Gang schwankend und strauchelnd. Er wußte seine Hände nicht zu gebrauchen [motorische Auffälligkeiten; Anm. d. Verf.] und saß oft mit gerade vor sich hingestreckten Beinen auf dem Boden. Er schien mit seinen sechzehn Jahren ein geistiges Alter von drei Jahren zu haben [geistige Retardierung, Anm. d. Verf.] und zeigte einen heftigen Widerwillen gegen Fleisch und Bier [Auffälligkeiten beim Essen/Trinken; Anm. d. Verf.]. Demgegenüber hatte er eine besondere Vorliebe für frisches Wasser und Brot. Oft weinte und schrie er ohne ersichtlichen Grund [Auffälligkeiten der Stimmung oder des Affektes, Anm. d. Verf.]. Der Anblick weißer Pferde ließ ihn zufrieden lachen. Schwarze Pferde hingegen machten ihm Angst [sonderbare Reaktion auf sensorische Reize; Anm. d. Verf.]. Schließlich vergnügte er sich damit, das Alphabet und die Zahlen von eins bis zehn zu schreiben und viele Seiten Papier mit seiner Unterschrift zu füllen [beschränkte, repetitive und stereotype Verhaltensweisen, Interessen und Aktivitäten; Anm. d. Verf.]. Er konnte fast nicht sprechen. Aus seinem Mund kamen nur unverständliche Laute und wiederholt ein Satz in Dialekt [stereotyper oder repetitiver Gebrauch der Sprache; Anm. d. Verf.].[33]

---

[29] vgl. ROEDLER, 1983, S. 43
[30] vgl. JANETZKE, 1997, S. 9
[31] vgl. MALSON/ITARD/MANNONI, 1995, S. 69 ff.
[32] FEUERBACH, Paul J. Anselm von (1832): Kaspar Hauser, Beispiel eines Verbrechens am Seelenleben eines Menschen.
[33] vgl. MALSON/ITARD/MANNONI, 1995, S. 73 ff.

Die ersten beiden Monate nach seinem Auftauchen verbrachte Kaspar Hauser in einem Turm für Vagabunden, bis er am 18. Juli 1828 in das Haus des Dr. Daumer kam. Dort lernte er allmählich das Treppensteigen. Daumer gewöhnte ihn auch an Fleischspeisen. Kaspar zeigte einen fast manischen Sinn für Ordnung und Sauberkeit und liebte es, Pferde zu besteigen. Sein Gang wurde zunehmend sicherer und seine Gefühle prägten sich aus. Neues bereitete ihm jedoch nach wie vor Angst, und weiterhin waren ihm bestimmte Farben oder Gerüche zuwider. Kaspar zeigte absoluten Gehorsam und beklagte sich darüber, keine Heimat und keine Eltern sowie Verwandten zu haben. Später dachte er sogar darüber nach, einmal eine Ehe einzugehen, wobei er seine Gefährtin eher in der Rolle einer Haushälterin sah. Zu Anfang hatte er Probleme, Entfernungen richtig einzuschätzen. Das Sonnenlicht bereitete ihm Schmerzen. In der Nacht konnte er hingegen sehr gut sehen. Ebenfalls große Probleme machte es ihm, zwischen Traum und Wirklichkeit zu unterscheiden. Sein Gehör, sowie sein Geruchs- und Geschmackssinn waren sehr gut ausgebildet.

Bei Daumer lernte Kaspar sprechen, sprach aber beispielsweise zunächst von sich noch in der dritten Person und zeigte auch andere Sprachauffälligkeiten. Innerhalb von drei Jahren veränderte er sich. Er lernte Rechnen und Latein, wobei seine anfängliche Freude am Lernen nicht lange anhielt. Er wurde apathisch, düster, mürrisch und schwerfällig. FEUERBACH, bei dem er zwischendurch gelegentlich einige Wochen verbrachte, beschrieb ihn jedoch als einen Menschen mit gesundem Menschenverstand.

Nach anfänglichen Schwierigkeiten gelang es Kaspar, sich an seine Vergangenheit zu erinnern und, er gab an, das Gefühl zu haben, in Nürnberg geboren worden zu sein. Als er von seiner Gefangenschaft berichtete, wurde in der Stadt gemunkelt, er werde bald auch das Geheimnis seiner Herkunft enthüllen. Dieses Gerede wurde ihm zum Verhängnis. Ein erster Mordversuch an ihm, am 17. Oktober 1829, mißlang. Im Jahr 1833 wurde er jedoch im Alter von zweiundzwanzig Jahren im Park von Ansbach durch einen Dolchstoß so schwer verletzt, daß er zwei Tage später starb.[34]

Diese ausführliche Schilderung sollte einen Eindruck von Kaspar Hausers Entwicklungsstand und Verhalten bei seinem Auftauchen und den sich in den folgenden Jahren ergebenden Veränderungen vermitteln, um schließlich der Frage nachgehen zu können, ob er wirklich, wie so oft behauptet, autistisch war.

Uta FRITH (1992) vergleicht die Berichte über Victor von Aveyron und Kaspar Hauser. Sie kommt zu dem Ergebnis, Kaspar sei nicht autistisch gewesen.[35]

---

[34] vgl. MALSON/ITARD/MANNONI, 1995, S. 75 ff.
[35] vgl. FRITH, 1992, S. 43

Als entscheidenden Faktor nennt sie die Tatsache, daß ein so gewissenhafter Beobachter wie Anselm von FEUERBACH Kaspar einen gesunden Menschenverstand zuspricht. Diesen hätte er, so FRITH, einem autistischen Menschen sicherlich nicht zugestanden.

FRITH räumt zwar ein, daß einige Beobachtungen an Kaspar Hauser durchaus als Anzeichen für Autismus gewertet werden können - beispielsweise die seltsamen Sinneswahrnehmungen, die Ordnungsliebe und die geringe sprachliche Ausdrucksfähigkeit -, doch sie geht auch der Frage nach, ob diese Eigenheiten nicht auch die Folge der langdauernden und teifgreifenden Deprivation sein könnten. Die sensorischen und motorischen Beeinträchtigungen sind ihrer Ansicht nach sehr wohl auf die langjährige Gefangenschaft zurückzuführen.

„Das gleiche gilt für sein fehlendes Wissen über die Welt, seine Einfachheit und seine Verwirrung."[36] Seine sonderbare Sprache, die er durchgängig beibehält, führt sie darauf zurück, daß er so spät sprechen gelernt hat. Auch die pedantische Ordnungsliebe ist für FRITH in Kaspar Hausers Fall kein eindeutig autistisches Symptom, da sie sich nicht von der Neigung zur Pedanterie vieler anderer Menschen unterscheidet.

Als Hauptgründe gegen die Diagnose „Autismus" bei Kaspar Hauser nennt FRITH das Fehlen einer „autistischen Isolation"[37].

Durch das Lernen der Namen und Titel der ihn umgebenden Menschen gewann er deren Wohlwollen und war sich dessen durchaus bewußt. Beziehungen gründeten bei ihm immer auf der Grundlage von Vertrauen. Seine soziale Ansprechbarkeit war laut FRITH um so erstaunlicher, als es doch Menschen waren, denen er all sein Leid verdankte. Als weitere wichtige Kennzeichen nennt FRITH das Interesse Kaspar Hausers, sprechen zu lernen und mit anderen zu kommunizieren, sowie die Tatsache, daß er trotz einer lediglich zufällig zusammengestückelten Erziehung enorme Fortschritte machte. Die gewisse Merkwürdigkeit, die ihn trotz aller Fortschritte offenbar stark von gewöhlichen Menschen abhob, führt FRITH auf eine möglicherweise infolge der physischen und psychischen Deprivation erlittene, irreversible organische Schädigung zurück. Vielleicht lag eine derartige Schädigung auch schon vorher vor und war somit der Grund für seine Aussetzung.[38]

Es soll hier jedoch nicht der Eindruck entstehen, daß der in vielen Quellen erfolgte Verweis auf einen Zusammenhang zwischen Autismus und den Berichten über Wolfs-

---

[36] FRITH, 1992, S. 43
[37] FRITH, 1992, S. 44
[38] vgl. FRITH, 1992, S. 44

18

kinder abwegig ist. So kommt FRITH im Falle von Victor von Aveyron durchaus zu dem Ergebnis, daß er als autistisch bezeichnet werden kann.[39]

2.2 Medizinische Einordnung und Symptomatik

Aufgrund der häufig seltsam anmutenden stereotypen Verhaltensmuster, die mit autistischen Störungen einhergehen, ordnete man diese bis in die späten achtziger Jahre noch zur Gruppe der Kindheitspsychosen. Erst RUTTER ersetzte 1978 den Psychosebegriff durch die Bezeichnung „Entwicklungsstörung".[40]

Für die medizinische Einordnung von Erkrankungen stehen verschiedene Klassifikationssysteme zur Verfügung. Die bekanntesten und gebräuchlichsten sind DSM und ICD.

2.2.1 DSM (Diagnostic and Statistical Manual of Mental Disorders)

Das DSM wird von der American Psychiatric Association (APA) seit 1994 in der vierten Version (DSM-IV) herausgegeben. Die deutsche Übersetzung liegt seit 1996 vor. Psychische Störungen werden anhand von fünf Achsen beurteilt:

Achse I: Klinische Störungen
             Andere Klinisch Relevante Probleme
Achse II: Persönlichkeitsstörungen
             Geistige Behinderung
Achse III: Medizinische Krankheitsfaktoren
Achse IV: Psychosoziale oder Umgebungsbedingte Probleme
Achse V: Globale Beurteilung des Funktionsniveaus

Die 'Autistische Störung' ist als 'Tiefgreifende Entwicklungsstörung' auf Achse I unter der Ziffer 299.00 lokalisiert und wird hier von anderen 'nicht näher bezeichneten Tiefgreifenden Entwicklungsstörungen', von der 'Rett-Störung', den 'Desintegrativen Störungen im Kindesalter' und der 'Asperger-Störung' abgegrenzt.[41]

Bei den diagnostischen Kriterien der 'Autistischen Störung' (KANNER) in DSM-IV wird zwischen Haupt- und Nebenmerkmalen unterschieden. Die Diagnosestellung orientiert sich an den Hauptmerkmalen, d.h. es müssen mindestens sechs der folgenden

---

[39] vgl. FRITH, 1992, S. 31 ff.
[40] vgl. KUSCH/PETERMANN, 1991, S. 12
[41] vgl. APA, 1996, S. 32

Merkmale zutreffen, wobei mindestens zwei aus Gruppe eins, eines aus Gruppe zwei und eines aus Gruppe drei stammen müssen.[42]

Diagnostische Kriterien für 299.00 Autistische Störung:

Gruppe 1: Qualitative Beeinträchtigung der sozialen Interaktion durch:

- eine ausgeprägte Beeinträchtigung im Gebrauch nonverbaler Verhaltensweisen (Blickkontakt, Gestik, Mimik etc.) und/oder

- die Unfähigkeit, Beziehungen zu Gleichaltrigen aufzubauen und/oder

- den Mangel, spontane Freude, Interessen oder Erfolge mit anderen zu teilen und/oder

- einen Mangel sozio-emotionaler Gegenseitigkeit.

Gruppe 2: Qualitative Beeinträchtigungen der Kommunikation durch:

- ein verzögertes Einsetzen oder völliges Ausbleiben der Entwicklung gesprochener Sprache oder

- eine deutliche Beeinträchtigung der Fähigkeit, ein Gespräch zu beginnen oder fortzuführen (trotz ausreichenden Sprachvermögens) oder

- einen stereotypen oder repetitiven Gebrauch der Sprache oder

- ein Fehlen verschiedener, der Entwicklung gemäßer Rollenspiele oder sozialer Imitationsspiele.

Gruppe 3: Beschränkte, repetitive und stereotype Verhaltensweisen, Interessen und Aktivitäten:

- eine intensive Beschäftigung mit einem oder mehreren stereotypen und begrenzten Interessen in abnormer Weise oder

- ein starres Festhalten an Gewohnheiten und Ritualen, die keine Funktion erfüllen oder

- stereotype und repetitive motorische Manierismen[43](z.B. schnelle Bewegungen von Händen oder Fingern) oder

- ständige Beschäftigung mit Teilen von Objekten.

Ein weiteres Kriterium für die Diagnose 'Autistische Störung' bzw. 'Frühkindlicher Autismus' ist ein Beginn der Symptomatik vor dem dritten Lebensjahr, welche gekennzeichnet ist durch Verzögerungen oder eine abnorme Funktionsfähigkeit der so-

---

[42] vgl. APA, 1996, S. 107

zialen Interaktion, der Sprache als soziales Kommunikationsmittel oder des symbolischen bzw. des Phantasie-Spiels. Schließlich darf die Symptomatik nicht besser erklärbar sein durch die 'Rett-Störung' oder die 'Desintegrative Störung im Kindesalter'.[44]

Weiterhin können sogenannte Nebenmerkmale auftreten. Je jünger ein Kind und je ausgeprägter die Störung ist, um so größer ist die Wahrscheinlichkeit, daß eines oder mehrere der folgenden Nebenmerkmale auftreten:

- Häufig besteht gleichzeitig eine mittelschwere geistige Behinderung; intellektuelle Retardierung; ein unausgewogenes Profil kognitiver Fähigkeiten, d.h. besondere Stärken oder Schwächen in den einzelnen Bereichen.

- Verhaltenssymptome wie Hyperaktivität; Impulsivität; Aggressivität; selbstschädigendes Verhalten etc.

- Sonderbare Reaktionen auf sensorische Reize (hohe Schmerzschwelle; Übersensibilität gegenüber Tönen und Berührungen etc.).

- Auffälligkeiten beim Essen oder Schlafen.

- Auffälligkeiten der Stimmung oder des Affekts (offensichtliches Fehlen emotionaler Reaktionen etc.)

- Selbstschädigendes Verhalten wie Kopfanschlagen; Finger-, Hand- oder Handgelenkebeißen etc.

- Depressionen bei Betroffenen, die aufgrund ihres intellektuellen Niveaus ihr Leiden realisieren.[45]

2.2.2 ICD (International Classification of Diseases)

Das von der WHO (Weltgesundheitsorganisation) in der zehnten Überarbeitung herausgegebene Klassifikationssystem ICD-10 ist, wie das DSM, ebenfalls multiaxial angelegt. Kapitel V (F) befasst sich mit der Klassifikation psychischer und Verhaltens-Störungen (einschließlich der Störungen der psychischen Entwicklung).

Während DSM auf amerikanische Verhältnisse zugeschnitten ist, ist ICD mehr international ausgerichtet. Der 'frühkindliche Autismus' wird hier ebenfalls zur Gruppe der 'tiefgreifenden Entwicklungsstörungen' (F 84) gezählt. Das ICD-10 grenzt den 'früh-

---

[43] Manierismen = gewollte Übertreibungen; gekünstelter Stil.
[44] vgl. APA, 1996, S. 107 f.
[45] vgl. APA, 1996, S. 104 f.

kindlichen Autismus' u.a. vom 'atypischen Autismus' und dem 'Asperger-Syndrom' ab.[46]

Frühkindlicher Autismus

> „Eine Form der tiefgreifenden Entwicklungsstörung, die durch eine abnorme oder beeinträchtigte Entwicklung definiert ist und sich vor dem dritten Lebensjahr manifestiert; [...]. Die Störung tritt bei Jungen drei- bis viermal häufiger auf als bei Mädchen."[47]

Diagnostische Leitlinien:

Auch im ICD-10 werden zunächst **spezifischere diagnostische Kriterien**, vergleichbar den Hauptmerkmalen des DSM-IV, beschrieben. Es sind Beeinträchtigungen in den folgenden drei psychopathologischen Bereichen festzustellen:

1. Immer findet man eine qualitative Beeinträchtigung der **sozialen Interaktion**, welche sich äußert in einer inadäquaten Einschätzung sozialer und emotionaler Signale.

2. Weiterhin sind qualitative Beeinträchtigungen der **Kommunikation** häufig. Auch die Phantasie und damit das phantasievolle sowie das imitierende Spiel sind eingeschränkt.

3. Letztlich sind **eingeschränkte**, sich wiederholende und stereotype Verhaltensmuster, **Interessen und Aktivitäten** charakteristisch.

Zu den möglichen unspezifischeren diagnostischen Kriterien zählen:

- Psychische Auffälligkeiten wie Befürchtungen; Phobien; Wutausbrüche; Aggressionen; Autoaggressionen.

- Mangelnde Spotaneität; Initiative; Kreativität.

- Jedes Intelligenzniveau ist möglich, jedoch zeigen drei Viertel der Betroffenen deutliche Intelligenzminderungen.

Die Diagnose 'frühkindlicher Autismus' kann gestellt werden, wenn Entwicklungssauffälligkeiten in den ersten drei Lebensjahren, in allen drei psychopathologischen Bereichen vorhanden sind bzw. waren. Das Syndrom kann in allen Altersgruppen diagnostiziert werden.[48]

---

[46] vgl. WHO, 1991, S. 244
[47] WHO, 1991, S. 265
[48] vgl. WHO, 1991, S. 265 f.

Atypischer Autismus

> „Eine Form einer tiefgreifenden Entwicklungsstörung, die sich vom frühkindlichen Autismus entweder durch das Alter bei Krankheitsbeginn oder dadurch unterscheidet, daß die diagnostischen Kriterien nicht in allen drei Bereichen erfüllt werden."[49]

Asperger-Syndrom

> „Sie [die Störung; Anm. d. Verf.] unterscheidet sich vom Autismus in erster Linie durch das Fehlen einer allgemeinen Entwicklungsverzögerung bzw. eines Entwicklungsrückstandes der Sprache oder der kognitiven Entwicklung. Die meisten Patienten besitzen eine normale allgemeine Intelligenz, sind jedoch üblicherweise motorisch auffällig ungeschickt; die Erkrankung tritt vorwiegend bei Jungen (das Verhältnis Jungen zu Mädchen beträgt acht zu eins) auf."[50]

Wenn heute von Autismus die Rede ist, ist damit in der Regel die sich in frühester Kindheit manifestierende Form gemeint. Synonym verwendete Begriffe sind laut ICD-10:[51]

- autistische Störung

- infantiler Autismus

- Kanner-Syndrom

- frühkindliche Psychose

Auch ich werde zukünftig, wenn ich über Autismus berichte, die Form des „Frühkindlichen Autismus" meinen. Da in der Literatur „frühkindlich" sowohl klein als auch groß geschrieben wird, ich die Worte Frühkindlicher Autismus aber als einen feststehenden Begriff betrachte, werde ich die Großschreibung bevorzugen. Autistisches Syndrom und autistische Störung sollen synonym verwendet werden.

2.3 Veränderung der Symptomatik im Entwicklungsverlauf

Die ersten Symptome des Frühkindlichen Autismus zeigen sich im allgemeinen recht früh nach der Geburt. Der **Säugling** fällt durch häufiges Schreien ohne ersichtlichen Grund auf. Das für den dritten bis vierten Lebensmonat übliche reaktive Lächeln bleibt aus. Auch eine Antizipationshaltung des Kindes, durch Entgegenstrecken der Arme zum Hochheben oder Anschmiegen an den Körper der Mutter beim Herumtragen, findet nicht statt. Zum Ende des ersten Lebensjahres nehmen stereotype Bewegungen wie Schaukeln etc. zu. Auch fehlen die ersten Worte der Kindersprache, wie z.B. heia für schlafen, zu diesem Zeitpunkt. Weiterhin ist zu beobachten, daß die Kinder ein geringes Interesse an ihrer Umwelt haben. Sie nehmen keinen Blickkontakt auf und imitie-

---

[49] WHO, 1991, S. 267
[50] WHO, 1991, S. 271
[51] vgl. WHO, 1991, S. 266

ren keine Bewegungen.[52] Nach DE MYER (1986) war, so Elternaussagen, das erste Lebensjahr jedoch die beste Zeit für die Entwicklung ihres autistischen Kindes. Nur zwölf Prozent der Eltern waren über die Entwicklung ihres Kindes in dieser Zeit ernsthaft besorgt.[53]

Die Entwicklungsabweichungen werden zwischen dem **zweiten und vierten Lebensjahr** besonders in den Bereichen Sprache, soziale Beziehungen und allgemeine Entwicklung zunehmend deutlicher.[54] Sprachliche Auffälligkeiten wie Echolalie (Wiederholen von Worten, Satzteilen oder ganzen Sätzen), fehlendes Wortverständnis, Neigung zu Selbstgesprächen, Pronominalumkehr (du statt ich) etc. sind häufig. Auch kommt es vor, daß sich ein Rückgang der sprachlichen Fähigkeiten bis hin zum Mutismus (Sprachverweigerung) einstellt. Im Bereich der sozialen Beziehungen erfolgt der Kontakt mit der Umwelt meist sprachfrei und eher mit den Eltern, als mit Gleichaltrigen. Personen werden wie Werkzeuge benutzt. Weitere Schwierigkeiten ergeben sich aus dem Hinzutreten schwieriger Verhaltensweisen, wie dem Unwillen oder der Angst vor Veränderungen der Umwelt, Tendenzen zur Selbstschädigung, eigenartigen Eß- und Schlafgewohnheiten etc.[55] Man kann also sagen, daß sich die Schwierigkeiten in dieser Phase zunächst verschlimmern, bevor sie sich **zwischen dem vierten und sechsten Lebensjahr** langsam wieder bessern. Es gibt jedoch auch Kinder, bei denen die Schwierigkeiten auch nach dem vierten Lebensjahr weiter zunehmen, um im Schulalter das größte Ausmaß zu erreichen.[56]

Zwischen dem **achten und zwölften Lebensjahr** kann ein einigermaßen befriedigender Zustand erreicht werden. Durch schulische Betreuung und therapeutische Maßnahmen machen die Kinder in vielen Bereichen Fortschritte.[57]

Während der **Pubertät und Adoleszenz** kommt es sowohl zu positiven als auch - bei einer Minderheit - zu negativen Veränderungen. Wegen der zunehmenden körperlichen Reife und den damit verbundenen sexuellen Impulsen, aber auch wegen den steigenden Erwartungen der Umwelt bezüglich Selbständigkeit etc., ist dies eine schwierige Zeit.[58] Viele der Betroffenen beginnen während der Adoleszenz, ihr Anderssein zu erkennen. In günstigen Fällen bemühen sie sich um mehr Anpassung.[59] Oftmals reagieren sie je-

---

[52] vgl. KEHRER, 1989, S. 185
[53] vgl. KEHRER, 1989, S. 30
[54] vgl. KEHRER, 1989, S. 34
[55] vgl. KEHRER, 1989, S. 185
[56] vgl. INNERHOFER/KLICPERA, 1988, S. 143
[57] vgl. INNERHOFER/KLICPERA, 1988, S. 143
[58] vgl. BUNDESVERBAND, 1996, S. 15
[59] vgl. INNERHOFER/KLICPERA, 1988, S. 143

doch auf die mit ihnen geschehenden physischen und psychischen Veränderungen mit aggressivem oder autoaggressivem Verhalten.[60]

Auch der Übergang zum **Erwachsenenalter** ist für autistische Menschen oftmals eine schwierige Zeit. Von vielen wird die Ablösung von der Familie gefordert, da die Eltern häufig aus Alters- oder Gesundheitsgründen die Versorgung nicht mehr übernehmen können. Oft besteht ein gesteigertes Kommunikationsbedürfnis, doch etwa die Hälfte der Betroffenen ist auch im Erwachsenenalter weiterhin ohne Sprache. Erregung und Aggressionen sind oft die Folge des Gefühls, nicht verstanden und in den eigenen Bedürfnissen und Zielen nicht anerkannt zu werden.[61]

2.4 Diagnostik

2.4.1 Über die Notwendigkeit und Problematik der Früherkennung autistischer Störungen

Häufig sind es die Eltern, oftmals aber auch Verwandte oder Freunde, denen das ungewöhnliche Verhalten autistischer Kinder erstmals auffällt.

Der erste Weg der besorgten Eltern führt sie in der Regel zu ihrem Kinderarzt. Dort werden sie jedoch häufig damit vertröstet, daß ihr Kind ein „Spätentwickler" sei und daß sich die Entwicklungsverzögerung „auswachsen" werde. Auch wird den Eltern oft vorgeworfen, sie seien überbesorgt oder haben Fehler in der Erziehung des Kindes begangen.[62]

Somit vergehen zwischen der Feststellung der ersten Auffälligkeiten - meist ist es das Ausbleiben der Sprachentwicklung zum Ende des ersten bzw. im Verlauf des zweiten Lebensjahres - und der fachärztlichen Diagnose zwei bis drei wertvolle Jahre.[63]

KEHRER, der 1979 die Unterlagen von vierhundert autistischen Kindern u.a. hinsichtlich des Zeitpunktes der Diagnosestellung überprüft hat, fand heraus, „daß bei einem durchschnittlichen Vorstellungsalter von 8,10 Jahren bei 36% der Kinder und Jugendlichen die Diagnose Autismus noch nicht gestellt worden war."[64]

---

[60] vgl. BUNDESVERBAND, 1996, S. 15
[61] vgl. BUNDESVERBAND, 1996, S. 15
[62] vgl. KEHRER, 1986, S. 1578 und 1989, S. 53
[63] vgl. BREMER PROJEKT, 1986, S. 9
[64] KEHRER, 1986, S. 1578

Zurückzuführen ist der große Zeitraum zwischen Beobachtung der ersten Symptome und der Diagnosestellung laut BUNDESVERBAND „Hilfe für das autistische Kind" (1996) auf die Eigenarten des autistischen Krankheitsbildes, die da sind:[65]

- Die Merkmale, die in der Summe ihres Zusammentreffens das Krankheitsbild ausmachen, kommen einzeln teilweise auch bei gesunden Kindern oder anderen Erkrankungen vor.

- Die schwerwiegenderen Symptome werden oftmals erst im dritten/vierten Lebensjahr manifest. Außerdem unterliegt die Symptomatik einer entwicklungsbedingten Veränderung. Somit ist zunächst nur eine Verdachtsdiagnose möglich.

- Besonders intelligente Kinder sind in der Lage, ihre Einschränkungen besser zu kompensieren und zeigen daher weniger Auffälligkeiten.

- Bereits erworbene Fähigkeiten können wieder verloren gehen bzw. nicht weiterentwickelt werden.

- Viele Fachkräfte aus ärztlichen und sozialen Diensten sind nicht ausreichend über das Erscheinungsbild informiert.

- Oft haben Ärzte Bedenken, zu früh die Diagnose „Frühkindlicher Autismus" zu stellen.

Die Früherkennung autistischer Störungen ist jedoch von großer Bedeutung für das betroffene Kind und seine Eltern. Dem Kind wird durch einen frühzeitigen Behandlungsbeginn die Möglichkeit gegeben, Entwicklungsverzögerungen auszugleichen. Auch kann dem Hinzutreten von Sekundärschäden aufgrund von Betreuungsfehlern rechtzeitig vorgebeugt werden.[66] Ein Ausgleich von Entwicklungsverzögerungen kann jedoch nur im Rahmen der durch die Störung vorgegebenen Grenzen erfolgen. Dies sollte auch den Eltern verständlich gemacht werden, um übersteigerten Erwartungen zu begegnen.

Eine frühzeitige Diagnosestellung ist für die Eltern insofern von Bedeutung, weil diese sie von der plagenden Ungewißheit darüber befreit, warum sich ihr Kind so seltsam verhält. Im Zusammenhang mit der Diagnosestellung sollten den Eltern meines Erachtens umfangreiche Informationen über das Krankheitsbild, über Therapiemöglichkeiten und besonders auch über mögliche Ursachen an die Hand gegeben werden. Gerade eine Information über mögliche Ursachen kann, wenn sie nicht einseitig erfolgt, die

---

[65] vgl. BUNDESVERBAND, 1996, S. 19
[66] vgl. BUNDESVERBAND, 1996, S. 19

Eltern von ihren häufig vorhandenen Schuldgefühlen befreien. Auch das Wissen um die Natur der Störung macht den Eltern den Umgang mit ihrem Kind leichter.[67] Auf die Notwendigkeit von Eltern- und Angehörigenarbeit soll unter Abschnitt 2.8 näher eingegangen werden.

2.4.2 Der diagnostische Prozeß

Die Diagnose „Autismus" wird grundsätzlich nach der Abnormität des kindlichen Verhaltens gestellt, nicht nach dessen völligem Fehlen.[68]

Als auffällig gilt ein Kind dann, wenn durch sein Verhalten sein derzeitiger und zukünftiger Umgang mit sich und seiner Umwelt eingeschränkt wird. Durch diese Einschränkung kann die Entwicklung des Kindes negativ beeinflußt werden.

Die Diagnostik hat nach KUSCH/PETERMANN (1991) die Aufgabe zu ermitteln, ob auffälliges Verhalten und negative Auswirkungen dieses Verhaltens zu beobachten sind.[69]

Eine Grobeinschätzung, ob es sich um eine autistische Störung handelt, kann unter Zuhilfenahme der bereits beschriebenen Klassifikationssysteme DSM-IV und ICD-10 erfolgen.

Speziell für Kinderärzte hat KEHRER bereits 1979 eine Liste der Frühsymptome des Autismus zusammengestellt. Er ordnete die Symptome ihrem zeitlichen Erscheinen nach den in der BRD üblichen acht[70] Vorsorgeuntersuchungen (U1-U8) zu, die vom Kinderarzt zwischen der Geburt und dem vierten Lebensjahr[71] durchgeführt werden. KEHRER (1986) weist jedoch darauf hin, daß eine solche Übersicht nicht ausreicht, um eine endgültige Diagnose zu stellen. Dies müsse dem spezialisierten Fachmann überlassen werden.[72] Die zunächst erstellte Verdachtsdiagnose wird mittels psychometrischer Verfahren und medizinischer Untersuchungen überprüft. Letztlich kann dann später, nach mehreren aufeinanderfolgenden Untersuchungen, eine medizinische Einordnung erfolgen.

Dabei ist zu bedenken, daß es sich bei der Autismusdiagnose um eine Summationsdiagnose handelt. Ein bestimmte Summe vorhandener diagnostischer Merkmale führt somit zu einer entsprechenden Diagnose. In diesem Zusammenhang weisen KUSCH/PE-

---

[67] vgl. BUNDESVERBAND, 1996, S. 19
[68] vgl. BREMER PROJEKT, 1986, S. 4
[69] vgl. KUSCH/PETERMANN, 1991, S. 146
[70] Mittlerweile sind es neun. Die letzte findet zwischen dem 60. und 64. Lebensmonat statt.
[71] bzw. dem 5. bis 6. Lebensjahr
[72] vgl. KEHRER, 1986, S. 1580

TERMANN (1991) darauf hin, „daß eine unzureichende Untersuchung schnell zu einer Verwechslung beider diagnostischer Kategorien der „tiefgreifenden Entwicklungsstörung" [bezogen auf DSM-III-R, wo lediglich zwischen 'Autistischer Störung' und 'Nicht Näher Bezeichneten Tiefgreifenden Entwicklungsstörungen' unterschieden wird; Anm. d. Verf.] führen kann."[73]

Für eine zuverlässige Diagnosestellung und eine individuell auf die Bedürfnisse und Möglichkeiten des Kindes abgestimmte Therapieplanung ist eine aus den folgenden Komponenten bestehende Untersuchung notwendig:

- Erhebung der Vorgeschichte und Abklärung der Problematik durch Elterngespäche (Anamneseerhebung);

- Verhaltensbeobachtung;

- Durchführung einer körperlichen und neurologisch-psychiatrischen Untersuchung

- Durchführung einer psychologischen Untersuchung in den Bereichen Wahrnehmung, Sozialverhalten, Sprache, Motorik, intellektuelle Fähigkeiten.[74]

2.4.2.1 Anamneseerhebung mittels Fragebögen und Interviews

Neben der Verhaltensbeobachtung (siehe 2.4.2.2) bildet die Befragung der Eltern oder eines Elternteils einen wichtigen Bestandteil im diagnostischen Prozeß. Der Untersucher interessiert sich sowohl für die aktuelle Situation von Kind und Familie als auch für die bisherige Lebensgeschichte. Es wird somit eine ausführliche Anamnese erhoben. Begonnen wird in der Regel mit der Erhebung von Daten zu Schwangerschaft und Geburt. Es folgen Fragen zu allen Entwicklungsphasen, zu Ereignissen im Lebensraum des Kindes (Familie, Kindergarten, Schule, Freizeit).

Im Rahmen dieser Anamnese wird ferner gezielt nach typisch autistischen Verhaltensweisen gefragt. Erfolgt die Datenerhebung mittels eines Fragebogens, so ist darauf zu achten, daß es hier zu Mißverständnissen kommen kann. KEHRER empfiehlt daher, die Richtigkeit der Antworten durch ein Gespräch zu überprüfen.[75]

Fragebögen wie auch Interviews orientieren sich in Deutschland in der Regel an einem „Merkmals- und Symptomkatalog zur Erkennung des autistischen Syndroms" (siehe Anhang A).

Aus dem angelsächsischen Raum kommen zahlreiche Fragebögen und Interview-Verfahren. Zu ihnen zählen beispielsweise der „Diagnosebogen für Verhaltensgestörte

---

[73] KUSCH/PETERMANN, 1991, S. 148
[74] vgl. BUNDESVERBAND, 1996, S. 19

Kinder (Form E-2)" von RIMLAND aus dem Jahre 1964, die „Autismus-Einschätzungsskalen zur pädagogischen Planung (ASIEP)" von KRUG et al. aus den Jahren 1979/80 sowie die „Beurteilungs-Liste für Beeinträchtigungen und Fertigkeiten (HBS)", die 1978 von WING & GOULD entwickelt wurde.[76]

Exemplarisch soll nachfolgend die **Children's Handicap, Behavior and Skills-Liste (HBS)** kurz vorgestellt werden.

Bei der HBS handelt es sich um ein strukturiertes Interview-Verfahren. Erhoben werden können mit ihr Informationen zur geistigen Behinderung und zum psychotischen Verhalten schwerst gestörter Kinder. Damit ist die HBS-Liste ein wichtiges diagnostisches Instrument, mit dessen Hilfe der Untersucher Informationen aus beobachtbaren Verhaltensweisen des Kindes ziehen kann. Bei der Beobachtung werden sowohl Verhaltensdefizite als auch -kompetenzen berücksichtigt. Die Liste besteht aus zweiundvierzig Sektionen zu verschiedenen Entwicklungsaspekten. In einundzwanzig Sektionen werden Verhaltensstörungen berücksichtigt. Die Unterpunkte in den Sektionen zu den Entwicklungsaspekten sind hierarchisch nach der normalen Entwicklung geordnet. Im Bereich der Verhaltensstörungen erfolgte die Ordnung nach aufsteigendem Schweregrad.[77]

> „Die erhobenen Informationen bieten eine ausreichende Basis für die Differential-, Entwicklungs- und Verhaltensdiagnostik sowie die Interventionsplanung."[78]

2.4.2.2 Strukturierte Verhaltensbeobachtung

Um eine Differenzierung zwischen gesunden, autistischen und anderweitig verhaltensgestörten Kindern vornehmen zu können, ist die Beobachtung des kindlichen Verhaltens unerläßlich. Hier stellt sich das Problem, die Untersuchungssituation so zu gestalten, daß der Untersucher auch beobachten kann, was er zu beobachten sucht: die autistischen Verhaltensweisen (Validität).

Nach KEHRER sollte grundsätzlich darauf geachtet werden, daß der Raum anfangs eine reizarme, jedoch nicht „klinische" Atmosphäre vermittelt. Zu viele Reize können bei autistischen Kindern, denen die Fähigkeit zur selektiven Wahrnehmung fehlt, dazu führen, daß sie gerade dann ihr typisches Verhalten nicht zeigen. Weiterhin sei darauf zu achten, daß zumindest anfangs eine dem Kind vertraute Person anwesend ist, damit dieses sich an die neue Situation besser gewöhnen kann. Dazu sollte man ihm die Gelegenheit geben, indem man sich zunächst mit den Eltern befasst und dem Kind eine

---

[75] vgl. KEHRER, 1989, S.50
[76] vgl. KUSCH/PETERMANN, 1991, S. 149 f.
[77] vgl. KUSCH/PETERMANN, 1991, S. 150
[78] KUSCH/PETERMANN, 1991, S. 150

seinen Neigungen entsprechende Beschäftigung gibt. Während dieser Zeit können schon einige Beobachtungen zur Selbständigkeit, zum Kontaktverhalten, zur Sprache und Motorik etc. gemacht werden.[79]

Beispiele für Verfahren zur strukturierten Verhaltensbeobachtung sind die „Verhaltensbeobachtungsskala für den Autismus (BOS)" von FREEMAN et al. (1978; 1984) sowie die „Autismus-Einschätzungsskala für Kinder (CARS)" von SCHOPLER et al. (1980).[80]

Die **BOS** berücksichtigt die sich im Entwicklungsverlauf verändernde Symptomatik im Verhalten autistischer Kinder. Die Skala ordnet vierundzwanzig möglicherweise zu beobachtende Verhaltensweisen den Bereichen Eigenverhalten; Bezug zu Objekten und Spielzeug; Beziehung zum Untersucher und Sprache zu. Der Untersucher ordnet die beobachteten Verhaltensweisen ihrer Quantität nach einer Schätzskala zwischen 0 (= keine Beobachtung des Verhaltens) und 3 (= mehr als zwei Beobachtungen) zu.[81]

2.4.2.3 Körperliche und neurologisch-psychiatrische Untersuchung

Das autistische Syndrom geht bei durchschnittlich fünfzig Prozent der Kinder mit organischen Hirnschäden einher. Es lassen sich verschiedene cerebral-organische Störungen wie infantile Cerebralparese, Röteln-Embryopathie, tuberöse Sklerose etc. feststellen.[82] Ob die autistische Störung mit einem medizinischen Krankheitsfaktor verbunden ist, läßt sich in Labortests feststellen.

Folgende Laboruntersuchungen sollten wenigstens durchgeführt werden:[83]

1. Ein Elektroencephalogramm (EEG) im Wachzustand, im leichten Schlaf sowie in der Übergangsphase zwischen Wach- und Schlafzustand.

2. Eine Screening-Untersuchung des Urins auf angeborene metabolische (den Stoffwechsel betreffende) Störungen, wie z.B. Phenylketonurie.

3. Untersuchungen mittels bildgebender Verfahren wie Computertomographie oder Pneumoencephalographie (röntgenologische Darstellung der Liquorräume des Gehirns nach Füllung mit Luft bzw. Gas).

4. Andere Zusatzuntersuchungen, für deren Indikation sich Anhaltspunkte bei den körperlichen oder den Labor-Untersuchungen ergeben haben.

---

[79] vgl. KEHRER, 1989, S. 46 f.
[80] vgl. KUSCH/PETERMANN, 1991, S. 150 ff.
[81] vgl. KUSCH/PETERMANN, 1991, S. 150 f.
[82] vgl. WEBER, 1985, S. 282
[83] vgl. DE MYER, 1986, S. 169

30

Der körperliche Untersuchungsbefund kann unspezifische neurologische Zeichen und Symptome wie abgeschwächte Reflexe, verzögerte Entwicklung der Handdominanz etc. aufweisen.[84] Auch ist zu klären, ob das autistische Verhalten eventuell die Folge einer Sinnesbehinderung wie Taubheit oder Blindheit ist.

2.4.2.4 Psychologische Untersuchung

Das Hauptanliegen psychologischer Tests besteht darin, die Bereiche des Kindes aufzuzeigen, in denen es Einschränkungen unterliegt, um letztlich Ratschläge für seine Erziehung und den Umgang mit ihm geben zu können. Dazu ist es notwendig, eine systematische und detaillierte Beurteilung sowohl der positiven Fähigkeiten als auch der Ausfälle vorzunehmen. Ziel derartiger Beurteilungen ist die Entwicklung geeigneter, individuell abgestimmter Förderprogramme.[85]

Für die eingehendere Untersuchung autistischer Kinder stehen einige Verfahren zur Verfügung. Als eines der umfangreichsten gilt das „**Entwicklungs- und Verhaltensprofil (Psychoeducational Profile; P.E.P.)**" von SCHOPLER & REICHLER aus dem Jahre 1979. Die deutsche Bearbeitung dieses aus der Arbeit der Division TE-ACCH (Treatment and Education of Autistic and related Communication handicapped CHildren), einem psychiatrisch-pädagogischen Vorsorgesystem für autistische und andere kommunikationsbehinderte Kinder im amerikanischen Bundesstaat North Carolina, hervorgegangenen Verfahrens, liegt seit 1981 vor. Das Konzept wendet sich sowohl an Eltern als auch an Fachleute.[86]

Das P.E.P. wurde für die Untersuchung autistischer und im weitesten Sinne „psychotischer" Kinder entwickelt, wobei die Untersuchungsergebnisse zugleich als Grundlage für die Therapieplanung (siehe dazu unter 4.1.3) der heilpädagogischen Entwicklungsförderung dienen.[87]

Als *entwicklungsdiagnostisches Instrument* dient es zur Erhebung des gegenwärtigen Entwicklungsniveaus des Kindes in den Bereichen Imitation; Wahrnehmung; Fein- und Grobmotorik; Integration von Auge und Hand; aktive Sprache sowie kognitive Leistungen.[88]

Als *klinisch-psychodiagnostisches Instrument* ermittelt es Art und Ausmaß des pathologischen Verhaltens in den Bereichen Affektivität; Kontakt- und Kooperationsver-

---

[84] vgl. APA, 1996, S. 105
[85] vgl. WING, 1988, S. 140
[86] vgl. SCHOPLER/REICHLER, 1981, S. 7
[87] vgl. SCHOPLER/REICHLER, 1981, S. 13
[88] vgl. SCHOPLER/REICHLER, 1981, S. 14

halten; Materialbetätigung und Spielverhalten; Einsatz von Sinnesmodalitäten sowie Sprachverhalten.[89]

Für die Durchführung des Tests werden verschiedene Spielmaterialien und andere, leicht zu beschaffende Gegenstände benötigt.

Die Testitems sind so konzipiert, daß sie von einem gesunden Kind schon in recht frühem Alter bewältigt werden können. Die meisten Leistungsanforderungen sind außerdem sprachfrei.[90]

Für die Erhebung des Entwicklungsniveaus in den bereits erwähnten sieben Kategorien (Imitation etc.) stehen insgesamt fünfundneunzig Items zur Verfügung. Für die Bewertung der Leistungen in diesem Bereich sind drei Möglichkeiten (gekonnt = +; ansatzweise gekonnt = a; nicht gekonnt = -) angegeben.

Die fünf Skalen pathologischen Verhaltens (Affektivität etc.) bestehen aus insgesamt vierundvierzig Items. Die Bewertung erfolgt hier entsprechend dem Ausmaß oder dem Ausprägungsgrad des kindlichen Verhaltens. Ein Item wird mit n = nicht vorhanden (bezogen auf das pathologische Verhalten) bewertet, wenn das beobachtete Verhalten altersgemäß ist. Die Bewertung mit l = leichte Ausprägung gilt für solche Reaktionsweisen, die nicht mehr altersgemäß, d.h. vorwiegend jüngeren Kindern ähnlich sind. Von einer schweren Ausprägung =s wird gesprochen, wenn sich das Verhalten in seiner Intensität oder Qualität deutlich von den beiden anderen Stufen unterscheidet.[91]

Die Items zum Entwicklungsniveau werden direkt während der Testdurchführung bewertet. Die Beurteilung der Pathologie-Items erfolgt anhand von Beobachtungsnotizen unmittelbar nach der Testsitzung. Die Bewertung jedes Items erfolgt in einem Protokollheft. Nach der Testdurchführung wird durch Addition ermittelt, wie häufig die jeweilige Bewertungskategorie (+/a/- bzw. n/l/s) vertreten ist. Die Summe aller mit + bewerteten Items aus den „funktionellen Bereichen der Entwicklung" ergibt den Entwicklungsindex.[92]

Ein Profilblatt dient zur graphischen Darstellung der kindlichen Leistungen und seiner Verhaltensauffälligkeiten. Dazu werden die Fertigkeiten, in Form eines Säulendiagrammes, getrennt nach den sieben Funktionsbereichen der Entwicklung groben Altersnormen zugeordnet.[93] Es entsteht ein gut überschaubares Bild des kindlichen Entwicklungsstandes allgemein sowie in den einzelnen Funktionsbereichen. Auch Tendenzen für die weitere Entwicklung sind ersichtlich (ansatzweise gelöste Aufgaben).

---

[89] vgl. SCHOPLER/REICHLER, 1981, S. 14
[90] vgl. SCHOPLER/REICHLER, 1981, S. 14 f.
[91] vgl. SCHOPLER/REICHLER, 1981, S. 26 f.
[92] vgl. SCHOPLER/REICHLER, 1981, S. 28 ff.

Die Darstellung der Testergebnisse im Bereich des pathologischen Verhaltens erfolgt in einem Ringdiagramm. Jeder Verhaltensbereich erhält einen Sektor mit soviel Ringen, wie Items zu dem Verhaltensbereich vorhanden waren. Ausgehend vom Mittelpunkt werden nun jeweils soviele Ringe dunkel gezeichnet, wie Items mit schwerer Ausprägung (s) gezählt wurden. Zusätzlich werden für Items mit leichterer Ausprägung (l) die jeweilige Anzahl nachfolgender Ringe hell gezeichnet.[94]

Aus dem Profil der sieben Entwicklungsskalen (dargestellt in einem Säulendiagramm) lassen sich wichtige Informationen über die Art der kindlichen Entwicklungsstörung ziehen.

Die Profile psychotischer Kinder sind durch Unausgeglichenheit gekennzeichnet, d.h. es besteht eine große Variationsbreite in den verschiedenen Funktionsbereichen.

Bei retardierten Kindern fällt auf, daß viele Fertigkeiten sich in der Entwicklung befinden, die Aufgaben also ansatzweise gelöst wurden. Die einzelnen Bereiche sind hier jedoch gleich stark ausgeprägt, d.h. das Profil zeigt Ausgeglichenheit.[95]

Der Test liefert somit auch wichtige Informationen bezüglich angemessener Fördermaßnahmen.

KEHRER (1991) weist darauf hin, daß es für die meisten therapeutischen Maßnahmen wichtig ist, einen Eindruck vom intellektuellen Potential des betroffenen Kindes zu gewinnen. Seiner Ansicht nach kommen für viele Autisten nur die weniger komplizierten Intelligenztests in Frage. Besonders sprachfreie Tests wie der RAVER-Matrizentest oder der Mann-Zeichentest von ZILLER haben hier ihre Bedeutung.[96]

2.4.3 Differentialdiagnostik

Da einzelne Symptome der autistischen Störung auch bei gesunden Kindern und bei anderen Störungsbildern vorkommen, bedarf es einer genauen diagnostischen Abgrenzung. Überschneidungen mit Problemkreisen folgender Störungsbilder sind nach JA-NETZKE eher die Regel, als die Ausnahme.[97]

2.4.3.1 Andere tiefgreifende Entwicklungsstörungen

Zunächst ist der Frühkindliche Autismus vom atypischen Autismus und vom Asperger-Syndrom abzugrenzen (siehe dazu unter 2.2.2 dieser Arbeit). Weiterhin bedarf es einer

---

[93] vgl. SCHOPLER/REICHLER, 1981, S. 31
[94] vgl. SCHOPLER/REICHLER, 1981, S. 33
[95] vgl. SCHOPLER/REICHLER, 1981, S. 87
[96] vgl. KEHRER, 1991, S. 8

Unterscheidung zum Heller-Syndrom, zum Rett-Syndrom, zum Tourett-Syndrom sowie zur Hyperkinetischen Störung mit Stereotypien.[98]

Die genannten Störungsbilder sollen ihrer Komplexität wegen hier nicht näher erläutert werden.

2.4.3.2 Hospitalismus (Deprivationssyndrom)

Der Hospitalismus ist von seiner Symptomatik her nicht leicht vom Autismus abzugrenzen.[99] So zeigen deprivationsgeschädigte Kinder Stereotypien, selbstschädigendes Verhalten, Rückzug auf sich selbst, Beziehungsstörungen, verzögerte Sprachentwicklung, verarmte Mimik etc.[100] Für die Abgrenzung des Hospitalismus vom Frühkindlichen Autismus sollte zunächst in der Vorgeschichte des Kindes nach einer Phase schwerer Vernachlässigung zwischen dem dritten und dreißigsten Lebensmonat geforscht werden. Krankenhaus- oder Heimaufenthalte, aber auch Vernachlässigungen im häuslichen Umfeld, können bei Kindern dieses Alters die beschriebenen Symptome hervorbringen, sofern nicht rechtzeitig ein Ausgleich geschaffen wird. In diesem Zusammenhang spielt auch das zeitliche Auftreten der Symptomatik eine Rolle. Verhielt sich das Kind bereits vor dem Deprivationserlebnis eigenartig und abnorm, so spricht dies eher für die autistische Störung.

Ein weiteres wesentliches Unterscheidungskriterium bildet die (relative) Reversibilität des Deprivationssyndroms.

Durch eine der Vernachlässigung folgende enge Bindung an eine Bezugsperson kann die dem Autismus ähnliche Symptomatik abgebaut werden.[101]

2.4.3.3 Sprachstörungen

Zu den Sprachstörungen, die eine Symptomatik hervorbringen, die der des Frühkindlichen Autismus ähnelt, zählen die expressive und die **rezeptive Aphasie** sowie das Landau-Kleffner-Syndrom.[102]

Die rezeptive Aphasie, die Unfähigkeit, trotz intakter Hörwerkzeuge Gesprochenes zu verstehen, ist dadurch gekennzeichnet, daß die normalen Muster des Spracherwerbs schon früh in der Entwicklung gestört sind. Im Alter von achtzehn Monaten sind die

---

[97] vgl. JANETZKE, 1997, S. 26
[98] vgl. JANETZKE, 1997, S. 28
[99] vgl. KEHRER, 1989, S. 60
[100] vgl. DALFERTH, 1987, S. 130
[101] vgl. KEHRER, 1989, S. 61 f.
[102] vgl. JANETZKE, 1997, S. 29

Kinder nicht in der Lage, häufig vorkommende Gegenstände zu bezeichnen. Im Alter von zwei Jahren zeigt sich ein Unvermögen, einfache Routineinstruktionen zu befolgen. Soziale, emotionale und Verhaltens-Störungen wie Hyperaktivität, soziale Unangepaßtheit, Isolation, Ängstlichkeit etc. sind häufig. Auch kommt es zu echoartigem Wiederholen von Gesprochenem, welches sie nicht verstanden haben. Weiterhin zeigen diese Kinder ein eingeschränktes Interessenmuster.[103]

Die **expressive Aphasie**, die Unfähigkeit, trotz intakter Sprechwerkzeuge zu sprechen, ist gekennzeichnet durch das Unvermögen, im Alter von drei Jahren einfache Zweiwortsätze zu bilden. Später zeigen die Kinder ein eingeschränktes Vokabular, Schwierigkeiten bei der Wortwahl, kurze Sätze, Weglassen von Wortendungen etc.[104]

Das **Landau-Kleffner-Syndrom** ist eine erworbene Aphasie mit Epilepsie. Bei dieser Störung verliert ein Kind mit einer bisher normalen Sprachentwicklung seine expressive und rezeptive Sprachfertigkeit aufgrund von (vermutlich entzündungsbedingten) Krampfanfällen des Gehirns. Der Beginn der Erkrankung liegt häufig zwischen dem dritten und dem siebten Lebensjahr. Verhaltens- und emotionale Störungen sind häufig. Es zeigt sich jedoch in der Regel eine Besserung, sobald alternative Kommunikationsmittel erworben werden.[105]

Im Erwerb alternativer Kommunikationsmittel ist auch der Unterschied zum Autismus zu sehen. Bei den beschriebenen Aphasieformen suchen die Kinder trotz ihrer Beeinträchtigung die Kommunikation und greifen dazu in der Regel auf nicht-sprachliche Zeichen (Mimik, Gestik etc.) zurück. Damit kann meist ein normaler sozialer Austausch stattfinden.

Im Zusammenhang mit den genannten Sprachstörungen soll hier auch auf das Störungsbild „Mutismus" eingegangen werden. Unter **Mutismus** versteht man eine Sprachverweigerung bei erhaltener Sprechfähigkeit.

Er kann bei drei Gruppen von Erkrankungen vorkommen:

- bei Psychosen,

- bei hirnorganischbedingten Störungen und

- als psychogener Mutismus.

Die häufigste Form ist der psychogene Mutismus. Hier wird nochmals zwischen universellem (totalem) Mutismus, d.h. einer universellen Verweigerung zur Kommunikation, und dem elektiven Mutismus unterschieden, bei dem das Kind mit einigen weni-

---

[103] vgl. WHO, 1991, S. 250 f.
[104] vgl. WHO, 1991, S. 249 f.
[105] vgl. WHO, 1991, S. 251 f.

gen ausgewählten Personen oder in bestimmten Situationen spricht. Die Störung tritt bei etwa 1 : 1000 Kindern im Alter zwischen sieben und neun Jahren auf. Schon häufig wurde die Vermutung geäußert, daß autistische Kinder ihre Sprache nur verweigern, also eigentlich mutistisch sind. Gegen diese Annahme spricht jedoch die qualitative Beeinträchtigung der verbalen und nonverbalen Kommunikation sprechender autistischer Kinder. Im Gegensatz zu ihnen zeigen elektiv mutistische Kinder keine Sprachanomalien. Vielfach ist mit ihnen auch eine Verständigung über Gesten und Gebärden möglich.[106]

2.4.3.4 Geistige Behinderung

Von der geistigen Behinderung läßt sich die autistische Störung insofern abgrenzen, als daß die emotionalen Beziehungen Geistigbehinderter zur personalen oder sachlichen Umwelt wenig oder gar nicht gestört sind. Auch die sprachlichen und motorischen Besonderheiten des Frühkindlichen Autismus fehlen in der Regel bei der geistigen Behinderung.[107]

2.4.3.5 Kindliche Schizophrenie mit ungewöhnlich frühem Beginn

Die Form der kindlichen Schizophrenie, bei der der Krankheitsbeginn vor dem zehnten Lebensjahr liegt, kommt relativ selten vor (1% aller Schizophrenen[108]). Häufiger ist ein Beginn in der Zeit der Pubertät und Adoleszenz.[109]

Im Vordergrund dieser Erkrankung steht, wie beim Frühkindlichen Autismus auch, eine schwere Beziehungsstörung. Der Krankheitsbeginn kann akut oder schleichend nach einer Phase einer völlig normalen Entwicklung liegen.[110] Es lassen sich Symptome im Wahrnehmungsbereich - z.B. Wahnideen und Halluzinationen jenseits des sechsten Lebensjahres -, im emotionalen Bereich - Rückzug; Isolation; Aufbau von Ersatzbeziehungen z.B. durch Personifizierung von Gegenständen -, in der Sprache - Sprachstereotypien; Echolalie etc. - und in der Motorik - motorische Stereotypien; disharmonische Bewegungen etc. - feststellen.[111]

- Eine Abgrenzung zum Frühkindlichen Autismus kann, trotz ähnlicher Verhaltensweisen, aufgrund folgender Unterschiede erfolgen:

[106] vgl. REMSCHMIDT, 1987a, S. 210 f.
[107] vgl. BUNDESVERBAND, 1996, S. 11
[108] vgl. REMSCHMIDT, 1987b, S.275
[109] vgl. KEHRER, 1989, S. 62
[110] vgl. BUNDESVERBAND, 1996, S. 12
[111] vgl. REMSCHMIDT, 1987b, S. 275

- Der Frühkindliche Autismus besteht von Geburt an oder entwickelt sich bis zum dritten Lebensjahr.

Er ist nicht begleitet von Halluzinationen, Wahnvorstellungen, unzusammenhängenden Assoziationen, Zerfahrenheit etc.[112]

2.4.3.6 Sinnesbehinderungen

Kinder, die von Geburt an blind, taub oder taubstumm sind, zeigen häufig Verhaltensweisen, die auch beim Frühkindlichen Autismus vorkommen. So findet man beispielsweise bei blind geborenen Kindern sprachliche Eigenheiten, wie Echolalie und Pronominalumkehr. Zwangsläufig sind sie verstärkt auf den Gebrauch ihrer Nahsinne (Tast-, Geruchs- und Geschmackssinn) angewiesen. Somit kommt es, wie bei autistischen Kindern auch, zum Beklopfen, Beriechen und Belecken von Gegenständen. Weiterhin besteht eine Faszination für bestimmte Geräusche und eine besondere Freude an Musik. Motorische Auffälligkeiten wie Zehenspitzengang, Fingerspiele und eigentümliche Armbewegungen sind ebenfalls zu finden.

Kinder, die später erblinden, zeigen diese Auffälligkeiten in einem geringeren Ausmaß.

Die Unterscheidung des Frühkindlichen Autismus von Sinnesdefekten kann in der Regel eindeutig, wenn auch mit einigen Schwierigkeiten, durch gezielte Hör- und Sehuntersuchungen erfolgen. Außerdem bedienen sich sinnesbehinderte Kinder anderer, nicht gestörter Wahrnehmungs- und Kommunikationsmittel.[113]

2.5 Epidemiologie

Unter Epidemiologie versteht man die Untersuchung der Häufigkeit, der Art und der Schwere von Erkrankungen in Raum und Zeit (deskriptive Epidemiologie). Werden zusätzlich auch die sozialen Gegebenheiten mit einbezogen, so spricht man von analytischer Epidemiologie. Es wird in der Epidemiologie zwischen Inzidenz (Anzahl der Neuerkrankungen), Prävalenz (Gesamtzahl der Erkrankten zu einem Zeitpunkt) und Morbiditätsrisiko (der Wahrscheinlichkeit, an einer bestimmten Krankheit zu erkranken) unterschieden.[114]

In diesem Zusammenhang soll hier nun auf die Häufigkeit autistischer Störungen in der Gesamtbevölkerung der BRD, auf die Geschlechtsverteilung, die Stellung in der

---

[112] vgl. BUNDESVERBAND, 1996, S. 12
[113] vgl. WURST, 1976, S. 24 f.
[114] vgl. TÖLLE, 1991, S. 36

Geschwisterreihe und auf die Zahl der Neuerkrankungen eingegangen werden. Weiterhin ist die Frage zu klären, ob Autismus ein kulturspezifisches Phänomen ist und ob sich eine Korrelation zwischen der sozialen Schichtzugehörigkeit und dem Auftreten des Frühkindlichen Autismus feststellen läßt.

2.5.1 Prävalenz und Inzidenz

Eindeutige Zahlen zur **Prävalenz** des Frühkindlichen Autismus liegen nicht vor. Zwar gibt es zahlreiche Studien zu dieser Frage, doch waren in vielen Fällen unterschiedliche Symptomlisten in Gebrauch.[115] Trotz des unterschiedlichen methodischen Vorgehens kommt man aufgrund von Hochrechnungen zu dem Ergebnis, daß es in der BRD etwa 40.000 Einwohner mit autistischen Störungen gibt.[116] DALFERTH weist auf eigene Untersuchungen hin, nach denen es in der BRD auch viele falsch diagnostizierte oder unentdeckte Kinder mit einem autistischen Syndrom gibt.[117]

Beim „BREMER PROJEKT" ging man 1986 von einer Dunkelziffer von achtzig Prozent aus. JANETZKE merkt jedoch an, daß die Aufklärungsarbeit der Autismusverbände und auch der Film „Rain Man" mit Dustin Hoffman in den vergangenen Jahren dazu beigetragen haben, „die Dunkelziffer autistischer Kinder, Jugendlicher und Erwachsener zu verringern."[118] Die geschätzte Zahl der 40.000 Einwohner mit autistischen Störungen verteilt sich folgendermaßen auf die verschiedenen Altersgruppen:[119]

- 4 - 15 Jahre = 5.000 bis 6.000
- 14 - 21 Jahre = 3.000 bis 4.000
- über 21 Jahre = 30 bis 35.000

Der BUNDESVERBAND geht davon aus, daß die größte Dunkelziffer im Erwachsenenbereich besteht. Viele seien als geistig behindert eingestuft und lebten in entsprechenden Einrichtungen.[120] Als „Faustregel" für den Altersbereich der Vier- bis Fünfzehnjährigen gilt eine Häufigkeit des Vorkommens von 4 bis 5 pro 10.000.[121]

Bezüglich der **Geschlechtsverteilung** läßt sich eine „Knabenwendigkeit" feststellen. In der Kerngruppe überwiegen die Jungen mit einem Verhältnis von 4,5 : 1. Bei den weniger typischen Fällen (autistische Züge) besteht ein Verhältnis von 1,4 Jungen zu 1

[115] vgl. DALFERTH, 1987, S. 32
[116] vgl. JANETZKE, 1997, S. 34
[117] vgl. DALFERTH, 1987, S. 32
[118] JANETZKE, 1997, S. 34
[119] vgl. BUNDESVERBAND, 1996, S. 13
[120] vgl. BUNDESVERBAND, 1996, S. 12
[121] vgl. DZIKOWSKI, 1996, S. 12

Mädchen.[122] Eine Erklärung dafür, daß die Störung beim männlichen Geschlecht im Durchschnitt dreimal häufiger vorkommt als beim weiblichen Geschlecht, hat bisher niemand geben können.[123]

Bezüglich der **Stellung in der Geschwisterreihe** ist auffällig, daß meist erstgeborene Kinder betroffen sind, wenn nur zwei Kinder in einer Familie sind. Bei drei Geschwistern ist häufig das mittlere oder letzte Kind betroffen.[124]

Bezüglich der **Inzidenz** läßt sich folgende Aussage machen:

„Nach Gillberg (1984)[125] erkranken jedes Jahr ca. 100 bis 150 Kinder an einer autistischen Störung (3 - 5 pro 10.000)."[126]

2.5.2 Autismus in anderen Kulturen

Autismus gilt als ein kulturübergreifendes Phänomen. Zahlreiche Untersuchungen haben ergeben, daß es offenbar keine Unterschiede im Verhalten autistischer Kinder in anderen Kulturen gibt. Bedenkt man die Selbstbezogenheit dieser Kinder, so ist es nicht verwunderlich, daß kulturelle Einflüsse hier keinen Niederschlag finden.[127] Die epidemiologischen Forschungsergebnisse in den europäischen Ländern, einschließlich unserer benachbarten Ostblockländer Polen, Tschechien und Ungarn, sowie Nordamerika, Australien und Neuseeland scheinen einander zu entsprechen.[128] Auffällig sind die Ergebnisse einer Studie von Y. TONOUE et al. (1988)[129]. Danach kommen im hochindustrialisierten Japan (nordöstlich von Tokio) 13,9 autistische Kinder auf 10.000 Einwohner. Diese Diskrepanz zu früheren und in anderen Ländern erhobenen Zahlen könnten nach KEHRER auf Unterschiede bei der Diagnosestellung zurückgeführt werden.[130] Diese Ergebnisse könnten jedoch auch für Jirina PREKOPs These sprechen, nach der die Technokratisierung der Gesellschaft einen großen Anteil an der Entstehung autistischer Störungen hat (siehe dazu unter Abschnitt 3.3.1).[131]

---

[122] vgl. TÖLLE, 1991, S. 232
[123] vgl. WEBER, 1985, S. 278
[124] vgl. WING, 1988, S. 40
[125] GILLBERG, C. (1984): Infantile autism and other childhood psychosis in a Swedish region: Epidemiological aspects. In Journal of Psychiatry, 143, S. 256- 260.
[126] KUSCH/PETERMANN, 1991, S. 35
[127] vgl. JANETZKE, 1997, S. 35
[128] vgl. KEHRER, 1989, S. 103
[129] TONOUE, Y./OCLA, S./ASANO, F./KAWASHINA, V. (1988): Epidemiology of infantile autism in southern Ibaraki, Japan: Difference in prevalance. In: J. Autism Dev. Dis., 18, S. 155-166.
[130] vgl. KEHRER, 1989, S. 101
[131] vgl. PREKOP, 1984a, S. 800

2.5.3 Autismus und soziale Schicht

Es gibt zahlreiche Untersuchungen, die sich mit der Frage beschäftigen, ob sich die Eltern autistischer Kinder wirklich, wie von KANNER behauptet, durch einen höheren Bildungs- und Berufsstatus von anderen Eltern unterscheiden.

Auch die Studie von HOLLÄNDER/HEBBORN-BRASS (1992) ging dieser Frage nach. Weiterhin sollte ermittelt werden, ob in diesen Familien, wie so oft von Vertretern psychogenetischer Erklärungsmodelle behauptet, ein Mangel an emotionaler Wärme festzustellen ist.[132] Die beiden Autorinnen kommen aufgrund ihrer Untersuchungsergebnisse zu dem Schluß, „daß Autismus mit einer auffallenden intellektuellen Orientierung der Eltern zusammenhängt."[133]

> „Wie schon in manchen früheren Untersuchungen (KOLVIN, OUNSTED, RICHARDSON u. GARSIDE, 1971; PRIOR, GAYZAGO u. KNOX, 1976; RUTTER u. LOVKYER, 1967) erwies sich der bildungsbezogene Berufsstatus der Eltern, vor allem auch der der leiblichen Mutter, bei autistischen Kindern häufiger als bei Kindern mit anderen Störungen als relativ hoch."[134]

Eine überzeugende Erklärung für diesen Sachverhalt konnte bisher noch niemand liefern.

HOLLÄNDER und HEBBORN-BRASS merken an, daß Eltern aus höheren Bildungsschichten die Störungsanzeichen wohl früher wahrnehmen und genaue Angaben zur Entwicklung ihres Kindes liefern können.[135]

Die These von der Unfähigkeit der Eltern autistischer Kinder, zu diesen eine emotional positive Beziehung aufzubauen, konnte, wie auch schon in früheren Untersuchungen, nicht bestätigt werden. So fanden HOLLÄNDER und HEBBORN-BRASS eher eine erhöhte elterliche Neigung zu Überbehütung und -fürsorge sowie eine unzureichende erzieherische Kontrolle, bezüglich des Einwirkens auf Stereotypien und Rituale.[136]

Auch, wenn ein großer Anteil der Familien mit autistischen Kindern aus höheren sozialen Schichten kommt, so findet man ebenso betroffene Familien in den übrigen Bevölkerungsschichten.[137]

---

[132] vgl. HOLLÄNDER/HEBBORN-BRASS, 1992, S. 40
[133] HOLLÄNDER/HEBBORN-BRASS, 1992, S. 44
[134] HOLLÄNDER/HEBBORN-BRASS, 1992, S. 44
[135] vgl. HOLLÄNDER/HEBBORN-BRASS, 1992, 45
[136] vgl. HOLLÄNDER/HEBBORN-BRASS, 1992, S. 44
[137] vgl. WEBER, 1985, S. 278

2.6 Verlauf und Prognose bei Frühkindlichem Autismus

Der **Verlauf** autistischer Störungen ist sehr unterschiedlich. Die Symptomatik und die Verhaltensauffälligkeiten verändern sich mit zunehmendem Alter des Kindes (siehe dazu unter Abschnitt 2.3 dieser Arbeit). DE MYER lagen 1986 zehn Längsschnittstudien vor, die zu folgenden Ergebnissen kamen:

Ein bis zwei Prozent der Betroffenen galten bei den Nachuntersuchungen als fast unauffällig, fünf bis fünfzehn Prozent bewegten sich im Grenzbereich zur psychopathologischen Auffälligkeit, sechzehn bis fünfundzwanzig Prozent galten als weiterhin auffällig, aber relativ gut zu führen. Sechzig bis fünfundsiebzig Prozent wiesen eine schlechte bis sehr schlechte Prognose auf.[138]

Ab dem Jugendalter können epileptische Anfälle auftreten. Es sind episodische und konstante Verschlechterungen, aber auch Entwicklungsfortschritte bis ins Erwachsenenalter möglich.[139]

Es kann zu Problemen bei der sozialen Eingliederung kommen, da häufig im Jugendalter vermehrt aggressive und autoaggressive Tendenzen hervorbrechen.[140] Trotz therapeutischer Maßnahmen muß nach DALFERTH (1987) von einer vergleichsweise geringen Chance auf Symptomfreiheit, Verbesserung der psychosozialen Situation oder gar Heilung ausgegangen werden.[141] Zirka siebzehn Prozent der erwachsenen autistisch Behinderten können laut WEBER (1982) in die Lage versetzt werden, eine berufliche Tätigkeit auszuüben.[142] Besonders die ASPERGER-Autisten ergreifen häufig intellektuelle Berufe. Sie sind oftmals Techniker, Chemiker oder Beamte. Die meisten autistischen Erwachsenen sind jedoch zu einer selbständigen Lebensführung und beruflichen Tätigkeit außerhalb einer Werkstatt für Behinderte (WfB) nicht in der Lage.[143]

„So konnte LOTTER (1978) in einer Verlaufsuntersuchung lediglich bei 5% eine Integration ins Arbeitsleben feststellen."[144]

DALFERTH ist der Meinung, daß die Schwankungen in den Häufigkeitsangaben (5% bis 17%) durch ein unterschiedliches Verständnis des Begriffs „berufliche Tätigkeit"

---

[138] vgl. DE MYER, 1986, S. 5
[139] vgl. BUNDESVERBAND, 1996, S. 14 f.
[140] vgl. WEBER, 1982, S. 11
[141] vgl. DALFERTH, 1987, S. 35
[142] vgl. WEBER, 1982, S. 11
[143] vgl. DALFERTH, 1987, S. 43
[144] DALFERTH, 1987, S. 44

entstehen. Der eine versteht darunter seine Arbeit in der WfB, der andere seine Tätigkeit außerhalb solcher Einrichtungen.[145]

Auch wenn bei einigen Betroffenen die Kontaktstörung bis zum Erwachsenenalter zurückgeht, unterscheidet sich der zwischenmenschliche Kontakt noch weitgehend von dem „normaler" Menschen. Laut WEBER (1982) „findet sich in der Literatur keine Angabe über einen verheirateten Erwachsenen mit KANNERschem Syndrom."[146]

Als **prognostische Indikatoren** gelten die Intelligenz und die Sprachentwicklung des Kindes um das fünfte bis sechste Lebensjahr. Die Prognose gilt als vergleichsweise günstig, wenn die Sprache relativ gut entwickelt und die Intelligenzausstattung relativ gut ist. Kinder mit einem IQ im Bereich der schweren geistigen Behinderung (IQ laut ICD-10 zwischen 20 und 34) behalten diesen für gewöhnlich bei. Ihre Prognose gilt als ungünstig.[147]

2.7 Die Situation von Familien mit einem autistischen Familienmitglied

Familien mit behinderten Kindern, Jugendlichen oder Erwachsenen haben häufig mit einer Reihe von Problemen zu kämpfen. Diese Probleme sind bei vielen Behinderungsarten zunächst identisch (hohe finanzielle Aufwendungen; wenig Freizeit; soziale Isolation; Stigmatisierung und Vorurteile etc.). Die Eltern müssen lernen, die Behinderung ihres Kindes als Tatsache zu akzeptieren. Ist dieser meist langdauernde Prozeß abgeschlossen, muß es darum gehen, sowohl für das behinderte Kind als auch für die übrigen Familienmitglieder das Beste aus der neuen Situation zu machen.

Bei einem autistischen Mitglied in der Familie sind die Belastungen aufgrund der besonderen Charakteristik der Behinderung (Verhaltensschwierigkeiten; Ängste etc.) nochmals größer. Besonders die Mutter ist von diesen Belastungen betroffen, denn nach der auch heute noch geltenden klassischen Rollenverteilung kommt ihr in der Regel die Aufgabe der Kinderbetreuung und -erziehung zu.

Als ein Beispiel sei hier die Situation einer Mutter genannt, deren Kind den Blick- und Körperkontakt zu ihr gänzlich verweigert. Dieser für den Aufbau einer engen Mutter-Kind-Beziehung fehlende Aspekt kann sicherlich jede Mutter zur Verzweiflung bringen. Resignation und Selbstvorwürfe sind nicht selten die Folge. Ein derart in seinem Selbstwert gekränkter Mensch ist besonders empfänglich für die Signale aus der ihn umgebenden Umwelt. Verständnislose Reaktionen von Nachbarn oder Passanten auf das bizarre Verhalten des Kindes tun ihr übriges.

---

[145] vgl. DALFERTH, 1987, S. 44
[146] WEBER, 1982, S. 11
[147] vgl. BUNDESVERBAND, 1996, S. 14; DE MYER, 1986, S. 5

Da autistische Kinder auf den ersten Blick völlig unauffällig wirken - meist werden sie als besonders hübsch beschrieben -, wird deren sonderbares Verhalten häufig als Folge einer verfehlten Erziehung durch die Eltern bewertet. Selbst Verwandte und Bekannte, die in der Regel über die Art der Behinderung des Kindes informiert sind, erteilen häufig weise Erziehungsratschläge. Mit zunehmendem Alter nimmt die Toleranz gegenüber Unarten und absonderlichem Verhalten ab, und damit nehmen die Probleme zu. Was bei einem Kind noch akzeptiert wird, gilt bei einem Jugendlichen oder Erwachsenen als unverzeihlich.[148]

Mütter autistischer Kinder haben nachweislich mehr Schwierigkeiten, mit ihren Kindern in die Öffentlichkeit zu gehen. Auch berichten sie häufiger über Mißerfolge und Enttäuschungen bei der Erziehung und empfinden ihr Familienleben als stärker gestört als beispielsweise Mütter mit Down-Syndrom-Kindern.[149]

Um Auseinandersetzungen zu vermeiden, ziehen sich viele Familien aus ihrer sozialen Umwelt zurück. Feindselige Gefühle gegenüber dem behinderten Kind sind keine Seltenheit. Aus einem schlechten Gewissen heraus kommt es dann häufig zu Überbehütung oder widersprüchlichem Verhalten gegenüber dem Kind.[150]

Durch Überbehütung und Isolation sind die Entwicklungsmöglichkeiten autistischer Menschen m. E. nochmals verschlechtert. Der Ausspruch „Übung macht den Meister" deutet es schon an. Nur, wem die Möglichkeit geboten wird, eigene Erfahrungen zu machen, der kann etwas dazulernen und eine - innerhalb der durch die Behinderungsart gegebenen Grenzen - mehr oder weniger große Selbständigkeit erlangen.

Auch auf die Situation der Geschwister behinderter Kinder soll hier kurz eingegangen werden. Welchen Einfluß die Behinderung eines Kindes auf dessen Geschwisterkinder hat, hängt von deren Alter und Geschlecht ab. Auch die Stellung des behinderten Kindes in der Geschwisterreihe sowie die Einstellung der Eltern zu diesem Kind ist von Bedeutung.[151]

Die Geschwister behinderter Kinder neigen dazu, die positive oder negative Einstellung der Eltern zu diesem Kind zu kopieren. Häufig kommt es jedoch vor, daß sich die Geschwisterkinder in Familien, in denen das behinderte Kind im Mittelpunkt des Geschehens steht, benachteiligt fühlen. Die Folge sind nicht selten Verhaltensstörungen, durch die das nichtbehinderte Kind bewußt oder unbewußt auf seine Situation aufmerksam machen will.

---

[148] vgl. WENDELER, 1984, S. 130
[149] vgl. WING, 1988, S. 343
[150] vgl. LOEBEN-SPRENGEL et al., 1981, S. 13
[151] vgl. JACOBS, 1984, S. 68

Am meisten haben nach empirischen Untersuchungen nichtbehinderte Schwestern zu leiden, da an sie häufig hohe Anforderungen bezüglich der Mithilfe im Haushalt und bei der Erziehung gestellt werden. An nichtbehinderte Brüder hingegen werden solche Anforderungen in der Regel weniger gestellt.[152]

Auch für ältere Geschwister stellen die Anforderungen bezüglich der Beaufsichtigung und Pflege eines behinderten Kindes eine zusätzliche Belastung dar, aufgrund derer sie sich weniger den üblichen Freizeitbeschäftigungen mit Gleichaltrigen widmen können. In der Folge ergibt sich nicht selten eine aggressive Haltung gegenüber den Eltern und dem behinderten Kind. Der Wunsch, das als störend empfundene Geschwisterkind „loszuwerden", kommt eventuell auf. Erfolgt jedoch tatsächlich eine Heimunterbringung des Behinderten, werden bei den nichtbehinderten Geschwistern häufig Schuldgefühle ausgelöst.[153]

Ein weiteres Problem, mit dem gesunde Geschwister oftmals zu kämpfen haben, sind die Erwartungen und Hoffnungen, die die Eltern in die Lern- und Leistungsfähigkeit ihrer nichtbehinderten Kinder setzen. Dadurch versuchen sie, ihre durch das behinderte Kind enttäuschten Erwartungen zu kompensieren. Um sich die Zuwendung ihrer Eltern zu sichern, sind die gesunden Kinder auch häufig daran interessiert, die erwünschten Leistungen zu erbringen. Bei Versagen empfinden sie nicht selten Schuld- und Minderwertigkeitsgefühle.[154]

Der Vater steht häufig aufgrund seiner beruflichen Verpflichtungen ganz am Rande des Familiengeschehens. Ihm bleibt oftmals kaum eine Möglichkeit, in die enge Mutter-Kind-Beziehung einzutreten. Entweder traut er sich selbst nicht genügend Kompetenz im Umgang mit dem behinderten Kind zu, oder seine Partnerin gesteht ihm diese Kompetenz nicht zu. Eine häufige Folge ist der Rückzug aus der Erziehung des behinderten Kindes und der Familie allgemein, der oft mit einer Flucht in den Beruf oder in Hobbies verbunden ist.[155]

Doris WEBER (1987) vertritt die Auffassung, daß die Art der wissenschaftlichen Erforschung des autistischen Syndroms einen entscheidenden Beitrag dazu geleistet hat, daß Eltern autistischer Kinder vor einer Vielzahl von Problemen stehen.

> „Die Autismusforschung ist auch heute noch in wesentlichen Bereichen nicht über die Hypothesenbildung hinausgekommen. [...] Aus der Darstellung ungelöster wesentlicher Fragenkomplexe, sich zum Teil widersprechender Hypothesen und Teilbefunde

---

[152] vgl. JACOBS, 1984, S. 68
[153] vgl. JACOBS, 1984, S. 69
[154] vgl. JACOBS, 1984, S.70
[155] vgl. JAKOBS/KALDE/HARTMANN/ROHMANN, 1988, S. 160

werden auch die damit in Zusammenhang stehenden Probleme der Eltern autistischer Kinder transparent."[156]

Im einzelnen nennt sie beispielsweise die Tatsache, daß Verursachungshypothesen „aus persönlicher Überzeugung als gültige Erkenntnis"[157] den Eltern gegenüber referiert werden. Deren Verwirrung werde dadurch noch vertieft.

Oft wenden sich verwirrte Eltern an Personen oder Institutionen, die mit großer Überzeugungskraft durch bestimmte Therapiemethoden eine erhebliche Besserung oder gar Heilung versprechen. WEBER weist jedoch darauf hin, daß die angeblichen Erfolge derartiger Therapien - gemeint sind die TOMATIS-Therapie (siehe dazu unter 3.3.2) und die DOMEN-DELACATO-Methode (siehe dazu unter 3.5.1) - nicht durch kontrollierte vergleichende Studien bewiesen sind.[158]

Ein weiteres Problem ergibt sich aus der meist in der älteren, aber auch in neuerer Literatur geäußerten Überzeugung, die Eltern - besonders jedoch die Mütter - autistischer Kinder seien kühl, intellektualisiert, zwanghaft und perfektionistisch.[159] Eine spezifische Persönlichkeitsstörung oder Erziehungspraktik der Eltern konnte jedoch in verschiedenen Studien nicht nachgewiesen werden.

Aufgrund der geschilderten Probleme bedürfen Familien mit autistischen Kindern einer „aus Kenntnis, Erfahrung, Einfühlung und menschlicher Zuwendung geleiteten Beratung wie ihre autistischen Kinder einer möglichst frühen Therapie."[160]

2.8 Eltern- und Angehörigenarbeit

Unter Eltern- und Angehörigenarbeit soll hier die Beratung und Betreuung besonders der Eltern, aber auch der Geschwister autistischer Kinder verstanden werden. Eine der ersten Aufgaben sollte es m. E. sein, die Eltern zunächst über mögliche Ursachen der Behinderung - Entgegenwirken bei Selbstvorwürfen -, über das Krankheitsbild sowie - sofern eine Prognose möglich ist - über bestehende Entwicklungsmöglichkeiten des Kindes zu informieren. Die Familie muß dabei unterstützt werden, trotz der großen Belastungen zu einem guten Familienleben zu finden. Ihre Mitglieder sind auf die familiären Interaktions- und Rollenmuster hinzuweisen und wenn nötig, sind Veränderungsvorschläge zu machen. Beispielsweise sollte die Mutter darauf hingewiesen werden, wenn sie durch ihre überbehütende Art dem behinderten Kind die Möglichkeit nimmt, selbst Lernerfahrungen zu machen. Es sollten ihr Methoden zur Förderung der

---

[156] WEBER, 1987, S. 162
[157] WEBER, 1987, S. 163
[158] vgl. WEBER, 1986, S. 164
[159] vgl. WEBER, 1986, S. 164
[160] WEBER, 1986, S. 166

Selbständigkeit ihres Kindes an die Hand gegeben werden. Eine ein- bis zweimal wöchentlich stattfindende ambulante Therapie macht m. E. wenig Sinn, wenn das Kind im Elternhaus keinerlei Förderung erhält bzw. durch gutgemeinte Überbehütung in seinen Entwicklungsmöglichkeiten eingeschränkt ist.

Gemeinsam mit der Familie sollten Möglichkeiten zu deren Entlastung gesucht werden. DE MYER (1986) weist darauf hin, daß die Familien gelegentlich Ferien von der Bewältigung ihrer Probleme benötigen. Eine befristete Unterbringung des autistischen Kindes zum Zwecke der Entlastung der Familie sei eine humane Alternative zu einer dauerhaften Unterbringung.[161]

Einen wertvollen Beitrag können sicherlich auch Familienentlastende Dienste (FED) leisten. Die Möglichkeiten der Entlastung durch derartige ambulante Dienste sind vielfältig. Sie reichen von regelmäßiger oder nach Absprache erfolgter stundenweiser Betreuung - z.b. wenn die Mutter einkaufen geht oder einen Arzttermin hat - bis hin zur „rund-um-die-Uhr-Betreuung" bei Kranken-hausaufenthalt der eigentlichen Betreuungsperson.[162] Sicherlich kommt der Einsatz Familienentlastender Dienste nicht für jeden autistischen Menschen in Betracht. In Abhängigkeit vom Ausprägungsgrad des autistischen Syndroms müssen hier ohne Zweifel gewisse Einschränkungen vorgenommen werden, zumal es für diese ambulanten Dienste schwierig ist, qualifizierte Honorarkräfte anzuwerben.

Eine weitere Aufgabe der Elternberatung sollte eine Unterstützung bei der häuslichen Erziehung des Kindes sein. Den Eltern muß klar gemacht werden, daß sie bei der Erziehung eines autistischen Kindes nicht auf ihr bewährtes Repertoire zurückgreifen können, sondern daß sie dazu Spezialwissen und -können erlernen müssen. Dabei müssen sie durch geeignetes Fachpersonal unterstützt werden, welches ihnen beispielsweise Hinweise zum Umgang mit Verhaltensauffälligkeiten gibt.

Gerade was den Bereich der Verhaltensauffälligkeiten angeht hat sich gezeigt, daß sich eine Veränderung problematischer Familienstrukturen positiv auf die Entwicklung des Kindes auswirken kann. Problematische Strukturen und Interaktionsmuster ergeben sich in Familien häufig dann, wenn es darum geht, mit kritischen Situationen, wie der Geburt eines behinderten Kindes, dem Tod eines Familienmitgliedes, Arbeitslosigkeit etc. umzugehen.[163] Eine Veränderung problematischer Familienstrukturen und Interaktionsmuster kann durch die „Systemische Familientherapie" erreicht werden. Grundlage dieser seit Ende 1991 in der Familienberatung und Therapie der Autismus-Ambulanz Bremen eingesetzten Therapieform ist die Systemtheorie. Nach Simon STIER-

---

[161] vgl. DE MYER, 1986, S. 235
[162] vgl. BUNDESVEREINIGUNG LEBENSHILFE, 1986, S. 8

LIN[164] liegt allen „systemtheoretischen Überlegungen die Erkenntnis zugrunde, daß sich ein System in seiner Gesamtheit qualitativ neu und anders verhält als die Summe seiner isoliert betrachteten Einzelelemente."[165] Jedes, das familiäre Gleichgewicht verändernde Ereignis, verlangt nach einer Anpassungsreaktion des gesamten Systems „Familie". Dieses System ist zielorientiert, denn es verfolgt beispielsweise das Ziel der Kindererziehung und der Homöostase (des Gleichgewichtes innerhalb der Familie). Auf der Grundlage der systemischen Sicht einer Familie werden Symptome wie Verhaltensauffälligkeiten im Kontext der Interaktion aller Familienmitglieder zueinander betrachtet. Weiterhin werden solche Symptome nicht nur als Einschränkung, sondern auch als eine mögliche Lösung einer problematischen Situation verstanden. Die Familienberatung hat nun die Aufgabe, durch Veränderung der Interaktionsmuster der Familie zu einer anderen, weniger problematischen Lösung zu verhelfen. In Abhängigkeit davon, ob die Familie mit einem klar umrissenen Problem oder aufgrund allgemeiner Unzufriedenheit zur Beratung kommt, werden in der Bremer Autismus-Ambulanz verschiedene Ansätze der systemischen Familientherapie verfolgt.

Während in der ersten Sitzung meist nur die Schwierigkeiten mit dem autistischen Kind im Vordergrund stehen, geht es später häufig um Probleme der Geschwister, um Eheprobleme und um Schwierigkeiten mit den Großeltern etc.[166]

Auch für die Geschwister autistischer Kinder gibt es mitlerweile Möglichkeiten, sich in Gesprächskreisen mit anderen betroffenen Kindern über ihre Erfahrungen auszutauschen.[167] In einem ersten Treffen für acht Kinder im Alter zwischen acht und zwölf Jahren, welches in der Region München stattfand, wurde beispielsweise über Ursachen und Erscheinungsbild von Autismus und über die sich aus der Behinderung ergebenden Schwierigkeiten gesprochen. Beate BAUDE hebt in ihrem Bericht besonders das Interesse und die Offenheit der beteiligten Kinder hervor, denen das Thema offensichtlich am Herzen lag.

Eine weitere wichtige Aufgabe der Eltern- und Angehörigenarbeit betrifft die Unterstützung und Beratung der Familie, wenn sich die Frage einer Heimunterbringung stellt.

Anlaß für die Erwägung einer Heimunterbringung des autistischen Familienmitgliedes besteht oftmals dann, wenn der Heranwachsende seine Unzufriedenheit gegenüber den Eltern und dem Elternhaus ausdrückt; wenn die Eltern zu alt geworden sind, um seine

---

[163] vgl. DÖRR, 1992, S. 5 ff.
[164] STIERLIN, S. (o. J.): Die Sprache der Familientherapie. o. O.
[165] STIERLIN, o. J. in DÖRR, 1992, S. 5
[166] vgl. DÖRR, 1992, S. 7
[167] vgl. BAUDE, 1992, S. 14

Versorgung und Betreuung weiterhin zu übernehmen; wenn die Eltern ihrem Kind schon frühzeitig Gelegenheit geben wollen, die für sein späteres Leben erforderlichen sozialen Verhaltensweisen zu erlernen; wenn die Förderung zu Hause nicht so gut erfolgen kann, wie in einer therapeutischen Einrichtung; wenn die Situation zu Hause aufgrund extremer Verhaltensprobleme untragbar geworden ist oder wenn eine zu große Ambivalenz zwischen Geborgenheit in der Familie und dem Wunsch nach Unabhängigkeit besteht.[168] Die Entscheidung für eine Heimunterbringung bereitet den Eltern häufig große Probleme. Selbstvorwürfe und das Gefühl, versagt zu haben, sind nicht selten.

Die Eltern sollen nun in ihrer Entscheidungsfindung unterstützt werden. Dabei ist auch die Frage von Bedeutung, was ein Heim einem Kind, Jugendlichen oder Erwachsenen geben kann. Ein Leben im Heim bietet den Betroffenen eine Gemeinschaft von Gleichaltrigen und Gleichartigen. Die Behinderung verliert hier an Bedeutung, da alle das gleiche Schicksal teilen. Der Tagesablauf ist strukturiert und in soziales Handeln eingebettet. Trotzdem fällt den Eltern die Entscheidung häufig schwer, denn das Weggehen des Kindes hinterläßt eine große Lücke. Daher empfiehlt sich eine Vorbereitung durch gelegentliche Wochenend- und Ferienaufenthalte des „Kindes" ohne seine Eltern.[169]

Es ließen sich sicherlich noch viele Aufgabenbereiche der Eltern- und Angehörigenarbeit dokumentieren, doch diese sollen genügen. Ich möchte nur noch erwähnen, daß die Eltern- und Angehörigenarbeit laut der Rückantworten in allen von mir angeschriebenen therapeutischen Einrichtungen (siehe dazu den folgenden Abschnitt 2.9) ihren festen Platz hat.

2.9 Befragung zum therapeutischen Vorgehen im Rahmen der institutionellen Versorgung autistischer Menschen in der BRD unter Zuhilfenahme eines Fragebogens

„Autistische Menschen und ihr Umfeld benötigen wegen der Eigenart der autistischen Störung ein hohes Maß an individueller und qualifizierter Betreuung in den Bereichen Diagnostik und Therapie sowie - in individuell unterschiedlichem Ausmaß - in allen Bereichen und Phasen ihres Lebens (Familie, Kindergarten, Schule, Arbeit, Wohnen, Freizeit)."[170]

Nach DZIKOWSKI (1996) erhält aber nur eine an der Gesamtzahl gemessen geringe Zahl autistischer Menschen eine optimale Förderung. Demnach werden z.B. in den auf

[168] vgl. ANTONS/SEEMANN, 1992, S. 8
[169] vgl. ANTONS/SEEMANN, 1992, S. 9
[170] BUNDESVERBAND, 1996, S. 16

Autismus spezialisierten therapeutischen Ambulanzen der Bundesrepublik überwiegend Kinder und Jugendliche sowie ihre Familien betreut.[171]

Ganztägige (teilstationäre) spezielle schulische Betreuung für autistische Kinder gibt es nach Angaben des BUNDESVERBANDes bisher nur in Berlin, Hannover und Bremen (zum Unterricht in Bremen siehe in Abschnitt 4.2.3.1).[172]

Für erwachsene autistische Menschen stehen lediglich sieben speziell auf ihre Bedürfnisse zugeschnittene Heime zur Verfügung.[173] Laut BUNDESVERBAND stehen damit zur Zeit einhundert Wohnheimplätze für die stationäre Versorgung erwachsener autistischer Menschen bereit.[174]

In Anbetracht einer geschätzten Zahl von zirka dreißigtausend erwachsenen Menschen mit Autismus-Syndrom fragt man sich, wo all die Menschen leben, die keinen Wohnheimplatz haben. Ein Teil der jüngeren oder weniger verhaltensauffälligen Erwachsenen wird sicherlich noch bei den Eltern wohnen. Weitere leben vielleicht mit falschen Diagnosen in anderen Einrichtungen. Viele Betroffene sind jedoch mangels geeigneter Einrichtungen langfristig in psychiatrischen Kliniken untergebracht.[175]

Ausgehend von diesen Informationen und dem Wissen um eine beinahe unüberschaubare Anzahl möglicher Therapieansätze ist bei mir, als ich bei JANETZKE (1997) eine Liste der in der BRD auf Autismus spezialisierten therapeutischen Einrichtungen fand, der Gedanke entstanden, diese Institute hauptsächlich hinsichtlich der von ihnen eingesetzten Behandlungsmethoden zu befragen.

2.9.1 Zur Konstruktion des Fragebogens und zu den Zielen der Befragung

Aus zeitlichen und finanziellen Gründen habe ich mich für eine schriftliche Befragung mittels eines Fragebogens entschieden. Da es sich bei den Befragten um eine homogene Gruppe - um Institute, die sich ausschließlich, beziehungsweise u.a. mit Autismus beschäftigen - handelte, schien mir diese Art der Befragung akzeptabel. Auf die Probleme, die sich im Nachhinein ergaben, werde ich in Abschnitt 2.9.2 „Ergebnisse der Befragung" eingehen.

Um die Beantwortung der Fragen zu erleichtern und damit auch einen gewissen Einfluß auf die Rücklaufquote zu nehmen, entschied ich mich für die Konstruktion geschlossener Fragen, wobei in zwei Fällen auch die Möglichkeit bestand, „sonstige"

---

[171] vgl. DZIKOWSKI, 1996, S. 13
[172] vgl. BUNDESVERBAND, 1996, S. 17
[173] vgl. DZIKOWSKI, 1996, S. 13
[174] vgl. BUNDESVERBAND, 1996, S. 17
[175] vgl. BUNDESVERBAND, 1996, S. 16

Angaben zu machen. Lediglich die letzte Frage wurde „open-ended" konstruiert. Aufgrund der Kombination geschlossener und offener Fragen kann die Befragung als teilstandardisiert bezeichnet werden.

Erstrangiges Ziel dieser Erhebung war es, einen Eindruck zu gewinnen, welche therapeutischen Maßnahmen zum Einsatz kommen und ob innerhalb dieser wiederum gewisse Präferenzen ermittelt werden können. In Anbetracht der Tatsache, daß im Rahmen der Autismustherapie bis zu fünfzig Ansätze zur Anwendung kommen, schien es mir sinnvoll, auf diesem Wege eine Auswahl zu ermitteln. Zu diesem Zweck entnahm ich der Arbeit von JANETZKE (1997) eine Liste möglicher Therapieansätze. Da ich davon ausging, daß verschiedene Behandlungsansätze wahrscheinlich häufiger genannt werden würden, wollte ich die nachfolgende Vorstellung möglicher Ansätze an den in Frage sechs - Welche der folgenden Behandlungsansätze zur Autismustherapie werden durch Ihre Einrichtung bereitgestellt bzw. angewandt? - erhobenen Daten ausrichten. Frage sieben - Wie bewerten Sie die Erfolgsaussichten der von Ihnen eingesetzten Therapiemethoden bezüglich der **Entwicklungsförderung?** - sollte mir einen Eindruck über den praktischen Nutzen dieser Methoden vermitteln. Mit der ersten Frage - Welchen Altersbereichen lassen sich die von Ihnen betreuten Personen zuordnen? - wollte ich klären, ob DZIKOWSKIs Aussage, in den Ambulanzen würden hauptsächlich autistische Kinder und Jugendliche betreut, wirklich zutrifft. Ausgehend von dem Wissen um die schwierige Situation, in der sich Familien mit behinderten Angehörigen allgemein befinden, ging es mir in Frage zwei - Betreuen Sie neben den autistischen Personen auch solche aus deren Umfeld (Eltern-, Angehörigenarbeit)? - darum zu ermitteln, ob auch die Eltern und Geschwister autistischer Menschen eine Unterstützung und Beratung erhalten. Frage drei - Wieviele Personen mit Autismussyndrom betreuen Sie zur Zeit? - entstand aus folgender Überlegung: wenn in den Institutionen wirklich nur Kinder und Jugendliche therapeutisch versorgt werden, müßte die Zahl der Betreuten - unter der Voraussetzung einer Rücklaufquote von annähernd einhundert Prozent sowie der Voraussetzung, daß dieses Angebot alle Betroffenen dieser Altersgruppe erreicht - sich der angenommenen Zahl von zirka sechstausend autistischen Kindern und Jugendlichen im Alter zwischen vier und fünfzehn Jahren zumindest annähern. Frage fünf ist im Hinblick auf meine eigenen Berufsperspektiven aus rein persönlichem Interesse entstanden. Ich wollte klären, welche Berufsgruppen primär bzw. schwerpunktmäßig mit der Betreuung dieses Personenkreises betraut sind. Ebenfalls aus meinem Interesse und im Hinblick auf den eventuellen Einsatz einer in Deutschland weniger bekannten Methode sind die Fragen acht - Haben Sie Erfahrungen mit „Snoezelen" in der Autismustherapie? - und neun - Wenn Sie Erfahrungen haben, wie bewerten Sie diese? - entstanden. Frage vier - Erfolgt die Betreuung dieser Personen ambulant, stationär, teilstationär? - sollte lediglich klären, ob es sich bei den angeschriebenen Insti-

50

tuten ausschließlich um Ambulanzen handelt. In vielen Fällen ergab sich die Beantwortung der Frage bereits aus dem „Titel" der Institution (z.b. Ambulanz des Regionalverbandes . . .). In einigen Fällen handelt es sich jedoch um „Therapiezentren". Somit war nicht klar, ob diese sich von der Konzeption her von den Ambulanzen unterscheiden.

Die Fragebögen wurden von mir auf postalischem Wege den Empfängern zugeführt. Sie waren jeweils mit einem Anschreiben versehen (siehe Anhang B und C), in dem ich Anlaß und Ziel der Befragung darstellte, sowie auf die angestrebte möglichst hohe Rücklaufquote verwies. Insgesamt wurden 33 Institute angeschrieben. Die Ergebnisse der Befragung werde ich im folgenden Abschnitt zunächst tabellarisch und schließlich noch mit einigen Ergänzungen versehen in Textform darstellen. In den Kapiteln drei und vier werde ich im Rahmen der Darstellung der möglichen Behandlungsansätze immer wieder auf diese Ergebnisse - insbesondere auf die der Frage sechs - zurückgreifen.

2.9.2 Ergebnisse der Befragung

2.9.2.1 Tabellarische Darstellung der Ergebnisse

1. Welchen Altersbereichen lassen sich die von Ihnen betreuten Personen zuordnen?

- nur Kinder   [ ]
- nur Jugendliche   [ ]
- Kinder und Jugendliche [1]
- Jugendliche und Erwachsene [2]
- alle Altersbereiche [21]

2. Betreuen Sie neben den autistischen Personen auch solche aus deren Umfeld (Eltern-, Angehörigenarbeit)?

ja   [21]   nein   [ ]

3. Wieviele Personen mit Autismussyndrom betreuen Sie zur Zeit?

1142 Personen

4. Erfolgt die Betreuung dieser Personen ambulant, stationär, teilstationär?

- ambulant   [21]
- stationär   [3]
- teilstationär   [3]

5. Welche Berufsgruppen sind mit der Betreuung/Therapierung dieser Personen betraut? Bitte geben Sie konkrete Zahlen an, z. B. [2].

- Ärzte/Ärztinnen   [4]
- PsychologInnen   [36]
- SonderpädagogInnen   [7]
- SprachheillehrerInnen   [ ]
- SozialpädagogInnen/-arbeiterInnen   [55]
- ErgotherapeutInnen   [4]
- ErzieherInnen   [9]
- KrankengymnastInnen   [ ]
- LogopädInnen   [ ]
- Sonstige:
- HeilpädagogInnen   [29]
- DiplompädagogInnen (mit diversen Zusatzqualifikationen)   [15]
- MotopädInnen   [4]
- TanztherapeutInnen   [2]
- MusiktherapeutInnen   [2]
- KunsttherapeutInnen   [1]

6. Welche der folgenden Behandlungsansätze zur Autismustherapie werden durch Ihre Einrichtung bereitgestellt bzw. angewandt?

- Sensorische Integration   [18]
- Patterning (Musterentwicklung)   [4]
- Führen   [14]
- Aufmerksamkeits-Interaktions-Therapie   [15]
- Körperzentrierte Interaktion   [12]

- Verhaltensorientierte Autismustherapie   [14]
- Psychoanalytische Autismustherapie   [2]
- Differentielle Beziehungstherapie   [11]
- Gebärdensprach"therapie"   [10]
- Gestützte Kommunikation   [14]
- Tanztherapie   [3]
- Musiktherapie   [10]
- Therapeutisches Reiten   [3] + 1 extern
- Clowntherapie   [ ]
- Tiertherapie (Welche Tiere? ....)   [ ]
- Audiovokales Training   [1] extern
- Kompensatorische Gehörschulung   [2] + 1 extern
- Forced Holding (Festhaltetherapie)   [2]
- Biochemische Ansätze wie:
  + Diät   [ ]
  + Vitamin- u. Mineralstofftherapie   [1]
  + Medikamentöse Therapie   [2]
  + Sonstige:

Basale Stimulation [4], Kritische Entwicklungsbegleitung nach Hendrickx [1], Motopädie [1], Heilpädagogische Übungsbehandlung [2], Psychomotorik [1], Wahrnehmungsförderung [1], Integrative Körpertherapie nach Besems/van Vugt [2], Traumreisen [1], Division TEACCH (P.E.P.) [2], Basale Kommunikation [3], Kommunikative Sprachtherapie [1], non-direktive Spieltherapie [9], Tanztherapie [3], Therapeutisches Reiten [4], Klientenzentrierte Gesprächsführung [5], Psychoanalytische Sozialarbeit [1], analytische Kunsttherapie [3]

7. Wie bewerten Sie die Erfolgsaussichten der von Ihnen eingesetzte Therapiemethoden bezüglich der Entwicklungsförderung?

Erfolgsaus- sichten Therapie- methode	sehr gut	gut	weniger gut, jedoch hilfreich bei der Kontaktherstellung, Kommunikationsförderung, Angstabbau etc.
Sensorische Integration	5	8	
Patterning (Musterbildung)	1	2	
Führen	3	4	
Aufmerksamkeits-	3	7	

Interaktions-Therapie			
Körperzentrierte Interaktion	4	4	
Verhaltensorien-tierte Autismus-therapie	3	9	
Psychoanalytische Autismustherapie			
Differentielle Beziehungstherapie	3	7	2
Gebärdensprach-„therapie"	1	4	1
Gestützte Kommunikation	2	7	1
Tanztherapie		2	
Musiktherapie	2	4	
Therapeutisches Reiten		1	
Clowntherapie			
Tiertherapie			
Audiovokales Training		1	
Kompensatorische Gehörschulung	1	2	
Forced Holding			1
Diät			
Vitamin- u. Mineralstofftherapie			
Medikamentöse Therapie			1

Anmerkung: Von sechs Institutionen wurde diese Frage nicht beantwortet.

8. Haben Sie Erfahrungen mit „Snoezelen" in der Autismustherapie?

    ja   [11]   nein [10]

9. Wenn Sie Erfahrungen haben, wie bewerten Sie diese?

- „Meines Erachtens gut für Schwerbehinderte, für Autisten m. E. nicht."

- „Fast ausschließlich positive Erfahrungen, wobei ich nicht so weit gehen würde, Snoezelen als Therapie zu bezeichnen, jedoch als sinnvolle Maßnahme im Bereich Wahrnehmung und Entspannung einsetzbar."

- „Ist als Basistherapie sehr gut."

- „Der Snoezelen-Ansatz enthält sinnvolle und hilfreiche Behandlungselemente im Rahmen einer umfassenden ganzheitlichen Förderung, die er jedoch nicht ersetzen kann."

- „Gute Möglichkeit zur Entspannung für den Klienten."

- „Eine nette Freizeitbeschäftigung, die manchen Menschen gut gefällt, anderen überhaupt nicht."

- „Ausschließlich Snoezelen wird nicht durchgeführt, teilweise Benutzung von Materialien aus Snoezeltherapie: z.b. zur Beruhigung (Licht; Hören von Entspannungsmusik); für diesen Zweck gute Erfahrungen!"

- Zwar keine eigenen Erfahrungen „aber, selektive Darbietung von Sinneseindrücken ist Voraussetzung der Autismus-Therapie."

- „Zum Teil liegt der Eigenaktivitätslevel der Autisten zu niedrig, um alle Angebote wahrzunehmen. Oft werden Stereotypien verstärkt betrieben. Mit Begleitung (1:1) und mit dem Ziel der Entspannung, Freude haben etc. geht es. Zu Therapiezwecken nur als Anreißer, d.h. Kontaktanbahnung."

- „Da keine Schwerstmehrfachbehinderung vorliegt, sondern alle erdenklichen Aktivitäten gefördert werden sollten, ist der Einsatz von Snoezelen nicht erforderlich."

2.9.2.2 Verschriftlichte und ergänzte Darstellung der Ergebnisse

Die von mir verschickten 33 Fragebögen wurden in 22 Fällen zurückgesandt. In einem Fall wurde der Bogen nicht ausgefüllt, da diese Institution zu diesem Zeitpunkt noch nicht therapeutisch, sondern lediglich beratend tätig war. Es verblieben somit 21 auswertbare Antworten, was einer Rücklaufquote von 63,6% entspricht. Ein Großteil dieser Rückantworten erreichte mich bereits innerhalb von vier Wochen nach Versand. Offensichtlich war die von mir aus JANETZKEs 1997 überarbeiteten Übersichtsarbeit entnommene Adressenliste unvollständig und auch, was die Anschriften betrifft, nicht auf dem neuesten Stand. Somit kamen einige der Schreiben mit dem Verweis „Empfänger unbekannt verzogen" zurück. Nachdem ich eine im Jahr 1996 aktualisierte Adressenliste in der „Denkschrift" des BUNDESVERBANDes „Hilfe für das autistische Kind" gefunden hatte, verschickte ich diese Fragebögen und einige weitere erneut. Die Liste der nun tatsächlich angeschriebenen Institute befindet sich in Anhang D.

Im Nachhinein betrachtet ergaben sich einige Nachteile aus der von mir gewählten schriftlichen Form der Befragung. Auch wenn durch das Instrument selbst ein hohes Maß an Standardisierung gewährleistet war, so lag doch in der nicht vorhandenen

Möglichkeit der Einflußnahme auf die situativen Merkmale, unter denen der Fragebogen ausgefüllt wurde, eine gewisse Schwäche. Es wird in vielen Fällen nicht klar, wer den Fragebogen ausgefüllt hat. In einem Fall war es offensichtlich, daß mindestens zwei Personen damit betraut waren. Da es sich jedoch erstrangig nicht um eine Meinungsumfrage handelte, fallen diese Aspekte wahrscheinlich nicht ins Gewicht. Ein weiteres Problem bezüglich der Auswertung ergab sich aus der Möglichkeit, bei der Frage nach den eingesetzten Therapiemethoden „sonstige" Angaben zu machen. Die dort gemachten Angaben führten bei mir zu großer Verwirrung, denn teilweise wurde keine Therapieansätze, sondern eher Zielsetzungen, wie z.B. „Wahrnehmungsförderung" angegeben. Die Auswertung und Strukturierung dieser Angaben gestaltete sich schwierig.

Die Beantwortung der siebten Frage, zur Beurteilung der Erfolgsaussichten einer Therapiemethode, wurde in sechs Fällen verweigert und in zwei Fällen nur unvollständig geleistet. Die Begründung, die Erfolgsaussichten seien von Fall zu Fall verschieden, ist einleuchtend. Somit sollen die unvollständigen Angaben dieser Frage keine weitere Beachtung finden.

Frage eins wurde von allen Institutionen beantwortet und ergab, daß in fast allen Fällen (18 von 21) Personen aller Altersbereiche betreut werden. Nur in drei Fällen beschränkte man sich auf Kinder und Jugendliche bis maximal einundzwanzig Jahre. Dieses Ergebnis widerspricht somit der von DZIKOWSKI (1996) gemachten Aussage, wonach in den Autismus-Ambulanzen überwiegend Kinder und Jugendliche betreut werden.

Frage zwei brachte das Ergebnis, daß in allen Institutionen die m. E. sehr wichtige Eltern- und Angehörigenarbeit ihren festen Platz hat.

Laut den Ergebnissen der dritten Frage wurden zum Zeitpunkt der Befragung 1142 Personen mit Autismus-Syndrom in einundzwanzig Instituten therapeutisch betreut. Hätten alle 33 angeschriebenen Einrichtungen geantwortet, wäre eine gewissse Aussage darüber möglich gewesen, wieviele autistische Menschen eine spezielle, auf ihr Störungsbild zugeschnittene Förderung erhalten. So kann man nur den Versuch wagen, die Ergebnisse hochzurechnen. Demnach würden dann möglicherweise zirka 1800 Personen in 33 Einrichtungen betreut. Dies entspräche auf die Gruppe der zirka 5.000 bis 6.000 Vier- bis Fünfzehnjährigen einer Quote von 30%. Demnach wären 70% der Kinder und Jugendlichen dieser Altersgruppe ohne *angemessene* therapeutische Versorgung. Diese Zahlen sind jedoch als rein hypothetisch zu betrachten.

Frage vier ergab, daß die Betreuung in allen Fällen ambulant erfolgt, d.h. die vom Autismus betroffenen Personen kommen in Begleitung eines Angehörigen oder eines Mitarbeiters aus der sie sonst betreuenden Einrichtung (Wohnheim; Kindergarten;

Werkstatt; Tagesförderstätte; Ganztagsschule etc.) in die Ambulanz. In einigen Fällen erfolgt die ambulante Betreuung auch in Form eines aufsuchenden Dienstes, d.h. ein Mitarbeiter der Ambulanz besucht den Klienten in seinem häuslichen Umfeld und macht dort Föderangebote. In drei Fällen besteht zusätzlich die Möglichkeit der stationären und teilstationären Versorgung. Die stationäre Betreuung erfolgt in einem Fall in der Form, daß die Eltern (zumindest aber die Mütter) einmal jährlich mit ihren Kindern für zirka drei Wochen stationär aufgenommen werden.

Laut den Ergebnissen der fünften Frage sind schwerpunktmäßig SozialpädagogInnen und SozialarbeiterInnen (insgesamt 55), PsychologInnen (36), HeilpädagogInnen (29) und Diplom-PädagogInnen (15) mit der Betreuung des Klientels betraut.

Das von mir mit Frage sechs erstrangig verfolgte Ziel, Tendenzen im Einsatz bestimmter Therapiemethoden aufzuzeigen, konnte erreicht werden. In fast allen Ambulanzen (18 von 21) wird die Sensorische Integrationbehandlung eingesetzt. An zweiter Stelle steht, mit 15 Nennungen, die Aufmerksamkeits-Interaktions-Therapie, gefolgt von der AFFOLTER-Therapie (Führen), der Verhaltensorientierten Autismustherapie und der Gestützten Kommunikation mit jeweils 14 Nennungen. An vierter Stelle liegt die Körperzentrierte Interaktion mit 12 Nennungen. Daran schließen sich die Differentielle Beziehungstherapie mit 11 und die Gebärdensprach"therapie" sowie die Musiktherapie mit jeweils 10 Nennungen an. Alle übrigen Ergebnisse sind der tabellarischen Darstellung zu entnehmen.

Ebenso sollen die Ergebnisse der siebten Frage hier, wegen ihrer geringen Aussagekraft, nicht nochmals aufgeführt werden.

Frage acht ergab, daß 11 der 21 Institute Erfahrungen mit „Snoezelen" in der Autismustherapie haben. Diese Erfahrungen werden in Frage neun größtenteils als positiv bewertet. Lediglich in zwei Fällen äußerte man die Ansicht, Snoezelen sei bei Autismus nicht sinnvoll einsetzbar bzw. nicht notwendig. Die wortgetreuen Äußerungen entnehmen Sie bitte der tabellarischen Auswertung.

Abschließend soll angemerkt werden, daß ich mein Hauptziel - die Gewinnung eines Anhaltspunktes bei der Auswahl solcher Therapieansätze, die in der Praxis relevant sind - erreicht habe. Einen Anspruch auf Repräsentativität möchte ich jedoch nicht erheben.

3. VERURSACHUNGSTHEORIEN

Die folgenden Ausführungen orientieren sich im wesentlichen an Stefan DZIKOWS-
KIs Publikation „Ursachen des Autismus" (1996). DZIKOWSKI beurteilt, wie andere
Autoren auch (DALFERTH 1987; JACOBS 1984; WEBER 1985 etc.), die verwirren-
de Vielzahl an Verursachungstheorien als problematisch.

DALFERTH (1987) kritisiert z. B., daß „die Vielzahl der vorliegenden Erklärungsansätze verdeutlicht, daß die Kreativität der verschiedenen Interpreten, solange es lediglich um eine schlüssige, mehr oder weniger einleuchtende Erklärung *einzelner* autistischer Verhaltensweisen geht, erstaunlich ist"[176]. Die Brauchbarkeit dieser Theorien
macht DZIKOWSKI (1996) zum einen davon abhängig, inwieweit diese durch den
Urheber oder andere Autoren einer empirischen Überprüfung unterzogen wurde und ob
ein Zusammenhang zwischen den Verursachungshypothesen und den Untersuchungsergebnissen hergestellt werden konnte. Weiterhin überprüft er eine Theorie dahingehend, ob deren Urheber Schlußfolgerungen bezüglich der Behandlung des autistischen
Syndroms zieht.[177] Für die Praxis ist diese Frage insofern relevant, weil sowohl pädagogische MitarbeiterInnen als auch Eltern von der Ursachenforschung auch konkrete
Therapievorschläge erwarten.[178] Wie DZIKOWSKI in einer Befragung von dreizehn
MitarbeiterInnen pädagogischer Einrichtungen zeigen konnte, spielte für diese das
Wissen um die Ursachen eine große Rolle. Sie erhofften sich neben gezielten Ansätzen
zum therapeutischen Vorgehen ein besseres Verständnis der kindlichen Verhaltensweisen und damit einen sicheren Umgang mit den Betroffenen.[179] Für die befragten Mütter
ist eine Ursachenklärung insofern von großer Bedeutung, als sie von Schuldgefühlen
befreien kann. Für viele ist außerdem die Frage nach der Erblichkeit und dem damit
verbundenen Wiederholungsrisiko von großem Interesse. Aber auch hier spielt die
Hoffnung auf ein besseres Verständnis der Betroffenen und auf gezielte Therapieansätze ein große Rolle.[180]

Eine individuellle Abklärung möglicher Ursachen der autistischen Störung bildet im
Hinblick auf die Verbesserung der Lebensbedingungen der Betroffenen und insbesondere bezüglich des therapeutischen Vorgehens eine entscheidende Rolle. Laut BUN-
DESVERBAND „Hilfe für das autistische Kind" finden sich bei rund sechzig Prozent
der autistischen Kinder Hinweise auf Hirnschädigungen und Hirnfunktionsstörun-

---

[176] DALFERTH, 1987, S. 47
[177] vgl. DZIKOWSKI, 1996, S. 40
[178] vgl. DZIKOWSKI, 1996, S. 25
[179] vgl. DZIKOWSKI, 1996, S. 22ff
[180] vgl. DZIKOWSKI, 1996, S. 25ff

58

gen.[181] In solchen Fällen „werden Behandlungskonzepte, die eine verbesserte Beziehung zwischen Mutter und Kind zum Ziel haben, allenfalls eben dieses erreichen; die geistige Zurückgebliebenheit des Kindes wird dagegen kaum davon beeinflußt werden können".[182]

DZIKOWSKI hat in seiner o.g. Dokumentation die von ihm gefundenen sechzig Verursachungstheorien - einschließlich der mit dem Autismus in Verbindung stehenden Erkrankungen - einander gegenübergestellt und bezüglich ihrer empirischen Absicherung und therapeutischen Schlußfolgerungen untersucht.[183] Ich selbst werde nun wiederum eine Auswahl dieser sechzig Theorien vorstellen. Dabei sollen zunächst all die Ansätze außeracht gelassen werden, die laut DZIKOWSKI einer empirischen Überprüfung nicht standhalten konnten, bzw. bei denen keine empirische Überprüfung stattfand. Weiterhin sollen solche Theorien vernachlässigt werden, von deren Urhebern keine Hinweise bezüglich des therapeutischen Vorgehens gegeben werden, es sei denn, sie sind von historischem Wert oder dürfen aus anderen Gründen nicht vernachlässigt werden. Letztendlich orientiert sich die Auswahl der Verursachungstheorien auch an den zur Zeit in der BRD üblichen Behandlungsansätzen. Wenn diesen eine eigene ätiologische Theorie zugrunde liegt, soll diese hier bzw. im nächsten Kapitel zunächst vorgestellt werden.

Die Verursachungstheorien lassen sich laut DZIKOWSKI eindeutig den folgenden sechs Gruppen zuordnen:[184]

3.1 Chemische und biochemische Verursachungstheorien
3.2 Genetische Verursachungstheorien
3.3 Psychogenetische Verursachungstheorien
3.4 Theorien über Informations- und/oder Wahrnehmungsstörungen
3.5 Hirnorganische Verursachungstheorien
3.6 Theorien im Zusammenhang mit anderen Erkrankungen

3.1 Chemische und biochemische Verusachungstheorien

Die nun folgenden Theorien gehen von der Annahme aus, daß das autistische Verhalten die Folge gestörter chemischer bzw. biochemischer Vorgänge im Körper der Betroffenen ist.[185] Dabei soll nicht darauf eingegangen werden, wie es zu diesen Fehlvorgängen gekommen ist. Lediglich die Art der „Störung" und ihre Folgen sollen be-

---

[181] vgl. BUNDESVERBAND, 1996, S. 13
[182] DZIKOWSKI, 1996, S. 25
[183] vgl. DZIKOWSKI, 1996, S. 7
[184] vgl. DZIKOWSKI, 1996, S. 38
[185] vgl. DZIKOWSKI, 1996, S. 43

schrieben werden. Mit jeder Theorie ist zugleich die Hoffnung verbunden, durch medikamentöse oder diätetische Maßnahmen eine Verbesserung der Symptomatik zu erreichen.[186] Auch diese Maßnahmen sollen hier vorgestellt werden. Da lediglich eine der Theorien aus Deutschland stammt - die übrigen entstammen dem englischsprachigen Raum - waren für mich viele der von DZIKOWSKI genannten Literaturangaben nicht einsehbar. Ich werde mich daher eng an seinen Ausführungen orientieren und die entsprechende Literatur nur in den Fußnoten - *nicht* im Literaturverzeichnis - kenntlich machen.

Die Phenylketonurie gehört als erbliche Stoffwechselkrankheit sowohl zur Gruppe der biochemischen Verursachungstheorien, als auch zur Gruppe der genetischen Theorien bzw. zur Gruppe der Theorien im Zusammenhang mit anderen Erkrankungen.[187] Ich werde sie der letztgenannten Gruppe zuordnen.

3.1.1 Störung des Glucosestoffwechsels (BÖNISCH)

E. BÖNISCH (1968), Arzt an der psychiatrischen Universitätsklinik Göttingen behandelte zweihundert hirngeschädigte Kinder mit Pyrithioxin.[188] Unter diesen Kindern befanden sich sechzehn mit einem autistischen Syndrom und der typischen Symptomatik, wie einer mangelhaften Beziehung zur Umwelt, einer eingeschränkten Benutzung der Sprache als Kommunikationsmittel, Impulshandlungen etc.[189] Durch den Einsatz von Pyrithioxin wollte BÖNISCH die „Normalisierung eines im Sinne der Hypoglykoxydose gestörten Hirnstoffwechsels"[190] erreichen.

Diese Erniedrigung des Glucosespiegels bewirkt u.a. auch eine Unterzuckerung des Gehirns.[191] Frühere Untersuchungen mit diesem Medikament hatten bereits gezeigt, daß es zu einer Zunahme der nervalen Erregbarkeit, zu erhöhter Wachheit und zu besserer zentraler Integration kommt. Besonders die zentral-integrationsfördernde Wirkung wollte sich BÖNISCH bei der Behandlung der durch die angenommene Hirnschädigung dieser Kinder entstandenen cerebralen Dysfunktion zunutze machen.[192] Während der Behandlung mit Pyrithioxin wurde die bisherige Medikation der Kinder - meist Neuroleptika (= Antipsychotika) und Antikonvulsiva (= Antiepileptika) - beibe-

---

[186] vgl. DZIKOWSKI, 1996, S. 43

[187] vgl. DZIKOWSKI, 1996, S. 45 f.

[188] Pyrithioxin ist ein Weckamin, welches, setzt man es bei fahrigen, unruhigen und erregbaren Kindern ein, diese paradoxerweise beruhigt; vgl. BLEULER, 1983, S. 222 f.

[189] vgl. BÖNISCH, 1968, S. 308 f.

[190] BÖNISCH, 1968, S. 308

[191] vgl. DZIKOWSKI, 1996, S. 47

[192] vgl. BÖNISCH, 1968, S. 308

halten. Weiterhin fanden keine therapeutischen Maßnahmen statt.[193] „12 Kinder zeigten sich unter der Behandlung interessierter und zugewandter, 5 Kinder machten auch Fortschritte in der Sprachentwicklung. Bei 7 von 12 psychomotorisch unruhigen Kindern verstärkten sich unter höherer Dosierung die störenden Verhaltensweisen, so daß eine Reduzierung oder vorübergehende Absetzung des Mittels erforderlich wurde; es handelte sich durchgängig um reversible Unruhezustände."[194]

BÖNISCH sieht in der Pyrithioxin-Behandlung autistischer Kinder mit Hirnschaden aufgrund der zentral-integrationsfördernden Wirkung eine „Voraussetzung für die Anwendung heilpädagogischer Maßnahmen".[195] BLEULER (1983) relativiert die Wirkung von Pyrithioxin bei Hirnverletzungen. „Manchmal wirken sich Anregungsmittel, z.b. Pyrithioxin (Encephabol) vorübergehend günstig aus. Mittel, von denen man eine Steigerung des Glucose-Stoffwechsels im Hirn erhofft, dürfen versucht werden, sind aber in ihrer Wirkung unsicher."[196]

ANMERKUNG: Die Untersuchungsergebnisse zum Zuckerstoffwechsel autistischer Personen sind uneinheitlich. DZIKOWSKI (1996) stellt eine Studie von RUMSEY et al. (1985)[197] vor. Mittels Positronen-Emissions-Tomographie (PET)[198] untersuchten diese bei zehn autistischen Männern den cerebralen Blutzuckerstoffwechsel und stellten bei diesen Personen eine im Vergleich zur Kontrollgruppe signifikant erhöhte Glucoseverwendung fest.[199] HEROLD et al. (1988)[200] kamen laut DZIKOWSKI (1996) zu völlig gegensätzlichen Ergebnissen. Sie konnten keinen erhöhten Glucosestoffwechsel bei autistischen Menschen feststellen. Sie wiesen jedoch darauf hin, daß die unterschiedlichen Ergebnisse auch aufgrund verschiedener Untersuchungsbedingungen zustande gekommen sein können und sich somit nicht als Argument „against the role of organic brain dysfunction in autism..."[201] eignen.[202]

Es ist somit unklar, ob Störungen im Glucosestoffwechsel im Zusammenhang mit autistischen Verhaltensweisen stehen. Die von BÖNISCH empfohlene Behandlung mit

---

[193] vgl. BÖNISCH, 1968, S. 309
[194] BÖNISCH, 1968, S. 310
[195] BÖNISCH, 1968, S. 310
[196] BLEULER, 1983, S. 284
[197] RUMSEY, Judith et al.(1985): Brain Metabolism in Autism. In: Arch. Gen. Psychiatry, Vol. 42, S.448-455.
[198] Bildgebendes radiologisches Schichtaufnahmeverfahren zur „Darstellung von Stoffwechselprozessen, z. B. mit radioaktiv markierter Glukose bzw. Neurotransmittern"; PSCHYREMBEL, 1994, S. 639 f.
[199] vgl. DZIKOWSKI, 1996, S. 47 f.
[200] HEROLD, Sigrid et al. (1988): Cerebrale blood flow and metabolism of oxygen and glucose in young autistic adults. In: Psychological Medicine, 18, S. 823-831.
[201] HEROLD et al., 1988, S. 830 in DZIKOWSKI, 1996, S. 50
[202] vgl. DZIKOWSKI, 1996, S. 50

Pyrithioxin schein laut DZIKOWSKI (1996) heute keine Bedeutung mehr zu haben.[203] Heute spielt, wenn überhaupt, der Einsatz von Ritalin eine Rolle. Ritalin gehört wie Pyrithioxin zur Gruppe der Weckamine (Amphetamine) und zeigt positive Wirkungen bei Unruhe, Aggressivität bzw. Autoaggressivität.[204] „Insgesamt gesehen spielen Medikamente für die gezielte Therapie autistischer Menschen in der Bundesrepublik kaum eine Rollle. Der psychopharmakologischen Behandlung wird von Eltern, ÄrztInnen und TherapeutInnen mit äußerster Vorsicht begegnet."[205] Diese Aussage wird gestützt durch Ergebnisse meiner eigenen Befragung. Danach wird die medikamentöse Therapie lediglich in zwei der einundzwanzig Autismus-Ambulanzen als mögliche Therapieform in Betracht gezogen.

3.1.2 Störung des Endorphin-Haushaltes (PANKSEPP)

Der amerikanische Forscher Jaak PANKSEPP (1979)[206] entwickelte eine neurochemische Theorie des Autismus. Nachdem er Labortieren Morphine[207] injiziert hatte, zeigten diese die gleichen Symptome wie autistische Kinder in einem sehr frühen Entwicklungsstadium. Zu diesen Symptomen zählen Schmerzunempfindlichkeit, Ruhe und Anspruchslosigkeit, Kontaktabwehr etc.[208] Von diesen Ergebnissen schloß PANKSEPP nun auf eine „Überaktivität des Systems körpereigener Opiate"[209] bei autistischen Menschen. Für die Erklärung der Entstehung eines überaktiven Opiod-Systems[210]bedient sich PANKSEPP ebenfalls Ergebnissen aus Tierversuchen. Vom fetalen bis frühen Säuglings-Stadium findet man in der Hirnsubstanz von Ratten sehr hohe Endorphinwerte. Bei diesen Endorphinen handelt es sich um stark wirksame Formen. Man nimmt an, daß sie die Aufgabe haben, die fetalen Bewegungen im Mutterleib zu reduzieren.[211] Mit zunehmender Reife werden die stark wirksamen Opioide durch schwächer und kürzer wirkende ersetzt. PANKSEPP nimmt nun an, daß dieser Reifungsschritt beim Menschen normalerweise auch stattfindet. Bei Frühkindlichem Autismus hingegen scheint er jedoch auszubleiben.[212] Der Körper produziert somit weiterhin die stark wirksamen Opioide (Endorphin), welche die Schmerzempfindung

---

[203] vgl. DZIKOWSKI, 1996, S. 49
[204] vgl. KEHRER, 1989, S. 139
[205] DZIKOWSKI, 1996, S. 19
[206] PANKSEPP, Jaak (1979): A neurochemical theory of autism. In: Trends in Neurosciences, 7, S. 174-177.
[207] Schmerzmittel mit narkotischer Wirkung
[208] vgl. LOEBEN-SPRENGEL et al., 1981, S. 25
[209] LOEBEN-SPRENGEL et al., 1981, S. 25
[210] Opioide sind Eiweißstoffe, die den Opiaten ähnlich sind und im Zentralnervernsystem vorkommen; ein anderes Wort ist Endorphine = endogene Morphine; vgl. KEHRER, 1989, S. 192.
[211] vgl. LOEBEN-SPRENGEL et al., 1981, S. 25
[212] vgl. LOEBEN-SPRENGEL et al., 1981, S. 25

vermindern und euphorisierende Effekte auslösen.[213] Damit ließe sich nun das gestörte Sozialverhalten (z. B. Kontaktabwehr) sowie die ungewöhnliche Schmerzverarbeitung (Schmerzunempfinlichkeit) autistischer Menschen erklären.[214] GILLBERG und TERENIUS (1985)[215] stellten bei der Untersuchung des Nervenwassers von zwanzig autistischen Kindern in elf Fällen erhöhte Endorphinwerte fest. Interessant ist, daß diese elf Kinder auch eher zu selbstschädigendem Verhalten neigten als die übrigen neun.[216]

KEHRER (1988a) verweist im Zusammenhang mit diesen Erkenntnissen auf sich ergebende Konsequenzen für die Behandlungspraxis.[217] Es könnte versucht werden, durch die Blockierung eines Endorphins, des Dynorphins, eine Besserung im Verhalten einschließlich der Reduzierung autoaggressiver Tendenzen zu erreichen.

B. HERMAN et al.[218] erzielten bei der Behandlung fünf autistischer und drei schwer autoaggressiver Kinder mit Naloxon - in den USA als Naltrexon bekannt - gute Ergebnisse. Bei diesen Kindern seien die stereotypen Bewegungen, die Echolalie, das Zuhalten von Augen und Ohren sowie die Autoaggressionen zurückgegangen. Weiterhin zeigten sie mehr Freude an sozialen Kontakten und seien „schmusiger" geworden.[219]

ANMERKUNG: Daß bei einigen autistischen Personen erhöhte Endorphinwerte im Gehirn nachgewiesen werden können, dürfte laut DZIKOWSKI (1996) als gesichert gelten. Trotzdem können diese erhöhten Werte nicht als Ursache des Frühkindlichen Autismus betrachtet werden, denn unser Körper produziert beispielsweise auch unter Streß oder bei Akupunktur vermehrt Endorphine. „Denkbar ist also, daß die verschiedenen Wahrnehmungsprobleme autistischer Menschen [als eigentliche Ursache des Autismus; Anm. d. Verf.] diese in eine Art Dauerstreß versetzen, der dann die erhöhten Opiatwerte erzeugt".[220]

Bezüglich der Behandlung autistischer Menschen mit dem Medikament Naloxon verweist KEHRER (1988a) auf Probleme bei der Diagnostik der Endorphinwerte. Diese Untersuchungen können in Deutschland nur an wenigen Stellen durchgeführt werden. Außerdem sei es sinnvoller (genauer), die Werte nicht im Blut, sondern im Nervenwasser zu bestimmen. Dies würde jedoch bedeuten, daß sich der Patient einer Lumbal-

---

[213] vgl. DZIKOWSKI, 1996, S. 51
[214] vgl. KEHRER, 1989, S. 141 f.
[215] GILLBERG, Ch. & TERENIUS, L. (1985): Endorphin activity in childhood psychosis. In: Arch. Gen. Psychiatry, Vol. 42, S. 780-783.
[216] vgl. KEHRER, 1989, S. 84
[217] vgl. KEHRER, 1988a, S. 5
[218] HERMAN, Barbara et al. (1985): Naltrexon induces dose-dependent decreases in self-injurious behavior. In: Neuroscience Abstracts, 11, S. 468.
[219] vgl. KEHRER, 1989, S. 142
[220] DZIKOWSKI, 1996, S. 52

punktion[221] unterziehen muß.[222] Da eine Behandlung mit Endorphinblockern nur für eine ausgewählte Gruppe von Patienten in Frage kommt - nämlich für solche mir starken aggressiven und autoaggressiven Tendenzen sowie erheblichen Stereotypien - ist es laut KEHRER (1988a) zu überlegen, „ob man nicht in besonders schweren Fällen eine solche Behandlung auch ohne Endorphin-Bestimmung beginnen sollte. Man könnte dann rein empirisch feststellen, wie die Wirkung ist."[223]

> „Das Medikament Naltrexon ist seit dem 1. Juli 1990 in der Bundesrepublik unter dem Handelsnamen Nemexin zugelassen."[224]

3.1.3 Serotoninspiegel-Abnormitäten (RITVO et al.)

Als eine weitere mögliche Ursache des Autismus werden seit einigen Jahren Veränderungen im Serotoninspiegel autistischer Kinder diskutiert.[225] Serotonin - auch 5-Hydroxytryptophan - ist ein Neurotransmitter, der bei der Erregunsübertragung in den Synapsen der Nervenzellen freigesetzt wird. Es kommt in hohen Konzentrationen in den Thrombozyten, dem Zentralnervensystem ZNS (besonders im Hypothalamus), den Zellen der Darmschleimhaut sowie in der Netzhaut des Auges vor.[226] Die Bedeutung der physiologischen Serotoninausschüttung ist nicht ausreichend geklärt.[227] Nach YOUNG et al. (1982)[228] beeinflußt Serotonin die folgenden physiologischen Funktionen und Verhaltensweisen: „Schlaf, Körpertemperatur, Schmerzempfinden, sensorische Perzeption, Sexualverhalten, motorische Funktionen, neuroendokrine Regulation, Appetit, Lernen und Gedächtnis sowie Immunvorgänge".[229] Eine zu hohe Serotoninkonzentration im Gehirn führt laut DZIKOWSKI (1996) zu erhöhter cerebraler Aktivität. Mögliche Folgen sind Schlafunregelmäßigkeiten, Aufmerksamkeitsstörungen etc. Ein Mangel hingegen hat depressive Verstimmung zur Folge.[230]

Die erste genauere Untersuchung zum Zusammenhang von Frühkindlichem Autismus und Serotoninspiegel-Abnormitäten stammt laut DZIKOWSKI (1996) von RITVO et

---

[221] Entnahme von Nervenwasser aus dem das Rückenmark umhüllenden Duralsack zwischen dem 3. und 4. oder dem 4. und 5. Lendenwirbelfortsatz; vgl. PSCHYREMBEL, 1994, S. 897 und 353.

[222] vgl. KEHRER, 1988a, S. 5

[223] KEHRER, 1988a, S. 5

[224] DZIKOWSKI, 1996, S. 52

[225] vgl. DZIKOWSKI, 1996, S. 57

[226] vgl. KREUTZIG, 1994, S. 263

[227] vgl. PSCHYREMBEL, 1994, S. 1422

[228] YOUNG, J. G. et al. (1982): Clinical neurochemistry of autism and associated disorders. In: J. Autism Dev. Dis. ,12, S. 147-165.

[229] KEHRER, 1989, S. 83

[230] vgl. DZIKOWSKI, 1996, S. 57

al. aus dem Jahre 1970.[231] Zusammen mit seinem Kollegen Edward ORNITZ hatte er bei autistischen Kindern Auffälligkeiten „ in der Form ihrer auditiv evozierten Potentiale"[232], der Dauer des postrotatorischen Nystagmus[233] und der Art der Schlafphasen"[234] festgestellt. Die Ursache für diese Auffälligkeiten vermuteten sie zunächst in einer Störung des vestibulären Systems, stellten dann jedoch fest, daß auch Störungen im Serotoninhaushalt die Ursache sein könnten. So beeinflußt Serotonin beispielsweise u.a. die Traum-Schlaf-Phasen.[235] RITVO et al. (1970) untersuchten vierundzwanzig autistische Patienten sowie eine Kontrollgruppe bezüglich ihres Serotoninspiegels und der Anzahl ihrer Thrombozyten. „Dabei stellten sie fest, daß sowohl der Serotoninspiegel als auch die Anzahl der Blutplättchen bei den autistischen Patienten signifikant höher war als normal. Dagegen war die Menge des angelagerten Serotonins pro Blutplättchen nicht höher als normal; allerdings variierte die Menge des Serotonins in den Thrombozyten bei jungen autistischen Patienten stärker als erwartet".[236] „Eine sehr viel genauere, sich über Jahre erstreckende Untersuchung von McBRIDE et al. (1989)[237] legt nun nahe, daß dem Autismus systemische Veränderungen im Serotoninstoffwechsel zugrunde liegen."[238]

Wie bereits beschrieben, weisen die Symptome „Schlafunregelmäßigkeiten" und „Aufmerksamkeitsstörungen" auf eine zu hohe Serotoninkonzentration im Gehirn hin. Demzufolge kann versucht werden, durch eine medikamentöse Behandlung den Serotoninspiegel zu senken. Fenfluramin ist ein dem Amphetamin verwandtes Medikament mit geringer zentral stimulierender sowie anorektischer Wirkung. Es greift direkt in den Ablauf der Serotoninproduktion ein und hemmt diese.[239] Damit lassen sich die beschriebenen Symptome reduzieren. Ein Einwirken auf das Intelligenzniveau der Kinder ist jedoch nicht zu erwarten.[240]

---

[231] RITVO, Edward R. et al. (1970): Increased Blood Serotonin and Platelets in Early Infantile Autism. In: Arch. Gen. Psychiatry, Vol. 23, S. 566.

[232] Mittels EEG ableitbare Reizantwort des ZNS auf akustische Reizung eines oder beider Ohren; vgl. PSCHYREMBEL, 1994, S. 1233.

[233] Auch Drehnystagmus: Rucknystagmus infolge mechanischer Reizung des Innenohres (= Gehör- und Gleichgewichtsorgan) durch eine Drehbeschleunigung; während der Drehung schlägt der Nystagmus (= Augenzittern) in Drehrichtung, nach Beendigung in Gegenrichtung; vgl. PSCHYREMBEL, 1994, S. 1089 und 837.

[234] DZIKOWSKI, 1996, S. 57

[235] vgl. DZIKOWSKI, 1996, S. 57

[236] DZIKOWSKI, 1996, S. 58

[237] McBRIDE, P. Anne et al. (1989): Serotonergic Responsivity in Male Young Adults with Autistic Disorder. In: Arch. Gen. Psychiatry, Vol. 46, S. 213-221.

[238] DZIKOWSKI, 1996, S. 57

[239] vgl. PSCHYREMBEL, 1994, S. 461

[240] vgl. DZIKOWSKI, 1996, S. 59

ANMERKUNG: Die Ursachen für die Abnormität in der Serotoninproduktion autistischer Menschen sind unbekannt.

Bezüglich der Behandlung dieser Menschen mit Fenfluramin (Handelsname: Ponderax) sind die Experten geteilter Meinung. Einerseits sehen sie die positiven Wirkungen auf Aktivitätsniveau, Schlafstörungen sowie Aggression bzw. Autoaggression, andererseits sind die Nebenwirkungen relativ groß. So kommt es zu Appetitmangel, Magenbeschwerden, Teilnahmslosigkeit etc. Aufgrund der möglichen Nebenwirkungen bleibt nur eine kleine Gruppe von Patienten übrig, bei denen das Medikament sinnvoll eingesetzt werden kann.[241] Hinzu kommen die Schwierigkeiten bei der Bestimmung des Serotonins in den Thrombozyten, bzw. im Nervenwasser. Es sind genau die gleichen wie bei der Endorphinbestimmung (siehe 3.1.2).[242] „In der Praxis wurden in der Bundesrepublik in den letzten Jahren nur außerordentlich wenige Kinder mit Fenfluramin behandelt (genauere Zahlen gibt es nicht), obwohl das Medikament im Handel verfügbar ist."[243]

3.1.4 Allergien des Nervensystems durch Nahrungsmittelunverträglichkeit (RIMLAND)

Der amerikanische Psychologe Bernard RIMLAND vertritt die These einer biologischen Verursachung des Autismus. Seiner Meinung nach bewirken bestimmte Nahrungsmittel oder ihnen zugesetzte Stoffe allergische Reaktionen im Nervensystem des Kindes. Hiernach kommt es zu chronischen Nervenentzündungen. Folge dieser Entzündungen sind cerebrale Fehlfunktionen, die dann zu den bekannten autistischen Verhaltensweisen führen.[244] „Auf die genauen Vorgänge, wie durch bestimmte Stoffe Allergien ausgelöst werden und welche biochemischen Prozesse im Organismus während einer allergischen Reaktion ablaufen, geht RIMLAND nicht im Einzelnen ein."[245]

Zu den Nahrungsmitteln bzw. Zusatzstoffen, die eine allergische Reaktion hervorrufen können, zählen Weizen bzw. Weizenmehl, Zucker und Salz, Milch, *Phosphate*, Geschmacksverstärker etc.

RIMLAND erwähnt laut DZIKOWSKI lediglich wenige Einzelfälle, um seine Hypothese empirisch zu untermauern.[246]

---

[241] vgl. DZIKOWSKI, 1996, S. 60
[242] vgl. KEHRER, 1989, S. 83
[243] DZIKOWSKI, 1996, S. 60
[244] vgl. DZIKOWSKI, 1996, S. 65
[245] DZIKOWSKI, 1996, S. 65
[246] vgl. DZIKOWSKI, 1996, S. 65

66

Als Therapie empfiehlt er eine ausgewogene und natürliche Ernährung, d.h. die Nahrungsmittel sollten möglichst nicht industriell verarbeitet und nicht mit Schadstoffen oder Düngemitteln belastet sein.[247] Weiterhin empfiehlt RIMLAND (1983)[248] die von dem amerikanischen Pädiater und Allergologen Ben FEINGOLD entwickelte Feingold-Diät. Dieser hat in den USA mehr als dreitausend Nahrungsmittelzusätze ermittelt, bei denen die Wirkung auf den menschlichen Organismus nicht oder unvollständig geklärt ist.[249]

ANMERKUNG: RIMLAND sammelte laut DZIKOWSKI in den Jahren 1964-1987 Daten über neuntausend autistische Menschen. Beim Vergleich der eingesetzten Behandlungsmethoden stellte er fest, daß die Behandlung mit Vitamin B_6 und Magnesium (Vitamin- und Mineralstofftherapie) anscheinend gute Erfolge brachte. Dies bestärkte ihn nochmals in seiner schon länger vertretenen Auffassung von der biologischen Verursachung autistischer Störungen und regte ihn zu weiteren Forschungen an.[250]

Vermutlich schloß er auch reziprok von den Erfolgen, die durch das Weglassen oder Reduzieren bestimmter Nahrungsmittel bei einigen betroffenen Kindern erzielt worden waren, auf die beschriebene Nahrungsmittelunverträglichkeit als Ursache des Autismus. Diese Unverträglichkeiten gibt es ohne Zweifel. „Besonders Phosphatallergien, Milcheiweißallergien u.a. sind bekannt".[251] Es läßt sich allerdings nicht eindeutig klären, ob diese Allergien als Ursache für die Verhaltungsstörungen zu sehen sind. „Ebenso wie beim hyperkinetischen Syndrom (Kinder mit starker Unruhe und Unkonzentriertheit) ist auch schon angenommen worden, Autismus habe etwas mit zuviel Phosphaten in den Speisen zu tun."[252] Eine phosphatarme Diät müßte somit bei diesen Kindern zu einer Reduzierung von Hyperaktivität, Konzentrationsschwäche, Ablenkbarkeit, Stimmungs-schwankungen, Leistungsstörungen und Erziehungsschwierigkeiten führen, wie es von der „Phosphatliga", dem Arbeitskreis zur Förderung der Selbsthilfe phosphatempfindlicher Menschen e.V., propagiert wird.[253] Die Wirksamkeit dieser Diät auf das Verhalten hyperkinetischer Kinder konnte jedoch nicht eindeutig nachgewiesen werden. In einigen Fällen mögen günstige Effekte zu beobachten sein. „Deshalb muß sorgfältig abgewogen werden, wann man die Diät versuchen könnte; sie

---

[247] vgl. DZIKOWSKI, 1996, S. 65
[248] RIMLAND, Bernard (1983): The Feingold Diet: An Assessment of the Review By Mattes, By Kavale and Forness and Others. In: Journal of Learning Disabilities, Vol. 16, Nr. 6, S. 331-333.
[249] vgl. DZIKOWSKI, 1996, S. 65; 18 f.
[250] vgl. DZIKOWSKI, 1996, S. 66
[251] DZIKOWSKI, 1996, S. 66
[252] KEHRER, 1989, S. 82
[253] vgl. NEUHÄUSER, 1986, S. 218

ist sicher meist nicht notwendig und nicht sinnvoll.“[254] „Das gleiche dürfte auch für Kinder mit autistischem Syndrom gelten.“[255]

3.2. Genetische Verursachungstheorien

Schon der Österreicher Hans ASPERGER hatte als einer der Erstbeschreiber des autistischen Syndroms die Vermutung geäußert, daß es sich dabei um eine vererbte Charakterstörung handele. Zu dieser Annahme kam er, weil es sich bei den von ihm untersuchten Patienten fast ausschließlich um Knaben handelte, deren Väter ebenfalls autistische Züge aufwiesen. Er fand bei den betroffenen Kindern die männlichen Charaktereigenschaften - Fähigkeilt zur Abstraktion, präzises Denken und Formulieren sowie eigenständiges Forschen - besonders stark ausgeprägt. Für ihn wurden diese Eigenschaften vom Vater auf den Sohn vererbt.[256] Heute weiß man, daß Autismus ebenso - wenn auch seltener - bei Mädchen vorkommt. Damit kann die These ASPERGERs weitgehend verworfen werden. Ich werde seinen Ansatz jedoch vorstellen, da er historische Bedeutung hat.

Trotzdem gibt es genügend Anhaltspunkte für Zusammenhänge zwischen Autismus und diversen chromosomalen Abweichungen. Auch die Zwillingsforschung brachte wertvolle Hinweise. Warum es allerdings zu verschiedenen Chromosomenaberrationen kommt, ist weitestgehend ungeklärt. Ebenfalls unklar bleibt, warum nur bei einigen Kindern diese genetischen Veränderungen mit Autismus einhergehen.[257]

3.2.1 Fragiles-X-Syndrom und Autismus (VON GONTARD)

Das Fragile-X-Syndrom (fra(X)) gilt als die häufigste X-chromosomal bedingte Ursache für geistige Behinderung. Seinen Namen trägt das Syndrom aufgrund einer Bruchstelle am langen Arm des X-Chromosoms. Das klinische Bild ist überwiegend beim männlichen Geschlecht anzutreffen, da ihm kein Ersatzsystem für das einzige (defekte) X-Chromosom als Ausgleich zur Verfügung steht. Frauen kommen als Überträger in Betracht, jedoch zeigen sie i.d.R. nicht die *typischen* Dysmorphien.[258] MARTIN & BELL beschrieben erstmals 1943 das klinische Krankheitsbild. Der Zusammenhang mit einer Bruchstelle am langen Arm des X-Chromosoms wurde von LUBS 1969 eruiert. Aus diesen Gründen wird das Syndrom auch synonym als Martin-Bell-Syndrom

---

[254] NEUHÄUSER, 1986, S. 218
[255] KEHRER, 1989, S. 82
[256] vgl. ASPERGER, 1944, S. 128 f.
[257] vgl. DZIKOWSKI, 1996, S. 72
[258] vgl. VON GONTARD, 1989, S. 91; SCHULTE-KÖRNE/REMSCHMIDT, 1995, S. 351

68

oder Marker-X-Syndrom bezeichnet.[259] Zu den typischen Dysmorphien zählen längliche Gesichtsform, vergrößerte und meist abstehende Ohren, deutliche Hodenvergrößerung, ein Kopfumfang an der oberen Normgrenze etc. Weiterhin zu beobachten sind Verzögerungen in der motorischen und der Sprachentwicklung, Kontaktstörungen und autistisches Verhalten.[260]

In zahlreichen Studien wurde der Zusammenhang zwischen dem fra(X) und Autismus untersucht. Nach VON GONTARD kommt das fra(X)-Syndrom bei autistischen Jungen laut einer Sammelstatistik (zwölf Studien) in 7,7% der Fälle vor. „Inzwischen ist gesichert, daß das fra(X)-Syndrom einen Subtyp des kindlichen Autismus darstellt."[261] Diese Erkenntnis veranlaßte eine „schwedische Gruppe (Gillberg et al. 1986) zur Prägung eines eigenen Syndroms mit dem Namen Afrax".[262]

Im Gegensatz dazu stehen die Ergebnisse einer Studie von EINFELD et al. (1989).[263] Sie untersuchten eine Stichprobe von 45 Personen mit fra(X)-Syndrom und eine gleichgroße Kontrollgruppe geistig behinderter Personen. In der fra(X)- Stichprobe fanden sie in 9,1% der Fälle ein autistisches Syndrom. In der Kontrollgruppe der Geistigbehinderten ließ sich fast ebenso häufig das autistische Syndrom ermitteln (8,9% der Fälle).[264]

„Nach dem Ergebnis ihrer Studie bezweifeln die Autoren einen Zusammenhang zwischen frühkindlichem Autismus und fragilem-X-Syndrom."[265] REMSCHMIDT und OEHLER (1990) weisen jedoch darauf hin, daß die Ergebnisse von EINFELD et al. zunächst „reproduziert" werden müßten, bevor man sie als gesichert ansehen könne. Bis dahin müsse der Zusammenhang zwischen beiden Syndromen noch als unsicher angesehen werden. Sie stimmen jedoch mit VON GONTARD (1989) darin überein, daß der Zusammenhang für eine Subgruppe autistischer Kinder zuzutreffen scheint.[266]

Die Behandlung des fra(X)-Syndroms richtet sich nach dessen Ausprägungsgrad, wobei eine ursächliche Behandlungsmöglichkeit nicht besteht.[267] Zwar hat man versucht, betroffene Personen mit hochdosierter Folsäure (Vitamin-B_2-Komplex) zu behandeln, da der Nachweis der geschädigten Chromosomen in folsäurearmem Medium jeweils am besten gelang. Jedoch ergaben sich dabei keine überzeugenden Ergebnisse. Ledig-

---

[259] vgl. VON GONTARD, 1989, S. 91
[260] vgl. VON GONTARD, 1989, S. 91und 93; THEILE, 1992, S. 214
[261] VON GONTARD, 1989, S. 94
[262] REMSCHMIDT/OEHLER, 1990, S. 22
[263] EINFELD, S. et al. (1989): Autism is not associated with the fragile X syndrom. In: American Journal of Medical Genetics, 34, S. 187-193.
[264] vgl. REMSCHMIDT/OEHLER, 1990, S. 22
[265] REMSCHMIDT/OEHLER, 1990, S. 23
[266] vgl. REMSCHMIDT/OEHLER, 1990, S. 23
[267] vgl. SCHULTE KÖRNE/REMSCHMIDT, 1995, S. 358

lich bei einigen jüngeren Kindern ergaben sich positive Verhaltensänderungen. Eine Verbesserung der Intelligenzleistung wurde nicht erreicht.[268] Somit ergibt sich als therapeutische Konsequenz ein eher symptomorientiertes Vorgehen, z.b. das Einwirken durch logopädische Förderung bei vorliegender Sprachstörung. Wegen des erhöhten Wiederholungsrisikos sollten die Eltern und Geschwister - als mögliche Genträger - über die Erkrankung und über die Möglichkeit der pränatalen Diagnostik mittels Amniozentese aufgeklärt werden.

ANMERKUNG: Der Zusammenhang zwischen fra(X)-Syndrom und Autismus dürfte nach den vorliegenden Untersuchungen als für eine Subgruppe zutreffend erachtet werden.

3.2.2 Weitere chromosomale Veränderungen und Autismus (JUDD & MANDELL)

Die Vermutung, das autistische Syndrom hänge mit einer genetischen Disposition zusammen, wurde bekanntlich schon von ASPERGER geäußert. Auch die Ergebnisse zahlreicher Familien- und Zwillingsuntersuchungen lassen diesen Schluß zu.[269]

Um die Frage zu klären, um welche Art genetischer Disposition es sich handeln könnte, führten JUDD & MANDELL (1968)[270] eine der ersten Studien zu diesem Sachverhalt durch.[271]

Bei der Chromosomenanalyse von elf Kindern aus der Gruppe der Kernautisten fanden sie in drei Fällen eine Verlängerung des Y-Chromosoms bei männlichen Kindern. Nicht nachzuweisen waren jedoch beispielsweise Auffälligkeiten im Verhalten dieser Kinder im Vergleich zu den übrigen acht. In zwei der drei Fälle konnte auch beim Vater eine Chromosomenanalyse durchgeführt werden. Beide Väter wiesen ein verlängertes Y-Chromosom, jedoch keine autistischen Züge auf. JUDD & MANDELL gelangten daraufhin laut DZIKOWSKI (1996) zu der Auffassung, „daß das gefundene lange Y-Chromosom nicht die Ursache für das autistische Verhalten der Kinder gewesen sein konnte".[272] Weitere Chromosomenaberrationen, die in einigen Fällen mit einem autistischen Syndrom einhergehen, sind nach KEHRER (1988b) das Down-

[268] vgl. VON GONTARD, 1989, S. 94
[269] vgl. REMSCHMIDT/OEHLER, 1990, S. 19 und 21
[270] JUDD, Lewis L. & MANDELL, Arnold J. (1968): Chromosome Studies in Early Infantile Autism. In: Arch. Gen. Psychiatry, Vol. 18, Nr. 4, S. 450-457.
[271] vgl. DZIKOWSKI, 1996, S. 82
[272] DZIKOWSKI, 1996, S. 82

Syndrom, das „extra bisatellited marker chromosome" und das 47, XXY-Klinefelter-Syndrom.[273]

Beim **Down-Syndrom** findet man i.d.R. ein Verhalten, welches sich von dem autistischer Kinder extrem unterscheidet. Down-Kinder gelten allgemein als kontaktfreudig, von freundlichem Wesen und gruppenfähig. KEHRER, der viele autistische Kinder gesehen hat, kennt persönlich nur einen Fall, in dem zusätzlich zum autistischen Syndrom ein Down-Syndrom bestand.[274] „Einzelbeschreibungen des Zusammentreffens von autistischer Symptomatik mit dem Down-Syndrom liegen von Knobloch und Pasamanic (1975) und Wakabayashi (1979) vor."[275]

Auch das **47, XXY-Klinefelter-Syndrom** geht gelegentlich mit autistischen Symptomen einher. Bei diesem Syndrom handelt es sich um eine Aberration am männlichen Geschlechtschromosom. Bei den betroffenen männlichen Patienten verzögert sich die sekundäre Geschlechtsentwicklung oder sie bleibt ganz aus.

Diese Trisomie kann nicht vererbt werden, da die Patienten i.d.R. steril sind. Der Intelligenzquotient liegt oftmals um zehn bis fünfzehn Punkte niedriger als in der Normalpopulation. Weiterhin ist passives, ängstliches Verhalten zu beobachten.[276] Nach KEHRER (1988b) „berichteten Sperber und Mitarbeiter (1972) über Jugendliche, die mindestens zum Teil die diagnostischen Kriterien für die Diagnose „autistisches Syndrom" erfüllten".[277]

Als letzte Chromosomenabnormität soll hier das „**extra bisatellited marker chromosome**" genannt werden. HANSEN et al. (1977)[278] beschrieben laut KEHRER (1989) als erste das Auftreten dieser chromosomalen Veränderung bei einem schwer retardierten autistischen Mädchen.

KEHRER selbst lernte ein zweijähriges, stark entwicklungsverzögertes Mädchen mit autistischen Zügen, früheren BNS-Krämpfen[279] und einem angedeuteten Epikantus[280]

---

[273] vgl. KEHRER, 1988b, S.49
[274] vgl. KEHRER, 1989, S. 80
[275] KEHRER, 1989, S. 80
[276] vgl. PSCHYREMBEL, 1994, S. 784 f.
[277] KEHRER, 1988b, S. 49
[278] HANSEN, A. et al. (1977): A case report of an autistic girl with an extra bisattelited marker chromosome. In: J. Autism Childh. Schiz., 7, S. 263-267.
[279] Blitz-Nick-Salaam-Krämpfe kommen bei cerebralen Schäden im Säuglings- und Kleinkindalter vor; Anm. d. Verf.
[280] Auch als Mongolenfalte bezeichnete, angeborene sichelförmige Hautfalte am inneren Rand des oberen Augenlids, die sich zum unteren Lid spannt; verschwindet bei gesunden Kindern bis zum 6. Lebensjahr, beim Down-Syndrom bleibt sie beispielsweise bestehen; vgl. PSCHYREMBEL, 1994, S. 417 f.

kennen. Bei diesem Mädchen hatte man das genannte „extra bisatellited marker chromosome" festgestellt.[281]

Ob wirklich ein Zusammenhang zwischen der Entstehung des autistischen Syndroms und den genannten Chromosomenaberrationen besteht, werden weitere Studien ermitteln müssen. KEHRER (1989) weist darauf hin, daß „im Gegensatz zu diesen Feststellungen [...] Untersuchungen an nicht vorher ausgelesenen autistischen Kindern bezüglich der Chromosomen keine krankhaften Veränderungen ergeben [haben]."[282]

Als Therapie ergibt sich in den genannten Fällen lediglich ein symptomorientiertes Vorgehen. Wegen des Wiederholungsrisikos sollten die Familien dieser Kinder eine umfassende genetische Beratung erhalten.

ANMERKUNG: Obwohl nach gegenwärtigen Untersuchungsergebnissen keine bestimmte chromosomale Veränderung als Auslöser des Frühkindlichen Autismus in Frage kommt, weist ein gehäuftes Auftreten des Syndroms bei eineiigen Zwillingen auf die Existenz eines genetischen Faktors hin. HUMPHREYS (1987) verweist in diesem Zusammenhang auf zwei Studien, in denen Zwillingspaare untersucht wurden, von denen wenigstens ein Zwilling autistisch war.[283]

Die in England durchgeführte Studie von FOLSTEIN & RUTTER (1977)[284] berücksichtigte einundzwanzig Zwillingspaare, von denen elf eineiige Paare waren. In vier Fällen waren jeweils beide Zwillinge autistisch. Bei den übrigen zehn zweieiigen Paaren war jeweils nur ein Zwilling autistisch.[285]

RITVO et al. (1985)[286]untersuchten in den USA vierzig betroffene Zwillingspaare, von denen dreiundzwanzig eineiige und siebzehn zweieiige Paare waren. Unter den dreiundzwanzig eineiigen Paaren fanden sie in zweiundzwanzig Fällen bei jeweils beiden Zwillingen das autistische Syndrom. Bei den zweieiigen Paaren waren nur in vier Fällen beide betroffen. Diese Ergebnisse weisen darauf hin, daß für eineiige Paare eine größere Wahrscheinlichkeit besteht, daß beide autistisch sind. Dies ist jedoch nicht gezwungenermaßen zu erwarten.[287]

---

[281] vgl. KEHRER, 1989, S. 80 f.
[282] KEHRER, 1989, S. 81
[283] vgl. HUMPHREYS, 1987, S. 13
[284] FOLSTEIN, D. & RUTTER, M. (1977): Infantile autism: a genetic study of 21 twin pairs. In: Journal of Child Psychology and Psychiatry, 18, S. 297-321.
[285] vgl. HUMPHREYS, 1987, S. 13
[286] RITVO, Edward R. et al. (1985): Concordance for the syndrome of autism in 40 pairs of afflicted twins. In: American Journal of Psychiatry, 142, S. 74-77.
[287] vgl. HUMPHREYS, 1987, S. 13

Die genetische Komponente kann auch bei eineiigen Zwillingen in den Hintergrund treten, wenn beispielsweise pränatale Faktoren - wie Infektionen der Mutter - gefunden werden, die ja dann beide Kinder gleichermaßen gefährden.[288]

3.2.3 Vererbte Charakterstörung (ASPERGER)

In seiner Habilitationsschrift mit dem Titel „Die Autistischen Psychopathen im Kindesalter" beschreibt Hans ASPERGER eine „Gruppe abartiger Kinder"[289], für die er die Bezeichnung „Autistische Psychopathen"[290] zutreffend fand.

An der Vererbbarkeit dieses Zustands läßt ASPERGER keinen Zweifel.

„Längst ist die Frage entschieden, daß auch psychopathische Zustände konstitutionell verankert und darum auch vererbbar sind; freilich auch, daß es eine eitle Hoffnung ist, einen klaren, einfachen Erbgang aufzuzeigen: diese Zustände sind ja zweifellos polymer, also an mehrere Erbeinheiten gebunden, und es führt daher, [...], zu keinem Resultat, etwa die Frage entscheiden zu wollen, ob sich ein solcher Zustand dominant oder rezessiv vererbt."[291] Die Vererbbarkeit macht ASPERGER (1944) daran fest, daß er in der Verwandtschaft dieser Kinder immer psychopathische Züge gefunden hatte. Besonders die Väter zeigten beträchtliche Absonderlichkeiten. Somit geht er auch davon aus, daß die Autistische Psychopathie in den meisten Fällen vom Vater auf den Sohn übertragen wird. Der Autistische Psychopath sei „eine Extremvariante des männlichen Charakters".[292] Den männlichen Charakter machen nach ASPERGER (1944) Fähigkeiten wie Logik und Abstraktion, präzises Denken und Formulieren sowie eigenständiges Forschen aus.[293]

Als empirischen Beleg für seine Aussagen führt ASPERGER vier Falldarstellungen an. Insgesamt hat er innerhalb eines Zeitraums von zehn Jahren mehr als zweihundert Kinder beobachtet. In keinem Fall fand er bei einem Mädchen das voll ausgeprägte Bild.[294]

Als pädagogische Konsequenz empfiehlt ASPERGER (1944), alle pädagogischen Maßnahmen „mit abgestelltem Affekt"[295] vorzutragen. Er begründet dies folgendermaßen: Seiner Meinung nach reagieren gesunde Kinder nicht auf den Inhalt von Wor-

---

[288] vgl. DZIKOWSKI, 1996, S. 84
[289] ASPERGER, 1944, S. 84
[290] ASPERGER, 1944, S. 84
[291] ASPERGER, 1944, S. 128
[292] ASPERGER, 1944, S. 129
[293] vgl. ASPERGER, 1944, S. 129
[294] vgl. ASPERGER, 1944, S. 128 f.
[295] ASPERGER, 1944, S. 92

ten, sondern auf die Affekte, von denen die Äußerung begleitet wird. Da aber bei der Autistischen Psychopathie das Affektleben der Kinder weitgehend gestört ist, reagieren diese auch nicht richtig auf die Affekte des Erziehers.[296] „Während Liebesbezeugungen, Zärtlichkeiten und Schmeicheleien des Erwachsenen für das normale Kind etwas sehr angenehmes bedeuten, so daß das Kind eben darum brav ist, um sich diese Annehmlichkeiten zu verdienen, wirken diese Dinge, [...], auf die kontaktgestörten Autistischen unangenehm und irritierend. Und während der Affekt des Zornes und des Drohens von seiten des Erziehers bei dem normalen Kind schließlich doch Eigenwillen und Trotz beugt und das richtige Gehorchen erzielt, erreicht man bei unseren Autistischen gerade das Gegenteil."[297] Der Erzieher soll deshalb die notwendigen Anweisungen kühl und sachlich formulieren. Hinter dieser kühlen und sachlichen Art des Verkehrs muß jedoch echtes Wohlwollen stehen, denn diese Kinder haben ein erstaunliches Gespür für die Persönlichkeit des Erziehers. Leiten und unterrichten lassen sie sich nur von Menschen, die es gut mit ihnen meinen.[298]

ANMERKUNG: Im allgemeinen sind sich die Experten heute einig, wenn es um die Frage geht, ob Kinder mit dem von ASPERGER beschriebenen Erscheinungsbild auch immer Autistische Psychopathen in der geradlinig aufsteigenden Verwandtschaft haben. Ein derartiger Zusammenhang wird als nicht existent erachtet.[299]

Der Begriff „Autistische Psychopathie" findet in der Form heute kaum noch Anwendung, da mit ihm allzu schnell „eine abnorme Persönlichkeit der Eltern"[300] assoziiert wird. Gebräuchlich ist jedoch eine Klassifizierung der Kinder zur Gruppe der ASPERGER- oder KANNER-Autisten. Die Einordung erfolgt unter Berücksichtigung des Intelligenzgrades und des Entwicklungsstandes. Der ASPERGER-Typ gilt im allgemeinen als die leichtere Form der Störung.[301]

3.3 Psychogenetische Verursachungstheorien

Die hier beschriebenen Theorien beschäftigen sich mit dem Seelenleben autistischer Kinder. Das kindliche Seelenleben wird in engem Zusammenhang mit den Beziehungen zu den Eltern und zur sonstigen Umwelt gesehen.[302] Es resultiert sozusagen aus der Qualität dieser Beziehungen. Ein gesundes Kind kann demnach durch negative Einflüsse aus seiner sozialen Umwelt autistisch werden. Eine Besonderheit dieser

[296] vgl. ASPERGER, 1944, S. 91 f.
[297] ASPERGER, 1944, S. 92
[298] vgl. ASPERGER, 1944, S. 93
[299] vgl. DZIKOWSKI, 1996, S. 78
[300] DZIKOWSKI, 1996, S. 78
[301] vgl. DZIKOWSKI, 1996, S. 78
[302] vgl. DZIKOWSKI, 1996, S. 78

74

ätiologischen Theorien liegt in deren praktischer Relevanz, denn aus jeder einzelnen werden therapeutische Konsequenzen abgeleitet.

Nicht eingehen werde ich auf anthroposophische Theorien zur Genese, da dies - so merkt DZIKOWSKI (1996) an - ein intensives Bearbeiten der Lehre Rudolf STEI-NERs voraussetzt, was jedoch den Rahmen dieser Arbeit sprengen würde.

3.3.1 Autismogene Faktoren (TINBERGEN & TINBERGEN)

Das 1984 erschienene Buch „Autismus bei Kindern: Fortschritte im Verständnis und neue Heilbehandlungen lassen hoffen" von Niko und Elisabeth A. TINBERGEN ist das Ergebnis ihrer etwa zehn Jahre dauernden Betrachtung autistischer Kinder.

> „In unseren im Jahre 1970 begonnenen Untersuchungen war es uns darum zu tun, die Kenntnisse und Erfahrungen einzusetzen, die wir einerseits als Forscher auf dem Gebiet der Verhaltenslehre (N.T.) und andererseits als unermüdliche Beobachterin und Betreuerin von Kindern (E.T.A) erworben hatten."[303]

Ausgehend von der Überzeugung, daß in der Mehrzahl der Fälle nicht genetische und organische Schäden die Ursache des Autismus waren, richteten sie ihre Aufmerksamkeit auf mögliche Umwelteinflüsse in der Frühgeschichte autistischer Kinder. Quelle ihrer Forschungen waren „in der Literatur verstreute Angaben" sowie „Erinnerungen von Eltern und anderen".[304]

Aufgrund wiederkehrender Zusammenhänge in den Frühgeschichten dieser Kinder kamen sie zu dem Schluß, daß bestimmte Umstände Kinder autistisch machen können.[305]

Mit ihrer Liste möglicher „autismogener Faktoren" (Autismus auslösende Faktoren) erheben sie keinen Anspruch auf Vollständigkeit. Weiterhin weisen sie darauf hin, daß nicht alle Faktoren notwendig sind, damit ein Kind autistisch wird. Dies hänge vielmehr von der Empfindlichkeit jedes einzelnen Kindes ab. Weiterhin sei bei einigen der Faktoren die schädliche Wirkung nicht klar erwiesen. Sie seien jedoch stark „verdächtig" und sollten daher genauer untersucht werden.[306]

TINBERGEN & TINBERGEN unterscheiden zwischen prä, peri- und postnatalen autismogenen Faktoren:[307]

Als **pränatale Einflüsse** kommen eine Rötelnerkrankung der Mutter während der Schwangerschaft, deren ungesunde Ernährung (Vitaminmangel) sowie deren Gewohn-

---

[303] TINBERGEN/TINBERGEN, 1984, S. 12
[304] TINBERGEN/TINBERGEN, 1984, S. 117
[305] vgl. TINBERGEN/TINBERGEN, 1984, S. 117
[306] TINBERGEN/TINBERGEN, 1984, S. 118
[307] TINBERGEN/TINBERGEN, 1984, S. 119 ff

heiten, wie Rauchen und Drogenkonsum, in Frage. Auch das unsanfte Knuffen des ungeborenen Kindes durch die Mutter könne manche Kinder leicht schädigen. Weiterhin sei noch zu klären, ob nicht auch depressive und ängstliche Mütter sowie solche, die ständig mit ihrem Partner im Streit liegen oder persönliche Verluste erlitten hatten, dazu beitragen könnten, daß ihre Kinder autistisch werden. Derartige Spannungszustände könnten, aufgrund der mit ihnen zusammenhängenden hormonellen Veränderungen, das Milieu des Fötus negativ verändern.[308]

Mögliche **perinatale Einflüsse** sind gewisse Einzelheiten des Geburtsvorgangs wie z.b. Zangengeburten oder die Art und Weise, wie ein Neugeborenes zum Atmen gebracht wird. Auch Sauerstoffmangel kommt in Frage. All diese Faktoren können das Kind derart „erschrecken", daß es einen seelischen Schaden erleidet.[309]

Als **postnatale Einflüsse** unmittelbar nach der Geburt kommen eine Voll- oder Teilnarkose der Mutter in Betracht. Aufgrund der damit verbundenen Benommenheit bei Mutter und Kind können diese nicht in eine für den Aufbau einer Bindung notwendige erste Wechselbeziehung treten. Das gleiche gilt für die Praktik, das Neugeborene zunächst zu waschen und anzuziehen, so daß die Mutter es erst zurückerhält, wenn das gegenseitige lebhafte Interesse schon abgeflaut ist.[310] Auch Krankheit und Klinikaufenthalt von Mutter oder Kind verhindern eine reibungslose Entwicklung der Mutter-Kind-Beziehung. In der Folgezeit - etwa bis zum achtzehnten Lebensmonat - kann die Geburt eines Geschwisterchens autismogen wirken. Wird das ältere Kind nicht ausreichend auf den „Neuankömmling" vorbereitet oder gar von den „Willkommensfeierlichkeiten" ausgeschlossen, kommt es sich verstoßen und verraten vor. Weitere Gefahren gehen von einem Umzug der Familie aus, wenn dieser mit starken psychischen und finanzielllen Belastungen verbunden ist. Weiterhin können zu häufige Busfahrten oder ein Unfall Kinder aus dem seelischen Gleichgewicht bringen und autistisch werden lassen. Auch bestimmte soziale Bedingungen, wie das Leben in Hochhauswohnungen, wirken laut TINBERGEN & TINBERGEN autismogen. Das Verhalten der Eltern wird in diesem Zusammenhang ebenfalls genannt. Bestimmte Charakterzüge, wie die Unerfahrenheit, Überängstlichkeit und Unsicherheit vieler junger Mütter führen dazu, daß die Kinder ebenfalls unsicher und überängstlich werden. Eine post-partum-Depression (Wochenbett-Depression), das Aufziehen des Kindes mit der Flasche, ein bewußtes Fernhalten des Kindes von der Mutter sowie die Berufstätigkeit der Eltern werden ebenfalls zu den autismogenen Faktoren gezählt. Besonders Eltern mit Berufen, die sie

---

[308] vgl. TINBERGEN/TINBERGEN, 1984, S. 120
[309] vgl. TINBERGEN/TINBERGEN, 1984, S. 121
[310] vgl. TINBERGEN/TINBERGEN, 1984, S. 122

„intellektuell stark beanspruchen und fesseln"[311] lassen es oft an genügend Aufmerksamkeit und Sorgfalt mangeln. Die häusliche Atmosphäre hat ebenfalls große Bedeutung. Heiterkeit und Spannungsfreiheit wirken sich positiv aus. Eine Ehescheidung hingegen kann schon bei sehr jungen Kindern seelische Schäden verursachen. Ebenso löst der Verlust eines Elternteils durch Tod bei Kindern häufig schwere seelische Störungen aus. Als letztes werden noch das Fehlen jeder Ordnung, Regelmäßigkeit und Disziplin im Lebensstil vieler Familien sowie ein zu großer elterlicher Ehrgeiz und Zweisprachigkeit als autismogene Faktoren genannt.[312]

Die genannten Faktoren können dazu führen, daß sich ein besonders empfindliches Kind in sich selbst zurückzieht. Nachfolgend befindet es sich in einem ständigen Emotions- oder Motivationskonflikt zwischen dem Streben, „sich aus manchen sozialen und physischen Situationen zurückzuziehen (bzw. ihnen aus dem Weg zu gehen), und einem gleichzeitig ausgelösten Wunsch, sich diesen Situationen und Personen zu nähern, um sie zu erkunden, beziehungsweise um einen persönlichen Kontakt aufzunehmen."[313] Folge dieses Motivationskonflikts ist eine tiefgreifende Angst, die den Kern des Syndroms ausmacht.

Bezüglich der empirischen Überprüfung weisen TINBERGEN & TINBERGEN darauf hin, daß es sich bei den von ihnen „herangezogenen Tatsachen nur um recht unvollständiges klinisches Beweismaterial und nicht um Forschungsergebnisse mit sorgfältig ausgewählten Kontrollgruppen handelt."[314] Zur Untermauerung ihrer Hypothesen verweisen sie häufig auf Ergebnisse aus der Tierverhaltensforschung und auf ihre Falldarstellungen.

Bezüglich des therapeutischen Vorgehens haben TINBERGEN & TINBERGEN (1984) keine eigenen Konzepte entwickelt. Vielmehr sind sie der Frage nachgegangen, welche Behandlungsmethoden die besten Ergebnisse erzielt haben. Dabei mußten sie feststellen, daß „jene Behandlungsmethoden, die die besten Ergebnisse lieferten, im großen und ganzen tatsächlich mit dem übereinstimmten, was wir aus unserer Analyse abgeleitet hatten."[315] Gemeint sind damit Methoden, die das emotionale Gleichgewicht des Kindes positiv beeinflußten und somit an dem bestehenden Motivationskonflikt angriffen.

---

[311] TINBERGEN/TINBERGEN, 1984, S. 128
[312] vgl. TINBERGEN/TINBERGEN, 1984 , S. 130-132
[313] TINBERGEN/TINBERGEN, 1984, S. 70
[314] TINBERGEN/TINBERGEN, 1984, S. 118
[315] TINBERGEN/TINBERGEN, 1984, S. 164

Als die erfolgreichste Therapieform wird die Welch-Methode - auch Mutter-und Kind-Haltetherapie - der Psychiaterin Martha WELCH genannt.[316] Sie sollte das Kernstück der Behandlung ausmachen und evtl. durch andere Methoden ergänzt werden. In Betracht kommen die Schreibmann-Koegel-Methode, die Waldon-Methode, die Doman-Delacato-Methode, die Clancy-McBride-Methode, das operante Konditionieren, die Ruttenberg-Methode, Kinder als therapeutische Helfer, Tiere als therapeutische Helfer sowie die Carson-Methode.[317]

Insgesamt konnte KEHRERs Mitarbeiterin Ulrike KUTSCH feststellen, daß sich die allgemeine Angstbereitschaft autistischer Kinder nicht von der gesunder Kinder unterscheidet.[318] Weiterhin warnt KEHRER (1981) vor den falschen Erwartungen, die TINBERGEN & TINBERGEN (1984) durch die Hervorhebung der therapeutischen Methode des „gezwungenen Festhaltens" nach Martha WELCH wecken.[319] Diese beschreibt das Vorgehen kurz folgendermaßen:

> „> Die Mutter wird veranlaßt, daß Kind körperlich an sich zu halten [...].

> > Autistische Kinder leisten gegen das Gehaltenwerden Widerstand.

> > Man darf der Mutter nicht erlauben aufzugeben. Sie muß das Kind fest an sich drücken und versuchen, Blickkontakt herzustellen [...].

> > Daraus entwickelt sich vielleicht ein heftiger Kampf. Das Kind wird oft vor Wut und Schrecken schreien, wird beißen, spucken und schlagen.

> > Die Mutter darf nicht nachlassen, bis das Kind sich entspannt, seinen Körper an den ihren anschmiegt, sich anklammert, ihr in die Augen sieht, ihr Gesicht liebevoll mit den Händen betastet und vielleicht spricht [...].

> > Die Mutter muß auch zu Hause dieses Halten durchführen. Dies muß sie mindestens einmal am Tag tun und überdies jedesmal, wenn das Kind zeigt, daß es unglücklich ist. Jedes Halten muß mindestens eine Stunde dauern."[320]

KEHRER (1981) zweifelt daran, daß eine neue Behandlungsmethode sechsundachzig Prozent Heilung erzielen kann. Weiterhin bezweifelt er, daß es sich bei den von TINBERGEN & TINBERGEN beschriebenen Kindern wirklich um autistische handelte. „Solange Tinbergens diagnostische Kriterien bei seinen Kindern nicht bekannt sind, ist es wenig sinnvoll über Ursache und Behandlungserfolge ausführlicher zu diskutieren."[321] Nach DZIKOWSKI haben die TINBERGENs bisher keine weiteren Veröffentlichung zur Untermauerung oder Präzisierung ihrer Hypothesen vorgelegt.[322]

---

[316] vgl. TINBERGEN/TINBERGEN, 1984 , S. 165
[317] vgl. TINBERGEN/TINBERGEN, 1984, S. 169 ff.
[318] vgl. KEHRER, 1981, S. 2
[319] vgl. KEHRER, 1981, S. 3
[320] WELCH, 1984, S. 301
[321] KEHRER, 1981, S. 3
[322] vgl. DZIKOWSKI, 1996, S. 98

An dieser Stelle möchte ich nur kurz auf den Ansatz der Psychologin Jirina PREKOP verweisen, da er dem der TINBERGENs sehr ähnlich ist, bzw. eine Weiterentwicklung desselben darstellt. PREKOP übernahm die von TINBERGEN & TINBERGEN genannten autismogenen Faktoren, legt jedoch größeren Wert auf den Aspekt der Umweltbedingungen. Ihrer Ansicht nach hat die „technokratische Gesellschaft"[323] einen nicht zu unterschätzenden Anteil an der Entstehung des Autismus. Der technische Wohlstand führt dazu, daß das Kind zu früh von der Mutter isoliert und in einem eigenen Zimmer untergebracht wird. Als pränatalen Faktor nennt sie einen Mangel an vestibulär-kinästhetisch-taktiler Stimulation. Dieser ergibt sich aus der Tatsache, daß die Mutter aufgrund zunehmender Motorisierung und Elektronisierung während der Schwangerschaft zu wenig Bewegung hat.[324] Infolge dieser und weiterer Faktoren kann das Kind sein Grundbedürfnis nach Sicherheit bei der Mutter nicht decken. Dies führt dazu, daß es sich Ersatzsicherheiten schafft, indem es danach strebt, „sich selbst (=„autos!") und die nächste Umwelt nach bestimmten, von ihm selbst entwickelten Regeln zuverlässig manipulierbar zu erfahren"[325]. Bizarre motorische Haltungen und Stereotypien sind die Folge.

Auch PREKOP empfiehlt wie TINBERGEN & TINBERGEN den Einsatz der Festhalte-Therapie im Sinne einer Primärtherapie, die durch verhaltenstherapeutische Maßnahmen zur Beseitigung der Zwänge und andere Therapien (z.B. psychomotorische Übungsbehandlung nach Kiphard) ergänzt werden sollte.[326]

Der von PREKOP geäußerten Annahme, es gäbe einen Zusammenhang zwischen einer zunehmenden Technokratisierung/Industrialisierung und einer Zunahme an Neuerkrankung, wird häufig widersprochen. Die Tatsache, daß immer mehr Kinder als autistisch diagnostiziert werden, wird vielmehr einer Reduzierung der Dunkelziffer zugeschrieben. Auch mit ihrem kompromißlosen Einsatz für die Festhalte-Therapie hat Jirina PREKOP in den vergangen Jahren immer wieder die Kritik auf sich gezogen. Hauptsächlich wird diskutiert, ob ein Kind nicht Schaden nimmt, wenn es unter Zwang festgehalten wird. KEHRER äußert dazu in einer späteren Veröffentlichung (1989), daß man derartige Unannehmlichkeiten in Kauf nehmen müsse, wenn eine Therapieform so große Erfolge bringt. Eine ernstliche Schädigung des Kindes sei auch nicht zu erwarten.[327]

Meine Befragung ergab, daß die Festhalte-Therapie in der BRD - zumindest was die Autismus-Ambulanzen angeht - nur in zwei von einundzwanzig Instituten als mögliche

---

[323] PREKOP, 1984a, S. 800

[324] vgl. PREKOP, 1984a, S. 800

[325] PREKOP, 1984a, S. 802

[326] vgl. PREKOP, 1984b, S.953 f.

Therapieform in Betracht kommt. Aus diesem Grund werde ich bei der Beschreibung der Therapiemöglichkeiten in Kapitel 4 auch nicht mehr näher auf sie eingehen.

ANMERKUNG: Anlaß zur Kritik an der oben beschriebenen Theorie bietet sicherlich die Fülle an Faktoren, die als Auslöser des Autismus in Frage kommen. Wahrscheinlich finden sich in den Biographien autistischer Kinder immer Faktoren, die man als mögliche Auslöser in Betracht ziehen kann. Aber auch bei gesunden Kindern findet man diese Gefährdungen, ohne daß diese auch nur annähernd autistische Züge zeigen.

Mit diesem Kritikpunkt wurden TINBERGEN & TINBERGEN wohl schon vor der Veröffentlichung ihres Buches mehrfach konfrontiert, und so stellen sie folgende Anmerkung ihrer Aufzählung potentiell autismogener Faktoren voran:

> „Oft wird uns entgegengehalten, daß viele Kinder gewissen, unserer Meinung nach potentiell autismogenen Faktoren ausgesetzt sind oder waren, ohne autistisch zu werden. Gewöhnlich begegnen wir diesem Einwand mit dem Hinweis, daß selbst während heftiger Epidemien ansteckender Krankheiten, wie etwa Grippe oder sogar Pocken, viele Leute gesund bleiben. Natürlich beweist das weder, daß diese Krankheiten nicht Folge einer Infektion sind, noch daß die gesund gebliebenen Personen der Ansteckungsgefahr nicht ausgesetzt waren; es beweist nur, daß verschiedene Menschen unterschiedlich widerstandsfähig sind."[328]

Trotz dieser Anmerkung fällt es einem schwer zu glauben, daß beispielsweise Zweisprachigkeit der Eltern das Kind derart verwirren kann - da es ein Elternteil nicht versteht -, daß es daraufhin einen psychischen Schaden davonträgt.

„Die Frage, ob Klinikaufenthalte des Kindes zum Autismus führen können, hat FALLINER (1987)[329] untersucht."[330] Sie fand heraus, daß autistische Kinder tatsächlich häufiger aufgrund von Krankenhausaufenthalten von ihren Eltern getrennt waren als nicht-autistische Kinder. Diese Tatsache ergab sich aber vielmehr als Folge der ohnehin schon bestehenden Auffälligkeit und war nicht deren Auslöser.[331]

Die von TINBERGEN & TINBERGEN geäußerte Hypothese, eine tiefgreifende Angst mache den Kern des autistischen Syndroms aus, untersuchte der deutsche Autismusexperte Hans E. KEHRER (1981). Er merkt an, daß Rückzug, Abwehr von Kontakt, Schreien etc. nicht als Zeichen von Furcht oder Angst interpretiert werden dürfen. Nicht hinter jedem Rückzug dürfe Angst gesehen werden. Diese Reaktionen seien

---

[327] vgl. KEHRER, 1989, S. 132
[328] TINBERGEN/TINBERGEN, 1984, S. 118
[329] FALLINER, Gabriele (1987): Frühkindliche Trennung bei autistischen Kindern. Unveröffentl. Dissertation, Münster.
[330] DZIKOWSKI, 1996, S. 98
[331] vgl. DZIKOWSKI, 1996, S. 98

vielmehr die Folge einer gestörten Wahrnehmungsverarbeitung, die *manchmal* auch mit Angst einhergehe.[332]

3.3.2 Kommunikationsunwille (TOMATIS)

Der französische Hals-Nasen-Ohren-Arzt Alfred A. TOMATIS entwickelte eine eigene Theorie zum Frühkindlichen Autismus. Seiner Ansicht nach ist es eine Sache des Willens, ob man Töne von geringer Lautstärke hören kann oder nicht. Da außerdem zwischen Gehör und Stimme ein Zusammenhang besteht, fehlen auch in der Stimme die Frequenzen, die das Kind nicht hören kann bzw. hören will. TOMATIS ist somit der Ansicht, daß die Ursache des Autismus in der Tatsache zu suchen ist, daß das Kind nicht kommunizieren - nicht hören und schließlich auch nicht sprechen - will.[333] Autistische Kinder hören einfach später als gesunde, „d.h. die Kontraktion der Muskeln, die den Hörvorgang auslösen, erfolgt zu spät, und so dringen manche Gespräche nur in Wortfetzen zum Bewußtsein des Kindes. D.h. es kann nie den ganzen Zusammenhang hören und auch nicht verstehen."[334]

Für den deutschsprachigen Raum liegen laut DZIKOWSKI (1996) keine empirischen Studien vor, die die These von TOMATIS überprüfen. Lediglich wenige Erfahrungsberichte von Eltern, wie z.b. der von Gisela GREISER (1985) geben einen Anhaltspunkt bezüglich des Erfolges oder Mißerfolges der von TOMATIS entwickelten Therapie.

Die TOMATIS-Therapie (auch: Audiovokales Training) basiert auf der Annahme, daß ein Fötus bereits mit viereinhalb Monaten die Stimme seiner Mutter in einer durch das Fruchtwasser gedämpften Form aufnehmen kann. Durch ein Ausbleiben der organischen Entwicklung des Gehörs oder wenn die Mutter nur mit Ablehnung in der Stimme zu ihrem Kind spricht, kann es dazu kommen, daß das Kind intrauterin keine „Horchfunktion" entwickelt. Ihm fehlt nun auch später die grundsätzliche Bereitschaft zum Hinhören. Diese Bereitschaft soll durch die Therapie schrittweise entwickelt werden.[335] Dazu wird das Kind an ein sog. „elektronisches Ohr" - einen Kopfhörer - angeschlossen. Die zuvor auf Band aufgenommene Stimme der Mutter wird dem Kind in so veränderter Form dargeboten, als befände es sich wieder im Mutterleib. In diesem „vorgeburtlichen Zustand" verbleibt das Kind so lange, „bis es durch sein Verhalten erkennen läßt, daß es geboren werden möchte. Zum Beispiel beginnt es Öffnungen zu

---

[332] vgl. KEHRER, 1981, S. 2
[333] vgl. LENKITSCH-GNÄDIGER, 1985, S. 11 f.
[334] GREISER, 1985, S. 13
[335] vgl. JANETZKE, 1993, S. 74 f.

zeichnen."[336]Im nächsten Schritt erfolgt die Vorbereitung auf die „vorsprachliche Phase" über Kinderlieder, Reime etc. Zum Ende wird dem Kind seine eigene Stimme dargeboten und es arbeitet mit ihr. Die Behandlungsdauer beträgt pro Einheit eine halbe Stunde. Mehrere Einheiten pro Tag und Woche sind durchaus möglich. TOMATIS behauptet, er könne ein Drittel der Kinder „heilen", d.h. sie zum Sprechen und zum Besuch einer normalen Schule bringen. Ein weiteres Drittel zeige eine leichte Verbesserung der Symptome. Den übrigen könne mit dieser Methode nicht geholfen werden.[337]

ANMERKUNG: Dem Ansatz von TOMATIS und der daraus resultierenden Therapiemethode wird im allgemeinen eine Außenseiterposition zugewiesen. Die Erfolgsergebnisse sind uneinheitlich. „Oftmals nicht schriftlich dokumentiert und/oder publiziert sind die Berichte enttäuschter Eltern (siehe NIEß (1987) als Ausnahme), die sich in ihrer Hoffnung betrogen fühlen."[338] Nicosia NIEß berichtet über ihre negativen Erfahrungen mit der TOMATIS-Methode. Sie besuchte mit ihrer Tochter im Spätsommer 1986 das Züricher Institut für Audio-Psycho-Phonologie (IAPP), in dem nach der TOMATIS-Methode gearbeitet wird. Nach Durchführung eines Hörtestes und einem kurzen Gespräch, in dem die Mutter auf die mit großer Sicherheit vorliegende Hirnschädigung ihrer Tochter hinwies, wurden Mutter und Tochter außerordentliche Therapieerfolge prophezeit. Als sich diese Erfolge nicht einstellten, warf man der Mutter vor, sie glaube nicht genügend an die Methode und das spüre das Kind. Trotzdem wurde die Behandlung zunächst fortgesetzt. In einem letzten Gespräch äußerte die Institutsleiterin schließlich, das Mädchen habe nun doch sehr viele Fortschritte gemacht (sie war insgesamt siebzehn Tage in Zürich). Die Eltern waren jedoch anderer Auffassung:

„Wir selbst konnten an Susanne keine positiven Veränderungen feststellen. Sie hatte im Gegenteil starke Schlafstörungen und war sehr unruhig und desorientiert, was sich erst im Lauf der folgenden Wochen einigermaßen normalisiert hat."[339] Besonders kritisch bewertet Nicosia NIEß die Tatsache, daß von unfallbedingt Querschnittgelähmten, über Legastheniker, Sänger, Down-Kinder bis hin zu Autisten alle mit der gleichen Methode behandelt und ihnen große Erfolge versprochen werden. Sie verlangt letztlich danach, daß sich jemand von einem seriösen Institut oder einer Klinik ohne finanzielle Interessen mit dieser Methode vertraut machen sollte.[340]

---

[336] LENKITSCH-GNÄDINGER, 1985, S. 12
[337] vgl. LENKITSCH-GNÄDINGER, 1985, S. 12
[338] DZIKOWSKI, 1996, S. 103
[339] NIEß, 1987, S. 17
[340] vgl. NIEß, 1987, S. 18

Die Kritik KEHRERs (1988c) geht in eine ähnliche Richtung. Auch er weist darauf hin, daß „eine wahllose Beschallung aller Autisten mit dem Anspruch, sie auf diese Weise zu heilen, ebenso wie Legastheniker und die vielen oben genannten Befindungsstörungen"[341] ein unwissenschaftliches Vorgehen sei. Man sollte von TOMATIS zunächst exakte empirische Untersuchungen verlangen, bevor man diese Methode in das Repertoire der übrigen Behandlungsmethoden aufnimmt. Von den Kostenträgern soll man jedoch nicht erwarten, daß sie diese kostspielige Therapie (Kosten ca. 20000 DM pro Jahr)[342]bezahlen.[343]

In der BRD hat sich TOMATIS laut DZIKOWSKI bisher einer wissenschaftlichen Diskussion verweigert.[344] Dies, sowie seine einseitigen und etwas eigenwilligen Ausführungen zum Kernproblem des Frühkindlichen Autismus dürfte wohl dazu beigetragen haben, daß seine Methode in den Autismus-Ambulanzen der BRD keinerlei Anwendung findet. Lediglich ein Institut weist auf eine Behandlung mit dem Audiovokalen Training hin, die jedoch extern erfolgt.

3.3.3 Psychische Verletzung (TUSTIN)

Frances TUSTIN, Kinderpsychotherapeutin aus England, beschäftigt sich seit über dreißig Jahren mit dem Phänomen Autismus. Als Anhängerin der psychoanalytischen Schule geht sie davon aus, daß der Autismus vieler Kinder psychischen Ursprungs ist.[345] Sie grenzt grundsätzlich den organischen Autismus - als Folge einer Hirnschädigung - vom psychogenen Autismus ab. Beide Formen gleichen einander äußerlich.[346] Den psychogenen Autismus sieht sie als Vermeidungsreaktion des Säuglings, der damit versucht, mit dem Trauma der körperlichen Trennung von der Mutter fertig zu werden. Dieses Trauma drang in das Bewußtsein des Kindes, bevor sein psychischer Apparat in der Lage war, der Belastung standzuhalten.[347]

Der psychische Apparat des Menschen entwickelt sich im Laufe der ersten zehn bis zwölf Lebensjahre. Während er im Säuglingsalter lediglich aus dem für die Triebbefriedigung zuständigen ES besteht, entwickelt sich das ICH etwa ab dem sechsten oder achten Lebensmonat.

---

[341] KEHRER, 1988c, S. 66
[342] vgl. LENKITSCH-GNÄDINGER, 1985, S. 12
[343] vgl. KEHRER, 1988c, S. 66 f.
[344] vgl. DZIKOWSKI, 1996, S. 103
[345] vgl. TUSTIN, 1988, S. 9
[346] vgl. TUSTIN, 1988, S. 88
[347] vgl. TUSTIN, 1988, S. 19

Das ÜBER-ICH, als moralische Instanz, differenziert sich etwa ab dem fünften oder sechsten Lebensjahr aus.[348] Das ICH hat nun die Funktion, einströmende Reize zu meistern und wirksam abzuführen. Solange es jedoch noch nicht oder relativ schwach ausgebildet ist - also in den ersten Lebensmonaten und -jahren - kann es diese Funktion nur unzureichend übernehmen. Laut FREUD gilt das Geburtserlebnis als Prototyp der traumatischen Situation. Als Reaktion manifestiert sich beim Säugling zu diesem Zeitpunkt die Angst.[349]

Nach TUSTIN (1989)[350] befindet sich jedes Kind zunächst in einer Phase des primären Autismus. Nach und nach gewinnt es einen Eindruck von der Welt außerhalb des eigenen Körpers, dem „Nicht-Selbst". Diese Erfahrung erlebt das Kind als traumatisch, denn mit ihr ist die Erkenntnis des körperlichen Getrenntseins von der Mutter verbunden.

„Jeder Säugling erlebt die „Nicht-Selbst"-Mutter als Quelle von Versagungen und Enttäuschungen."[351] Kann diese traumatische Situation durch eine „außergewöhnliche Verkettung bestimmter unglücklicher Umstände"[352] nicht aufgefangen werden, reagiert das Kind mit Einkapselung, d.h. mit autistischem Rückzug.[353] „Autismus ist eine Reaktion, die das Gefühl von Geborgenheit vermittelt, wenn das Kind glaubt, daß ihm die Außenwelt keine Geborgenheit zu bieten vermag."[354] TUSTIN (1988) nennt im folgenden verschiedene Umstände, die dazu beitragen können, daß dem Kind die gerade zu dieser Zeit so notwendige Aufmerksamkeit versagt bleibt. So kann z.B. ein gerade erlittener schmerzlicher Verlust der Mutter diese in ihrer Sorge um das Kind beeinträchtigen, welches sich daraufhin in seine eigene Welt zurückzieht. Die auslösende Situation kann jedoch auch auf Seiten des Kindes gefunden werden. Eine schwächende Krankheit oder ein chirurgischer Eingriff in der frühen Kindheit, infolge dessen die Gliedmaßen für längere Zeit ruhiggestellt werden mußten, kommen in Betracht. Die eigenen angeborenen Tendenzen des Kindes und das emotionale Klima in der Familie tragen zusätzlich dazu bei, daß diese Umstände als traumatisch erlebt werden. Weiterhin kommen pränatale Faktoren in Frage. So könne beispielsweise eine Depression der Mutter während der Schwangerschaft dazu beitragen, daß sich die biochemische Zu-

---

[348] vgl. BRENNER, 1972, S. 43 f.
[349] vgl. BRENNER, 1972, S. 74
[350] TUSTIN, Frances (1989): Autistische Zustände bei Kindern. Stuttgart: Klett-Cotta.
[351] TUSTIN, 1989, S. 22 in DZIKOWSKI, 1990a, S. 22
[352] TUSTIN, 1988, S. 41
[353] vgl. TUSTIN, 1988, S. 41
[354] TUSTIN, 1988, S. 91

sammensetzung des Fruchtwassers verändert. Dies könne sich nun schädlich auf das ungeborene Kind auswirken.[355]

Die Liste situativer Bedingungen, die den Autismus auslösen können, ist relativ umfangreich und erinnert stark an TINBERGENs autismogene Faktoren. Es ist nie ein einzelner Umstand, der das autistische Krankheitsbild auslöst. „In allen Fällen jedoch ist der Autismus ein Versuch, mit einem intensiven elementaren Schrecken fertig zu werden. Das Kind erstarrt wie ein erschrecktes Tier. In jedem Fall liegt die Crux der Situation darin, daß Mutter und Kind am Zusammenkommen gehindert werden, weil ihr Interesse aneinander und ihre gegenseitige Zuwendung durch die eben genannten Faktoren gestört werden."[356]

Als Folge dieses verhinderten Zusammenkommens kann das Kind keine emotionale Bindung an die Eltern entwickeln. Es kann keine „affektiven Wurzeln"[357] schlagen und vereinsamt in autistischer Selbsteinkerkerung. Sein Verhalten wird automatisch und mechanisch. Selbsterzeugte Empfindungen werden bevorzugt, da sie jederzeit verfügbar und vorhersehbar sind und nicht wie alles Neue entsetzliche Angst hervorrufen.[358] Der psychogene Autismus ist laut TUSTIN eine fundamentale Wahrnehmungsstörung.[359]

Ihre Theorie über die psychische Verletzung des Kindes als Ursache des psychogenen Autismus untermauert Frances TUSTIN durch zahlreiche Falldarstellungen aus ihrer psychotherapeutischen Praxis.

Die Psychotherapie ist nach TUSTIN ein adäquates Mittel, um mit den ungeheilten Wunden der frühen Kindheit fertig zu werden. „Es muß eine Psychotherapie sein, die auf einem gründlichen Verständnis des Wesens und der möglichen Ursachen des psychogenen Autismus fußt."[360] Zunächst soll jedoch die primäre Integration von Sinneswahrnehmungen erreicht werden, indem Gegensätze wie „hart" und „weich" oder „heiß" und „kalt" als solche erfasst und das Wahrnehmen und bewußte Erkennen von Muskeln und Körperöffnungen geschult werden. Dies sei erforderlich, da diese Kinder sowohl überempfindlich als auch unterempfindlich wahrnehmen.[361] Diese von TUSTIN vertretene These deckt sich mit DELACATOs Auffassung, der ebenfalls von einer Hyper- bzw. Hyposensibilität gegenüber Sinnesreizen ausgeht (siehe dazu unter 3. 5. 1 dieser Arbeit).

---

[355] vgl. TUSTIN, 1988, S. 90 ff.
[356] TUSTIN, 1988, S. 94
[357] TUSTIN, 1988, S. 95
[358] vgl. TUSTIN, 1988, S. 18 und 23
[359] vgl. TUSTIN, 1988, S. 283
[360] TUSTIN, 1988, S. 97
[361] vgl. DZIKOWSKI, 1996, S. 22

Für die psychotherapeutische Behandlung autistischer Zustände wurde ein Grundschema ausgearbeitet, welches laut TUSTIN aus drei sich überschneidenden Hauptphasen besteht:

> „1.) Modifizierung der autistischen Barrieren, damit zwischenmenschliche Beziehungen in Gang gesetzt werden können.
>
> 2.) Heilung der beschädigten Psyche (Psychotherapie kann beginnen).
>
> 3.) Psychoanalyse, wie sie üblicherweise praktiziert wird."[362]

Auf das genaue Vorgehen TUSTINs während der psychotherapeutischen Behandlung soll hier nicht näher eingegangen werden.

ANMERKUNG: Wie bereits zu Anfang dieser Darstellung erwähnt, geht TUSTIN davon aus, daß der Autismus vieler Kinder in erster Linie psychischen Ursprungs ist. „Manche" Kinder würden zweifellos einen Hirnschaden aufweisen. Hirnschäden und Hirnfunktionsstörungen liegen jedoch nach Angaben des BUNDEVERBANDes „Hilfe für das autistische Kind" bei rund sechzig Prozent der Betroffenen vor.[363] In den Fällen, in denen keine Hirnschädigung festgestellt werden konnte, ging TUSTIN somit von einer seelischen Verletzung in der Kindheit des Betroffenen aus. Meines Wissens nach lassen sich jedoch nicht alle Hirnschädigungen eindeutig nachweisen. Bei der minimalen cerebralen Dysfunktion (MCD), als häufige Folge eines Sauerstoffmangels während des Geburtsvorgangs bzw. anderer prä- und postnataler Einflüsse, ist eine Schädigung des Gehirns häufig nicht klinisch erfassbar. Trotzdem kann sie aufgrund der Symptomatik (erhöhte Reizempfindlichkeit, Hypermotorik, psychische Symptome etc.) und unter Berücksichtigung anamnestischer Daten zu Schwangerschaft, Geburt und frühkindlichen Lebensumständen häufig als existent angenommen werden.[364] Wenn TUSTIN nun sagt, die Kinder mit organischem und psychogenem Autismus unterscheiden sich bei oberflächlicher Betrachtung nicht, so fällt es schwer zu glauben, daß letztere keine organische Schädigung erlitten haben sollen.

Bezüglich der Verkettung unglücklicher Umstände sei nochmals darauf hingewiesen, daß sie an TINBERGENs autismogene Faktoren erinnern.

Dem Einwand, daß unter derartigen Umständen viele Kinder geboren werden oder aufwachsen, ohne autistisch zu werden, begegnet auch TUSTIN mit folgender Aussage: „Wichtige Faktoren sind eigene angeborene Tendenzen des Kindes und das emotionale Klima in der Familie, in dem es aufwächst."[365]

---

[362] TUSTIN, 1988, S. 279
[363] vgl. BUNDESVERBAND, 1996, S. 13
[364] vgl. TÖLLE, 1991, S. 273 ff.
[365] TUSTIN, 1988, S. 92

Bezüglich der familiären Komponente merkt KEHRER (1988b und 1989) jedoch folgendes an: „Dennoch hat eine exakte Prüfung der Elternpersönlichkeit und der Betreuungspraxis der Mütter (DeMyer, 1979 u. a.)[366]ergeben, daß der Umgang der Mütter mit dem Kind nicht die Ursache des Autismus sein kann, sondern daß derartige Umweltfaktoren höchstens gelegentlich als weiteres verschlimmerndes Agens in Frage kommen."[367]

3.3.4 Fehlerhafte Individuation (MAHLER)

Der amerikanischen Kinderanalytikerin Margret S. MAHLER sind in ihrer seit den frühen dreißiger Jahren betriebenen kinderpsychoanalytischen Praxis immer wieder Fälle von Kindern untergekommen, die sie weder zur Gruppe der Neurosen noch dem „Abfallkorb des >>Organischen<<"[368] zuordnen konnte. Diese Kinder machten eher den Eindruck auf sie, als befänden sie sich in einem schizophrenieähnlichen Zustand. Auf der Grundlage KANNERs klassischer Beschreibung des Frühkindlichen Autismus befasste sie sich in den vierziger Jahren mit der Betrachtung dieser Form des Autismus unter psychoanalytischem Gesichtspunkt. In der Folgezeit fand sie allmählich zu der Auffassung, „daß der Autismus eine Abwehr, wenngleich eine psychotische Abwehr, gegen das Fehlen jener vitalen und grundlegenden Bedürfnisse des Menschenjungen in seinen frühen Lebensmonaten darstellt: die Symbiose mit der Mutter oder einem Mutterersatz."[369] So entwickelte sie nach und nach die Theorie vom „symbiotischen Ursprung der kindlichen Psychose"[370].

Nach DZIKOWSKI (1996) beeinflußten MAHLERs Überlegungen entscheidend das Denken anderer psychoanalytisch orientierter Autoren (BETTELHEIM; TUSTIN) bezüglich der Ätiologie und Behandlung autistischer Störungen.[371]

Wie kommt es aber nun zu einer fehlerhaften Individuation des Kindes?

MAHLER (1986) geht davon aus, daß sich ein Säugling in den ersten Wochen extrauterinen Daseins in einer Phase des „normalen Autismus"[372]befindet. Dieses Dasein ähnelt dem „Bild eines geschlossenen monadischen[373] Systems", bei dem sich das Kind

---

[366] DE MYER, M. K. (1979): Parents and children in Autism. Washington.

[367] KEHRER, 1988b, S. 43 sowie 1989, S. 74

[368] MAHLER, 1986, S. 7

[369] MAHLER, 1986, S. 8

[370] MAHLER, 1986, S. 8

[371] vgl. DZIKOWSKI, 1996, S. 118

[372] MAHLER, 1986, S. 13

[373] Monade = eine einheitliche, in sich geschlossene körperlich-geistig-seelische Substanz mit mehr oder minder bewußten Vorstellungen.

in einem „Zustand primitiver halluzinatorischer Desorientierung"[374] befindet. Es ist der Illusion verfallen, daß es sogar für seine Bedürfnisbefriedigung niemanden braucht außer sich selbst. Erst nach und nach (etwa ab dem zweiten Lebensmonat) erkennt das Kind, daß die Pflegeleistungen der Mutter in unmittelbarem Zusammenhang mit seiner Bedürfnisbefriedigung stehen. Damit beginnt die Phase der normalen Symbiose. MAHLER wählte die Bezeichnung Symbiose, „um jenen Zustand der Undifferenziertheit, der Fusion mit der Mutter, zu beschreiben, in dem das >>Ich<< noch nicht vom >>Nicht-Ich<< unterschieden wird und in dem Innen und Außen erst allmählich als unterschiedlich empfunden zu werden beginnen."[375] Erst durch ihre Pflege und Fürsorge trägt die Mutter dazu bei, daß sich das ICH des Kindes allmählich entwickelt. Vom Anfangsstadium eines ICHs kann dann gesprochen werden, wenn der Säugling in der Lage ist, die Befriedigung seiner Bedürfnisse abzuwarten. Aus Erfahrungen hat er eine Erinnerung daran, daß ihm seine Bedürfnisse befriedigt werden. In dieser Erinnerung spielt die wahrgenommene Gestalt der Mutter eine entscheidende Rolle, so daß ihr Erscheinen dem Kind verhilft, seiner Bedürfnisbefriedigung vertrauensvoll entgegenzusehen.[376] Auf dem Höhepunkt der symbiotischen Phase (etwa mit vier/fünf Monaten) überwiegen die sog. ICH-Zustände und stehen den autistischen Zuständen gegenüber. Während der ICH-Zustände wendet das Kind seine Aufmerksamkeit der Außenwelt zu, die jedoch noch in mehr oder minder engem Zusammenhang mit der Mutter gesehen wird. Während der autistischen Zustände wendet es sich hingegen seinen inneren Empfindungen zu.

Beide Zustände finden ihren Ausdruck im Minenspiel des Kindes.[377]

MAHLER sieht nun die Kernstörung der kindlichen Psychose in einer gestörten oder völlig fehlenden symbiotischen Beziehung, was, vereinfacht ausgedrückt, dadurch zustande kommt, daß das Kind nicht in der Lage ist, die Anwesenheit der Mutter für sich und seine Entwicklung nutzbar zu machen. In der Folge kann es keine Repräsentanz (kein inneres Bild) von der Mutter und schließlich auch kein Selbst (ICH) entwickeln. „Kurzum, der Kern der kindlichen Psychose liegt in einer fehlerhaften oder mangelnden Individuation."[378] MAHLER geht davon aus, daß die Unfähigkeit des Kindes, seine Mutter als Vermittlerin für sich nutzbar zu machen, entweder „angeboren, konstitutionell bedingt und möglicherweise erblich ist oder aber sehr früh in den ersten Lebenstagen oder -wochen extrauterinen Daseins erworben wurde."[379] Theorien, die in

---

[374] MAHLER, 1986, S. 13
[375] MAHLER, 1986, S. 14 f.
[376] vgl. MAHLER, 1986, S. 18
[377] vgl. MAHLER, 1986, S. 21
[378] MAHLER, 1986, S. 38
[379] MAHLER, 1986, S. 54

einer „schizophrenogenen" Mutter die ausschließliche Ursache für die Entstehung des kindlichen Autismus sehen, weist MAHLER entschieden zurück. Auch sie sieht, wie TINBERGEN & TINBERGEN sowie TUSTIN, im Zusammenkommen verschiedener Faktoren die Ursache. So kann z.b. ein konstitutionell einigermaßen kräftiger Säugling durch traumatische Ereignisse während der kritischen autistischen und symbiotischen Phase derart „verletzt" werden, daß selbst die Mutter, die in solchen Fällen als Puffer dient, dies nicht mehr ausgleichen kann. Bei einem konstitutionell vorbelasteten Säugling reicht hingegen die normale mütterliche Zuwendung nicht aus, um den Defekt in der Nutzbarmachung des menschlichen Liebesobjektes (Mutter) zur Entwicklung und Differenzierung des psychischen Apparates auszugleichen.[380] Unter diesen Umständen kann es somit vorkommen, daß das Kind in der ursprünglich normalen Phase des Autismus weiterhin verbleibt bzw. in sie regrediert.

Die beschriebene Theorie entwickelte Margret MAHLER auf der Grundlage ihrer jahrelangen Erfahrung in der Arbeit mit autistischen Kindern. Zur Verdeutlichung und Untermauerung ihrer Ausführungen erörtert sie zahlreiche Fälle aus ihrer Praxis.

Therapeutisches Ziel MAHLERs ist es, beim Kind eine „korrigierende symbiotische Erfahrung"[381] zu erreichen. Zusammen mit ihren Mitarbeitern entwickelte sie ein therapeutisches Konzept, bei dem Mutter, Kind und TherapeutIn gemeinsam während der jeweils zwei bis drei Stunden dauernden Sitzungen im Zimmer sind. Die Anwesenheit und Mitarbeit der Mutter wird als förderlich erachtet, da sie wichtige Informationen und Erklärungen liefern kann.[382] Die Therapeutin hat die schwierige Aufgabe, das Kind daran zu hindern, in die autistische Abwehrposition zurückzufallen. Die Behandlung gliedert sich in zwei Stadien: das einleitende Stadium und das eigentliche Behandlungsstadium.[383] Während des einleitenden Stadiums besteht die Aufgabe der Therapeutin zunächst darin, durch unaufdringliche aber aufmerksame Anwesenheit einen gewissen Kontakt zu dem Kind herzustellen, damit dieses langsam lernt, ihre Gegenwart als eine beruhigende Erscheinung zu akzeptieren. Bald fühlt es sich in ihrer Gesellschaft wohler als allein. Die Therapeutin wird zum Teilobjekt des Kindes, und dieses benutzt sie als Verlängerung seiner selbst - gebraucht z.B. den Arm der Therapeutin als Werkzeug -. Diese passive Rolle der Therapeutin verändert sich nach und nach in eine aktive, z. B. indem sie das Kind füttert. Ihre Anwesenheit wird zu etwas Selbstverständlichem und sogar mit Wohlbefinden assoziiert. Das Kind akzeptiert die Therapeutin gleichsam als mütterliches Prinzip. Im zweiten Abschnitt der einleitenden Phase soll nun erreicht werden, daß die gleiche Art der Beziehung auch zwischen

---

[380] vgl. MAHLER, 1986, S. 54
[381] MAHLER, 1986, S. 186
[382] vgl. MAHLER, 1986, S. 192

Mutter und Kind erreicht wird.[384] Mutter und Therapeutin besprechen Ereignisse aus dem Leben des Kindes. Während dieser Gespräche haben Mutter und Kind Gelegenheit, aufrichtig Empfindungen auszutauschen und somit ihre Beziehung zu gestalten. Wärend der eigentlichen Behandlungsphase kann das Kind nun, auf der Grundlage einer bestehenden Objektbeziehung, die traumatischen Erfahrungen, die seine Entwicklung so nachhaltig beeinträchtigt haben, neu durchleben und verstehen.[385]

ANMERKUNG: MAHLERs Überlegungen bilden, wie bereits erwähnt, die Grundlage für die theoretischen Konzepte verschiedener anderer psychoanalytisch orientierter Autoren. Schon aus diesem Grund dürfen sie als bedeutsam erachtet werden. Es fällt jedoch schwer, ihre umfangreiche Theorie in Kürze darzustellen.

DZIKOWSKI (1996) weist darauf hin, daß MAHLER schon sehr früh die Wahrnehmungsauffälligkeiten autistischer Kinder hervorgehoben und als Ursache für den Verbleib in der Phase des normalen Autismus genannt hat.[386]

Der Hinweis auf angeborene Tendenzen, die in Verbindung mit bestimmten Faktoren zum Autismus führen, wurde schon an anderer Stelle geleistet und ist nicht unbedingt befriedigend. Erfreulich ist jedoch die Tatsache, daß der Mutter nicht die Schuld am Entstehen des Autismus ihres Kindes zugewiesen wird.

3.3.5 Autismus als psychobiologische Krankheit (KANNER)

An dieser Stelle soll nochmals kurz auf KANNERs Ansatz eingegangen werden. Auch aus seiner Sicht kommen sowohl biologisch-genetische als auch psychologische Faktoren bei der Entstehung des Frühkindlichen Autismus in Frage.

Grundsätzlich hält KANNER den Frühkindlichen Autismus für angeboren.[387] Das frühe Auftreten der Symptomatik läßt diesen Schluß auch durchaus zu. Weiter weist er jedoch darauf hin, daß auch der Charakter der Eltern und deren Umgang mit dem Kind einen entscheidenden Einfluß hat. KANNER beschreibt die Eltern der von ihm untersuchten Kinder als emotional frigide und ungesellig. Weiterhin fehle es ihnen an Humor, sie seien pedantisch und perfektionistisch. Ihr grundlegender Wesenszug sei eine Tendenz zur Mechanisierung menschlicher Beziehungen. Dem familiären Klima fehle es somit an emotionaler Wärme, und die Kindererziehung sei gekennzeichnet durch eben diesen elterlichen Hang zum Perfektionismus und zur Mechanisierung. Somit

---

[383] vgl. MAHLER, 1986, S. 196 ff.
[384] vgl. MAHLER, 1986, S. 200
[385] vgl. MAHLER, 1986, S. 205
[386] vgl. DZIKOWSKI, 1996, S. 120
[387] Eine Zuordnung zu den genetischen Verursachungstheorien wäre somit ebenfalls denkbar gewesen.

erfährt das Kind von Anfang an eine Frustration seines Bedürfnisses nach emotionaler Wärme. Diese Deprivation begünstigt letztlich die Herausbildung autistischen Verhaltens.[388] MAHLER würde sagen, die angeborene, konstitutionell bedingte oder geerbte Unfähigkeit des Kindes, mit anderen Menschen in Kontakt zu treten, bewirkt (zusätzlich beeinflußt vom Elternverhalten; KANNER) einen Verbleib in der Phase des normalen Autismus.

Wie bereits in Kapitel 2.1 erwähnt, hält KANNER das familiäre Klima nicht für die eigentliche Ursache des Autismus, da die Symptomatik bereits zu einem Zeitpunkt in Erscheinung tritt, zu dem sie noch keine Reaktion auf elterliche Einflüsse sein kann. Hauptproblem dieser Kinder ist vielmehr ihre angeborene Unfähigkeit, sich mit anderen Menschen zu verbinden.[389]

In diesen Aussagen wird bereits eine Ambivalenz deutlich, von der autistische Menschen meist ihr Leben lang betroffen sind. Einerseits besteht bei ihnen ein Bedürfnis nach emotionaler Wärme, wie es jeder Mensch hat. Andererseits ist es ihnen kaum möglich, menschliche Nähe zu ertragen. Diese divergierenden Faktoren machen ihnen und den Personen in ihrem Umfeld das Leben so schwer.

Seine Schlußfolgerungen bezüglich der Verursachung des Frühkindlichen Autismus zog KANNER aus der Beobachtung von elf Kindern, deren Erscheinungsbild sich in auffälliger Weise von denen anderer psychiatrischer Patienten unterschied.[390]

Ziel therapeutischen Vorgehens soll es nach KANNER sein, diesen Menschen zu ermöglichen, sich mit einer beschränkten Zahl von Menschen zu verbinden und in deren Welt einzutreten.[391] Mit dieser Auffassung steht er dem MAHLERschen Erklärungs- und Therapieansatz einer „korrigierenden symbiotischen Erfahrung" (siehe dazu Kapitel 3.3.4 dieser Arbeit) sehr nahe. In seinen Veröffentlichungen aus den Jahren 1955 und 1971 weist KANNER darauf hin, daß in einigen Fällen langdauernde und mit viel Geduld durchgeführte Therapien in der Lage sind, einen Kontakt aufzubauen. Nach derartigen „Schüben" stagniere jedoch häufig der Fortschritt oder es komme - bei ungeduldigem Vorgehen - sogar zu Rückschritten. In solchen Fällen sei ein Abbruch der Therapie angezeigt.[392] Einen entscheidenden Einfluß auf die Prognose hat nach KANNER der sprachliche Entwicklungsstand im Vorschulalter. Unabhängig von der gewählten Therapieform gilt die Prognose bei mutistischen (die Sprache verweigernden) Autisten als sehr ungünstig. In einem Fall eines neunzehnjährigen mutistischen Auti-

---

[388] vgl. FEUSER, 1980, S. 23
[389] vgl. LUTZ, 1982, S. 3
[390] vgl. JANETZKE, 1997, S. 8
[391] vgl. LUTZ, 1982, S. 3
[392] vgl. ROEDLER, 1983, S. 30 f.

sten berichtet KANNER von einer positiven Entwicklung, nachdem die Mutter in einer Therapie ihr Selbstbewußtsein aufgebaut hatte. In der Folge entwickelte sich in der Therapie eine symbiotische Beziehung zwischen Mutter und Sohn, in deren Verlauf der Sohn zu sprechen begann.[393] Für die weitere Entwicklung autistischer Kinder ist nach KANNER nicht nur die Art der Therapie entscheidend, sondern auch die psychologische Struktur des jeweiligen Kindes sowie die Beziehung zwischen Eltern und Kind.[394]

ANMERKUNG: KANNER sieht somit in einer angeborenen Unfähigkeit des Kindes, mit anderen Menschen in Kontakt zu kommen, das Kernproblem des Autismus. Das Verhalten der Eltern kommt als zusätzlicher belastender Faktor hinzu. Jetzt stellt sich nur die Frage, ob das Elternverhalten nicht vielmehr die Folge des Zusammenlebens mit einem autistischen Kind ist. Nach FEUSER verweist STÄDELI (1968) darauf, „wie selbst die unauffälligen Mütter autistischer Kinder durch das Zusammenleben mit den Kindern sehr stark geprägt werden und infolge dieser Prägung einen überdominierenden bzw. schizoiden Eindruck machen."[395] Auch FEUSER kommt zu dem Schluß, daß die inadäquaten kindlichen Reaktionen die Einstellungen und Haltungen der Mutter gegenüber dem Kind verändern. Da die kindlichen Verhaltensweisen sich schon früh offenbaren, erfährt das Kind schon zu Beginn seiner Persönlichkeitsentwicklung inadäquate soziale Interaktionen.[396] Es wird somit deutlich, daß beide Parteien zumindest an der Aufrechterhaltung der gestörten Interaktion einen gleich hohen Anteil haben. Eigentliche Ursache dieser Interaktionsstörung scheint jedoch das inadäquate kindliche Verhalten zu sein.

3.3.6 Traumatische Lebensbedingungen (BETTELHEIM)

Bruno BETTELHEIM, 1903 in Wien geboren, beschäftigte sich seit seinem vierzehnten Lebensjahr mit der Psychoanalyse. Während seines Studiums (Germanistik, Kunstgeschichte, Philosophie) setzte er diese Studien fort und lernte später (ca. 1936/37) sogar Anna und Sigmund FREUD persönlich kennen. Im Jahr 1930 heiratete BETTELHEIM seine erste Frau. Zwischen 1932 und 1938 lebte ein autistisches Kind bei ihnen. Zwischenzeitlich, so schreibt er, seien es auch einmal zwei Kinder gewesen.[397] Wegen seiner jüdischen Herkunft und seiner Bekanntheit als „Anti-Nazi" wurde er 1938 verhaftet. Er verbrachte insgesamt ein Jahr in den Konzentrationslagern Dachau

---

[393] vgl. ROEDLER, 1983, S. 31
[394] vgl. ROEDLER, 1983, S. 33
[395] FEUSER, 1980, S. 24
[396] vgl. FEUSER, 1980, S. 24
[397] vgl. BETTELHEIM, 1977, S. 9

und Buchenwald, bevor er schließlich in die Vereinigten Staaten auswanderte. Dort wurde er zunächst Forschungsassistent an der Universität Chicago. 1944 übernahm er schließlich die Leitung der Orthogenetic School, einem der Universität Chicago ange-schlossenen Institut zur Erforschung und Behandlung schwerer emotionaler Störungen im Kindes- und Jugendalter.[398] Dieser Schule - eigentlich ist es ein Heim für psychisch gestörte Patienten - stand er bis 1973 vor.[399]

Wie BETTELHEIM selbst beschreibt waren es zwei Erfahrungen, die sein Leben nachhaltig beeinflußten. „Für mich waren es die deutschen Konzentrationslager, die mir auf eine sehr persönliche und unmittelbare Weise gezeigt haben, welche Erfahrun-gen uns entmenschlichen können."[400] Als eine weitere Erfahrung gibt er sein Zusam-menleben mit einem (bzw. zeitweise zwei) autistischen Kind(ern) an. In seinem Bemü-hen, diesen Kindern eine Umgebung zu schaffen, mit deren Hilfe ihre Abkapselung durchbrochen und ihre Persönlichkeit entwickelt werden sollte, geriet er selbst inner-halb weniger Wochen in einen Zustand weitreichender Abkapselung und zunehmender Persönlichkeitszerstörung. „Diese plötzliche Umkehrung ließ mich später vermutlich begreifen, wie es passieren konnte, daß die Lager die Persönlichkeit zerstörten, und noch später veranlaßte sie mich, mit - so hoffe ich - mehr Einsicht und größerem Ein-fühlungsvermögen meine frühere Aufgabe wieder in Angriff zu nehmen: die Aufgabe, ein Milieu zu schaffen, das der Wiederherstellung der Persönlichkeit dienlich sein könnte."[401]

Aus diesen Erfahrungen entwickelte BETTELHEIM mit der Zeit seine Theorie, daß traumatische Lebensbedingungen bei Kindern Psychosen auslösen können. Die Schwe-re ihrer Störung hängt davon ab, zu welchem Zeitpunkt in ihrer Entwicklung und wie lange die Kinder diesen schädlichen Bedingungen ausgesetzt waren. Weiterhin ist ent-scheidend, wie stark sich diese Bedingungen auf das Kind ausgewirkt haben.[402] BET-TELHEIM geht davon aus, daß „nur die extreme Erfahrung [...] einschneidende Ver-änderungen der Persönlichkeitsstruktur [bewirkte]."[403]

Autistische Kinder kamen seiner Ansicht nach nicht in den Genuß einer normalerweise zu erwartenden Umgebung. Dies führt er entweder auf die kindlichen Anlagen oder auf Mängel in der Umwelt des Kindes - beispielsweise ein Zuviel/Zuwenig an Stimulie-rung - zurück. Also auf eine Umwelt, die nicht adäquat auf das Kind reagiert.[404] Die

---

[398] vgl. OTTO, 1986, S. 13 ff. und S. 29
[399] vgl. DZIKOWSKI, 1996, S. 113
[400] BETTELHEIM, 1977, S. 8
[401] BETTELHEIM, 1977, S. 9
[402] vgl. BETTELHEIM, 1977, S. 82
[403] BETTELHEIM, 1977, S. 83
[404] vgl. BETTELHEIM, 1977, S. 524

wechselseitige Kommunikation zwischen Mutter und Säugling ist wichtig bzw. grundlegend für die weitere Entwicklung des Kindes. Doch muß sie sich zunächst entwickeln. Dies geschieht nach und nach, indem die Mutter beispielsweise auf das Schreien des Säuglings - der jeweiligen Situation entsprechend - angemessen reagiert. Dadurch, daß sie lernt, Hunger- von Schmerzgeschrei zu unterscheiden und entsprechend zu reagieren, lernt auch der Säugling, zwischen seinen eigenen Gefühlen zu unterscheiden. Langsam entwickelt sich so beim Kind ein Gefühl für das Selbst bzw. das Körper-ICH. Eine Kommunikation zwischen Mutter und Kind ist dann entstanden, wenn beide eine bestimmte Gefühlsäußerung als Signal erkannt haben.[405] So wird die Mutter z.b. auf das kindliche Hungergeschrei mit dem Anbieten der Brust reagieren, und der Säugling lernt zunehmend, durch Variation des Schreiens sein Ziel zu erreichen. Durch die wiederholte Erfahrung, daß seine Bedürfnisse nicht sofort und nicht immer befriedigt werden, erfährt der Säugling eine gewisse Frustration. Damit wird ihm jedoch eine wichtige Tatsache bewußt, nämlich die Existenz einer Außenwelt, und sein Interesse an dieser nimmt zu. Schließlich entdeckt das Kind, „daß es durch seine eigenen Bemühungen, durch das Geben oder Empfangen von Signalen, fähig ist, die Außenwelt zu beeinflussen [...]."[406] Erfahren die Gefühlsäußerungen des Säuglings jedoch keine Bestätigung durch die Außenwelt, führt dies bei ihm zu einer nicht verkraftbaren Frustration. Aus dieser Frustration heraus zieht er sich auf die autistische Position zurück.[407]

Seine Theorie entwickelte BETTELHEIM, wie bereits beschrieben, auf der Grundlage seiner eigenen KZ-Erfahrungen und seinem Zusammenleben mit autistischen Kindern. Als empirischen Beleg führt er einige Krankengeschichten an und spannt zugleich immer wieder den Bogen zu seinen Beobachtungen an KZ-Häftlingen.

Um diesen schwer emotional gestörten Kindern und Jugendlichen zu helfen, entwickelte BETTELHEIM die sogenannte Milieutherapie. Diese Therapie geht von der Annahme aus, daß dem Kind ein Milieu dargeboten werden muß, das dem familiären/heimischen Milieu, welches das Kind ja ablehnt, konträr gegenübersteht. Es ist somit eine Atmosphäre der Einheitlichkeit und Widerspruchsfreiheit zu schaffen.[408] Dies soll u.a. dadurch erreicht werden, daß nur wenige Personen für einen Patienten zuständig sind. Die Betreuer sollen die Subjektivität der Kinder und Jugendlichen anerkennen und ihnen nicht durch aktive Beeinflussung, Verbalisation oder Deutung von Handlungen eine Identität überstülpen.[409] Demzufolge beginnt die Therapie damit, daß

---

[405] vgl. BETTELHEIM, 1977, S. 28
[406] BETTELHEIM, 1977, S. 29
[407] vgl. BETTELHEIM, 1977, S. 59
[408] vgl. ROEDLER, 1983, S. 67; OTTO, 1986, S. 66
[409] vgl. ROEDLER, 1983, S. 67

jeder Druck von den Patienten ferngehalten wird. Sie werden nicht zum Aufstehen oder Schlafengehen genötigt und müssen nicht zum Unterricht gehen, wenn sie das nicht wollen. Dem Kind wird somit der Eindruck vermittelt, daß es selbst am besten wisse, was gut für es ist. Es werden Situationen geschaffen, in denen der Patient selbst bestimmen kann, „ob er ein neues Verhalten ausprobieren möchte."[410] Die zunächst bei allen Patienten fehlende Beziehungsfähigkeit soll sich dadurch entwickeln, daß ihnen ein Maß an emotionaler Zuwendung zuteil wird, welches normalerweise nur Babys erfahren. „Konkret heißt das, daß versucht wird, über die Nahrungsaufnahme eine Beziehung aufzunehmen."[411] Der Betreuer soll das Kind in dieser Phase bedingungslos annehmen, so wie eine gute Mutter es auch tut. Hat sich nun eine Beziehung aufgebaut, wird dem Kind in Einzel- oder Gruppensitzungen Gelegenheit gegeben, seine aktuellen Probleme zu bearbeiten. Weiterhin lernt es nun die Dinge, die den Erziehern wichtig erscheinen.[412] Dazu wird es zunehmend mit der Realität konfrontiert. „Ersten Streifzügen in die nähere Umgebung folgen die Besuche der öffentlichen Badeanstalten sowie der Universitätseinrichtungen. Gemeinsame Kleiderkäufe in den großen Kaufhäusern Chicagos schließen sich bald an."[413] In dieser Phase der sozialen Anpassung erfährt das Kind bzw. der Jugendliche, daß nicht alle seine Verhaltensweisen als optimal angesehen werden können, auch wenn sie akzeptiert werden. Die Therapie gilt als abgeschlossen, wenn der Patient fähig ist, in sozialen Belastungssituationen selbstbeherrscht zu reagieren. Weiterhin ist entscheidend, ob der Patient sich selbst in der Lage fühlt, seinen Weg zukünftig allein zu gehen. „Ganz sicher kann man allerdings nie sein, ob schon der Zeitpunkt der Entlassung herangekommen ist."[414]

ANMERKUNG: BETTELHEIMs Thesen zur Verursachung des Autismus haben laut DZIKOWSKI (1996) in den letzten Jahren ein großes Echo gefunden. Kritisiert wird jedoch häufig, daß er bei der Beschreibung der Entstehungsbedingungen die Rolle der Mutter so stark hervorhebt. Auch wenn er ausdrücklich darauf hinweist, „daß es unsinnig und unzweckmäßig ist, den Eltern von autistischen Kindern das Gefühl zu vermitteln, sie seien an der ganzen Krankheit schuld"[415], so tragen seine vorhergehenden Beschreibungen nicht gerade dazu bei, ihm diese Aussage zu glauben. Die völlige Herausnahme des Kindes aus seinem häuslichen Milieu begründet er schließlich damit, daß die Eltern ihren Kindern die Gebote ihres eigenen ÜBER-ICHs in einem noch stärkeren Maße aufzwingen, als sie ihnen selbst gehorchen. Dies schade den Kindern

---

[410] OTTO, 1986, S. 69
[411] OTTO, 1986, S. 70
[412] vgl. OTTO, 1986, S. 71
[413] OTTO, 1986, S. 80
[414] OTTO, 1986, S. 81
[415] BETTELHEIM, 1977, S. 529

und müsse daher verhindert werden.[416] Studien haben jedoch gezeigt, daß das elterliche Verhalten autistischer Kinder und deren Persönlichkeit nicht die Ursache des Autismus sein kann, sondern daß derartige Bedingungen lediglich sekundäre (verschlimmernde) Bedeutung haben.[417] Zu diesem Schluß kommt auch DALFERTH (1990) wenn er schreibt, daß „heute niemand mehr ernsthaft behaupten kann, es handele sich beim Frühkindlichen Autismus um ein lediglich milieureaktives Verhalten."[418]

BETTELHEIM gibt 1977 an, er habe mit insgesamt sechsundvierzig autistischen Kindern gearbeitet, die alle eine augenfällige Besserung gezeigt hätten. Nach Abzug von sechs Kindern, die entweder noch nicht lange genug in seiner „Schule" waren, um die Therapieerfolge bewerten zu können oder die aus anderen Gründen keine Berücksichtigung fanden, wurden die Therapieergebnisse der übrigen vierzig folgendermaßen beschrieben: Bei siebenunddreißig Prozent der Kinder seien „mittelmäßige" und bei zweiundvierzig Prozent „gute" Erfolge erzielt worden.[419]

DZIKOWSKI weist hinsichtlich dieser Zahlen darauf hin, daß es unklar sei, ob es sich bei den von BETTELHEIM behandelten Kindern tatsächlich um - im Sinne einer internationalen Klassifikation - autistische gehandelt habe. Diese Vermutung äußert er aus dem Wissen darüber, daß BETTELHEIM der Diagnose eine nur geringe Bedeutung eingeräumt hat. Durch eine Diagnose werde eine Situation von vornherein bewertet, und man neige letztlich dazu, der Sache nicht mehr weiter nachzugehen.[420] Die Tatsache, daß die Patienten von BETTELHEIM persönlich ausgewählt wurden, läßt weiterhin den Schluß zu, daß eher solche (leichteren) Fälle ausgewählt wurden, bei denen die Hoffnung auf Erfolg bestand.[421] Diese Annahme wird m. E. dadurch gestützt, daß laut BETTELHEIM alle ehemaligen Patienten eine Arbeit gefunden haben. Er berichtet davon, daß viele von ihnen Lehrer, Sozialarbeiter, Universitätsprofessoren oder auch einfache Arbeiter geworden sind.[422] Nach heutigen Erkenntnissen geht man jedoch davon aus, daß die wenigsten der autistischen Erwachsenen (zirka fünf bis siebzehn Prozent) zu einer selbständigen Lebensführung und beruflichen Tätigkeit außerhalb einer beschützenden Werkstatt in der Lage sind.[423]

---

[416] vgl. OTTO, 1986, S. 87
[417] vgl. KEHRER, 1988b, S. 43
[418] DALFERTH, 1990, S. 258
[419] vgl. BETTELHEIM, 1977, S. 544
[420] vgl. DZIKOWSKI, 1996, S. 115; OTTO, 1986, S. 38
[421] vgl. DZIKOWSKI, 1996, S. 116
[422] vgl. OTTO, 1986, S. 82
[423] vgl. DALFERTH, 1987, S. 44

Bezüglich der Behandlungspraxis verweist DZIKOWSKI auf zwei Berichte des AR-RI[424] zum Tode BETTELHEIMs im Jahre 1990. In diesen Berichten melden sich ehemalige nicht-autistische Insassen der Orthogenetic School zu Wort. Ihren Angaben zufolge gab es häufig verbale und körperliche Angriffe BETTELHEIMs auf seine Schüler. Er soll diese geschlagen, eingesperrt und an den Haaren gezogen haben. Im übrigen seien bei den autistischen Kindern keine positiven Veränderungen erkennbar gewesen.[425] Vor dem Hintergrund, daß BETTELHEIM von seinen Mitarbeitern verlangte, sie sollten die Würde und den Wert der Subjektivität jedes einzelnen Kindes achten, erscheinen solche Verhaltensweisen seinerseits m. E. doppelt verwerflich.

3.4 Theorien über Informations- und/oder Wahrnehmungsverarbeitungsstörungen

So verschieden die jeweiligen Ansätze über die Verursachung des Autismus auch sind, haben sie doch eines gemeinsam: Sie gehen von einer gestörten Reizaufnahme bzw. einer Störung in der Bewertung und Verarbeitung dieser Reize aus. Lediglich über die Ursache dieser Verarbeitungsstörung gibt es unterschiedliche Aussagen. So sind die Vertreter psychogenetischer Verursachungstheorien des Autismus beispielsweise der Ansicht, daß traumatische Erlebnisse des Kindes einen Einfluß auf dessen Beziehungs- und Bindungsfähigkeit haben. In der Folge nimmt das Kind seine Umwelt in verzerrter Form wahr und reagiert dementsprechend mit inadäquaten Verhaltensmustern.

Die nachfolgend zu beschreibenden Theorien stellen die Informations- bzw. Wahrnehmungsverarbeitungsstörungen an den Anfang ihrer jeweiligen Ausführungen, d.h. sie befassen sich nicht mit der Frage nach deren Verursachung. Die Verarbeitungsstörung bildet die Grundlage, auf der sich das autistische Syndrom aufbaut. Somit sind diese Ansätze auch weniger als Verursachungstheorien des Autismus zu sehen, sie versuchen vielmehr mögliche Erklärungen für die autistischen Verhaltensweisen zu finden. Sowohl der rein physiologische Prozeß der Wahrnehmungsverarbeitung (Aufnahme, Weiterleitung, Verarbeitung und Beantwortung von Reizen) als auch die Wahrnehmung sozial-emotionaler Vorgänge in der Interaktion mit anderen, sowie im Inneren autistischer Personen, wird in den verschiedenen Theorien betrachtet.[426]

---

[424] Autism Research Review International (1990): Bruno BETTELHEIM dead at 86. Vol. 4, Nr. 2; BETTELHEIM changes fly. Vol. 4, Nr. 4.
[425] vgl. DZIKOWSKI, 1996, S. 116
[426] vgl. DZIKOWSKI, 1996, S. 121

3.4.1 Angeborenes kognitives Defizit (FRITH)

In einem 1991 in der Zeitschrift „PSYCHOLOGIE HEUTE" erschienenen Artikel behauptet John MORTON, ein Mitarbeiter der englischen Zeitschrift „New Scientist", eine Forschergruppe um die Engländerin Uta FRITH habe die Ursache des Frühkindlichen Autismus gefunden. Diese sei in einem angeborenen kognitiven Defizit zu suchen, welches es den Kindern unmöglich macht, Meta-Darstellungen zu schaffen.[427] Diese Meta-Darstellungen sind jedoch notwendig, um sich in andere Personen hineinversetzen zu können, d.h. die Welt mit deren Augen oder aus deren Blickwinkel zu betrachten. Morton berichtet von einem Test, den ein britisches Forschungsteam durchführte, um die Hypothese von Uta FRITH zu überprüfen. Den wichtigsten Bestandteil dieses Tests bildete ein Puppentheater:

> „Sally, eine der Puppen, hat eine Murmel. Sie legt die Murmel in einen Korb und verläßt dann das Zimmer. Ann, die andere Puppe, nimmt die Murmel aus dem Korb und legt sie in die Schachtel. Dann geht sie. Sally kommt zurück und will mit ihrer Murmel spielen. Wo sucht Sally die Murmel?"[428]

Normale Kinder im Alter von etwa vier Jahren sind in der Lage, die Aufgabe zu lösen. Sie werden sagen, daß Sally die Murmel im Korb suchen wird, obwohl sie selbst wissen, daß sie jetzt in der Schachtel liegt. Diese Kinder haben bereits eine Vorstellung von der Bewußtseinslage anderer Menschen. Aus der Gruppe der zwanzig autistischen Kinder dieser Untersuchung, deren geistiges Entwicklungsalter bei zirka neun Jahren lag, waren sechzehn nicht in der Lage, die Frage richtig zu beantworten. Die Tatsache, daß sie den gesamten Ablauf des Geschehens wiedergeben konnten, wies darauf hin, daß das Problem weder im Gedächtnis noch in der Sprache zu suchen war.[429] „Die autistischen Kinder konnten sich die Möglichkeit nicht ausmalen, daß Sally etwas glauben könnte, was nicht stimmt."[430] Autistische Menschen können sich somit nicht vorstellen, daß andere Menschen eigene Ansichten, Vorstellungen oder Wünsche haben. Eine soziale Interaktion ist somit kaum möglich. Das Fehlen dieser kognitiven Fähigkeit ist nach FRITH et al. „ein Fehler in der „Maschinerie" des Gehirns selbst. Autismus ist dementsprechend ein biologisches Defizit."[431]

Bezüglich der empirischen Überprüfung dieser Hypothese laufen seit Anfang der siebziger Jahre in Großbritannien zahlreiche Experimente.[432] INNERHOFER/ KLICPERA (1988) stellen die Ergebnisse dieser Studien kurz vor und kommen zu dem Ergebnis,

---

[427] vgl. MORTON, 1991, S. 40
[428] MORTON, 1991, S. 40
[429] vgl. MORTON, 1991, S. 40 f.
[430] MORTON, 1991, S. 41
[431] MORTON, 1991, S. 41
[432] vgl. DZIKOWSKI, 1996, S. 124

daß das auffällige Sozialverhalten autistischer Kinder die Folge einer Störung in der Informationsverarbeitung ist. Aufgrund dieser Verarbeitungsstörung kommt es zu überfordernden Situationen, auf die das Kind mit inadäquatem Sozialverhalten reagiert. Demzufolge darf nicht das Erzieherverhalten für die Ausbildung der Störung verantwortlich gemacht werden.[433]

Für das therapeutische Vorgehen empfiehlt sich, entsprechend der Annahme eines angeborenen kognitiven Defizites, die Behandlung der sekundären Verhaltensproblematik.[434] Da diese Probleme auch oder hauptsächlich in der Eltern-Kind-Interaktion zum Ausdruck kommen, denn hier ist der Kontakt i. d. R. am engsten, sollten die Eltern in das therapeutische Geschehen mit einbezogen werden. Weiterhin soll ihnen vermittelt werden, daß sie mit ihren Problemen nicht allein gelassen werden. „HERMELIN (1987) schlägt zusätzlich eine „Schule der Gefühle" vor, [...]."[435] Sie nimmt an, daß die menschliche Gefühlssprache (Mimik, Gestik, Vokalisation) angeboren und universal ist, da die frühe Mimik blind geborener und die vorsprachliche Vokalisation taub geborener Kinder sich nicht von der gesunder Kinder unterscheidet. „Dies macht es unwahrscheinlich, daß solche Gefühlskommunikation auf einem rein kognitiven Lernprozeß beruht."[436] Autistische Kinder haben im nichtverbalen Bereich besonders dann große Schwierigkeiten, wenn es um die Vermittlung von Gefühlszuständen geht. „Diese Störungen sind beim Empfang und bei der Sendung solcher Signale zu beobachten."[437]Eine Untersuchung der Fähigkeit autistischer Kinder, die verschiedenen nichtverbalen Kommunikationssignale von Gefühlen nicht nur zu interpretieren, sondern miteinander in Verbindung zu bringen, ergab eine im Gegensatz zu ihren sonstigen kognitiven Fähigkeiten schlechtere Leistung. HERMELIN sieht nun eine Möglichkeit, daß autistische Kinder die Interpretation solcher Gefühlsausdrücke lernen können. In der von ihr propagierten „Schule der Gefühle" sollten für ein autistisches Kind mit begrenzter Kommunikationsfähigkeit nichtverbale Gefühlssignale zunächst Situationen ausdrücken, die dem Kind bereits bekannt und in seinem Verhaltensrepertoire vorhanden sind. Bei Kindern, deren verbale Sprache relativ gut entwickelt ist, sollte die entsprechende Sprachbezeichnung mit den nichtverbalen Signalen in Verbindung gebracht werden. Das Senden solcher Gefühlssignale soll dem Verständnis des Empfängers angepaßt werden, d.h. Tonfall, Gestik und Mimik sollen in einer charakteristischen, evtl. etwas übertriebenen aber immer gleichen Weise dargeboten werden. Ziel dieser Bemühungen soll es sein, „autistischen Kindern mehr Möglichkeiten zu geben,

---

[433] vgl. INNERHOFER/KLICPERA, 1988, S. 122 ff.
[434] vgl. DZIKOWSKI, 1996, S. 124
[435] DZIKOWSKI, 1996, S. 124
[436] HERMELIN, 1987, S. 123
[437] HERMELIN, 1987, S. 127

Gedanken und Gefühle zu verstehen und ausdrücken zu können und dadurch mehr am Sozialleben teilzunehmen."[438]

ANMERKUNG: Laut DZIKOWSKI (1996) hat der Ansatz von Uta FRITH et al. in Deutschland kaum einen Eingang in die Autismusdiskussion gefunden. Die in Großbritannien durchgeführten Experimente wurden hier nicht wiederholt. Weiterhin weist DZIKOWSKI darauf hin, daß es seines Wissens nach in der BRD keine Therapieansätze gibt, die mit der von HERMELIN beschriebenen „Schule der Gefühle" vergleichbar sind.[439]

3.4.2 Störung des Informationstransfers (HERMELIN)

Die englische Psychologin Beate HERMELIN (1978) entwickelte die von Uta FRITH entworfene Theorie eines angeborenen kognitiven Defizites weiter. In zahlreichen Experimenten mit blinden, autistischen, tauben und normalen Kindern des gleichen geistigen Entwicklungsalters versuchte sie zu erhellen, wie diese Kinder Reize aufnehmen und verarbeiten. Bei einem gesunden Menschen geht HERMELIN davon aus, daß er, um die Welt zu interpretieren, auf Daten zurückgreift, die aufgrund früherer Erfahrungen in seinem Gehirn gespeichert sind. In die Informationsverarbeitung fließen somit nicht nur aktuelle Reize ein.[440] Hinzu kommt, daß das menschliche Gehirn Informationen nicht nur gemäß der Sinnesmodalität behandelt, in der sie empfangen wurden.[441] Da bestimmte visuelle Reize (z. B. Wörter oder Buchstaben beim Lesen eines Buches) in unserer Erinnerung mit akustischen Erfahrungen gekoppelt sind, können wir die jeweiligen Laute der Worte „im Kopf hören"[442].

In Versuchen wurden Personen gebeten, sich eine Reihe von nacheinander erscheinenden Buchstaben zu merken. Um diese Aufgabe erfüllen zu können, wird man die Buchstaben gedanklich zu sich selbst sprechen.

„Es zeigte sich, dass, wenn Leute sich fehlerhaft erinnerten, ein falscher Buchstabe nicht ähnlich aussah, aber ähnlich klang wie der irrtümlich an seine Stelle tretende."[443] Es wird somit während der Wahrnehmungsverarbeitung von einem visuellen auf einen klanglichen Code übergegangen, d.h. gelesenes Material wird nicht in visuell-räumlicher, sondern in akustisch-zeitlicher Folge gespeichert.

---

[438] HERMELIN, 1987, S. 131 f.
[439] vgl. DZIKOWSKI, 1996, S. 124
[440] vgl. HERMELIN, 1978, S. 46
[441] vgl. HERMELIN, 1978, S. 52
[442] HERMELIN, 1978, S. 46
[443] HERMELIN, 1978, S. 47

100

HERMELIN geht nun davon aus, daß autistische Kinder nicht in der Lage sind, frühere Sinnesinformationen (Sinnesvorstellungen) heranzuziehen.[444] Sie nutzen somit nur die Informationen (Sinnesreize), die ihnen in der jeweiligen Situation geboten werden. Daher schneiden autistische Kinder bei Aufgaben, bei denen die rein sinnliche Information des Augenblicks zu deren Lösung ausreicht, besser ab als bei solchen, die zusätzlich auf frühere Erfahrungen zurückgreifen.[445]

> „Dieses anscheinende Fehlen von Sinnesvorstellungen, im Gegensatz zu Sinnesreizen, und daher die Neigung, an den Reiz gebunden zu sein, kann die Kinder tatsächlich blind oder taub oder sogar beides erscheinen lassen."[446]

Als Beleg für ihre Theorie einer(s) gestörten Integration (Transfers) von Informationen aus dem Kurzzeit- ins Langzeitgedächtnis bei autistischen Kindern führt HERMELIN verschiedene Experimente an. Darin vergleicht sie die Wahrnehmungsverarbeitung autistischer Kinder mit der normaler und sinnesbehinderter Kinder.

Die von HERMELIN (1987) vorgeschlagene therapeutische Intervention in Form einer „Schule der Gefühle" wurde in Abschnitt 3.4.1 bereits erläutert.

ANMERKUNG: Wie bereits erwähnt, ist HERMELINs Theorie eng mit der von Uta FRITH verknüpft. Die sich im folgenden anschließende Theorie von BAUM und DALFERTH ist wiederum eine Ergänzung zu den beiden bereits vorgestellten Ansätzen.

DZIKOWSKI (1996) kritisiert, daß HERMELIN sich nicht die Mühe gemacht hat, für die beschriebene Wahrnehmungsverarbeitungsstörung eine mögliche physiologische (hirnorganische) Ursache anzuführen. Seiner Ansicht nach kommt eine Fehlfunktion der Formatio reticularis in Betracht.[447] Die Formatio reticularis empfängt Reize aus allen Sinnesorganen und „entscheidet" sozusagen über die Vermittlung lebenswichtiger reflektorischer Erregungen, die Steuerung vegetativer (nicht dem Willen unterliegender) Funktionen, die Koordination von Reflexen zu Bewegungsabläufen und die Verarbeitung afferenter (vom Sinnesorgan zum ZNS führender) Erregungen.[448] Kurz gesagt, die Formatio reticularis hat die Aufgabe, eingehende Reize zu selektieren und zu integrieren. Genau diese Funktion erscheint bei den von HERMELIN untersuchten Kindern als gestört.

[444] vgl. HERMELIN, 1978, S. 46
[445] vgl. HERMELIN, 1978, S. 50 f.
[446] HERMELIN, 1978, S. 53
[447] vgl. DZIKOWSKI, 1996, S. 142
[448] vgl. PSCHYREMBEL, 1994, S. 488 f.

Auf der Grundlage der von HERMELIN (1978) gewonnenen Erkenntnis über eine Störung in der Wahrnehmungsverarbeitung autistischer Kinder kommt der Psychologe F. W. WILKER (1979) zu folgendem Schluß:

> „Wenn nun die Resultate entsprechender Experimente zeigen, daß eine Hauptbeeinträchtigung autistischer Kinder genau in jenen Prozessen liegt, die sich auf adäquate Selektion, Kategorisierung und Organisation von Wahrnehmungen beziehen, so liegt genau darin ein wichtiger Ansatzpunkt zur Entwicklung eines Behandlungskonzepts."[449]

„Wenn wir einmal davon ausgehen, daß dem Organismus = O als der intervenierenden Variablen zwischen S = Stimulus = Umweltreiz und R = Reaktion = Verhalten die gesamte Wahrnehmungsverarbeitung zukommt, [...], so kann durch entsprechende Veränderungen des Reizangebots, also durch Veränderung der Variablen S = Stimulus, diese Dysfunktionalität der Wahrnehmungs-verarbeitung möglicherweise reduziert werden, [...]."[450] WILKER fordert nun eine Verminderung überflüssiger Informationen und deren Komplexität beim Lernmaterial und Lernprozeß autistischer Kinder. Diesen Ansatz bezeichnet er als „reduktionistischen Therapieansatz"[451]. Bei den von ihm untersuchten Kindern lag der Lernerfolg nach Abschluß der Lernprogramme im Mittelwert bei 87,3 %.[452]

DZIKOWSKI (1996) weist darauf hin, daß neuere Therapieansätze, wie beispielsweise die Kommunikative Sprachterapie[453], bei autistischen Kindern auch unter komplexeren Reizkonstellationen gute Lernerfolge erzielen.[454]

3.4.3 Bevorzugung kinästhetischer Informationen (BAUM; DALFERTH)

Angeregt durch die Aussagen von Eltern autistischer Kinder, daß diese sich in der Dunkelheit bewegten wie am hellen Tag, führte Jan BAUM (1978) in der Zeit zwischen Herbst 1974 und Frühjahr 1975 in der Kinder- und Jugendpsychiatrischen Abteilung der Psychiatrischen und Nervenklinik der Universität Münster Untersuchungen zum Verhalten autistischer, minderbegabter und normalbegabter Kinder in der Dunkelheit durch (zur Versuchsdurchführung siehe unten).[455] Die Untersuchung bestätigte die Aussagen der Eltern. Die Verhaltensmuster der autistischen Kinder unterschieden

---

[449] WILKER, 1979, S. 172
[450] WILKER, 1979, S. 172
[451] WILKER, 1979, S. 172
[452] vgl. WILKER, 1979, S. 173
[453] Mit dem Kind werden von Anfang an mehr oder weniger vollständige Sätze geübt. Die Sprechlust des Kindes soll dadurch angeregt werden, daß sich die Gespräche auf seine unmittelbaren, situativen Bedürfnisse beziehen; vgl. DZIKOWSKI, 1996, S. 16.
[454] vgl. DZIKOWSKI, 1996, S. 142 f.
[455] vgl. BAUM, 1978, S. 66 und 68

sich eindeutig von denen der anderen Gruppen. Anscheinend unbeeinflußt von der Dunkelheit setzten sie ihr meist sinnloses Spiel fort. Einige von ihnen liefen ziellos im Raum umher. Die Kinder hatten zwar eindeutig die zunehmende Dunkelheit im Raum registriert, doch hatte diese kaum einen Einfluß auf deren Bewegungs- und Handlungsabläufe.[456]Eine sich zunächst erhöhende motorische Aktivität und Beunruhigung der autistischen Kinder nahm nach einer kurzen Adaptionszeit wieder ab. BAUM führte diese daher auf die Veränderung des Raumes und nicht auf die Dunkelheit als solche zurück. Weiterhin schlußfolgerte er aus seinen Beobachtungen, daß autistische Kinder den Ablauf ihrer Bewegungen nicht durch die Inanspruchnahme visueller Informationen, sondern allein durch Reize aus ihrem Bewegungsapparat steuern lassen. Daher zeigen sie in der Dunkelheit - also wenn visuelle Informationen wegfallen - auch keine Beeinträchtigung ihrer Bewegungsabläufe.[457]

Auch der Regensburger Professor Matthias DALFERTH geht in seinem 1988 erschienenen Artikel von einer gestörten Wahrnehmungsverarbeitung bei autistischen Kindern aus und versucht deren typisches Verhalten durch eben diese gestörten Mechanismen zu erklären. Daß Personen mit Autismussyndrom trotz intakter Sinnesorgane nicht in der Lage sind, ihre soziale und gegenständliche Welt adäquat zu erfassen, liegt seiner Ansicht nach daran, daß sie, unter der Voraussetzung der Verfügbarkeit anderer Sinneseindrücke, mit Vorliebe die visuelle Wahrnehmung ausschalten.[458] Aber warum tun sie das, wo doch gerade die visuellen Reize in der frühkindlichen Entwicklung eine so große Rolle spielen, daß ihr Ausbleiben gravierende Schäden im physischen wie psychischen Bereich hinterläßt?

„Bei *autistischen Kindern* müssen wir feststellen, daß sie nach der Geburt nicht in der gewohnten Art und Weise Blickkontakt aufnehmen, keine mimisch-gestischen Imitationen oder nichtbehinderten Säuglingen vergleichbare Reaktionen zeigen und auch nicht ab dem 3. Lebensmonat in der gewohnten Art und Weise zu lächeln beginnen: Weder ein freundliches menschliches Gesicht noch eine Attrappe ist in der Lage, eine Lächelreaktion auszulösen."[459] Es kommt im Gegenteil sogar zu ängstlichen Reaktionen und Blickabwendung ab dem dritten Lebensmonat, wenn eine genauere visuelle Fixierung möglich ist. DALFERTH geht nun davon aus, daß „das autistische Kind infolge perzeptiver Defizite, der unzureichenden intermodalen Zusammenarbeit und Integration, die Augengestalt, das positiv stimulierende Gesicht der Mutter nicht rechtzeitig und adäquat erkennen kann."[460] Infolge dieser Störung des Physiognomieerken-

---

[456] vgl. BAUM, 1978, S. 68 f.
[457] vgl. BAUM, 1978, S. 70 f.
[458] vgl. DALFERTH, 1988, S. 71
[459] DALFERTH, 1988, S. 74 f.
[460] DALFERTH, 1988, S. 76

nens löst der Augenkontakt mit der sich zuwendenden Mutter im besten Falle nur Gleichgültigkeit aus. Häufiger sind jedoch die bereits erwähnten Reaktionen wie Angst, Erschrecken und Blickabwendung. Diese von Angst dominierte Abwehrhaltung verhindert nun, daß das Kind in der Folgezeit die es umgebende Welt wahrnimmt, geschweige denn richtig deuten lernt. Gestik und Mimik von Interaktionspartnern werden nicht adäquat erkannt und können auch nicht als eigene Produkte in eine Interaktion eingebracht werden. Als grundlegende Ursache der beschriebenen Wahrnehmungsverarbeitungsstörung betrachtet DALFERTH „ein kognitives Defizit, welches im Bereich des Hypothalamus (Relaisation[461] für Wahrnehmungsimpulse), des retikulären und des limbischen Systems anzusiedeln wäre, da diese Bereiche auch bei der Entwicklung von mimischen und gestischen Äußerungen und beim Verständnis von expressiven Signalen eine wichtige Rolle spielen."[462]

Als empirischen Beleg für seine Theorie beschreibt BAUM (1978) sein Vorgehen bei der Untersuchung autistischer Kinder im Vergleich zu zwei Kontrollgruppen. Insgesamt wurden vierunddreißig Kinder untersucht. Davon gehörten zehn eindeutig dem Krankheitsbild des kindlichen Autismus an. Neun galten als minderbegabt und fünfzehn als normalbegabt.[463] Die Untersuchung wurde in einem Raum durchgeführt, der völlig lichtdicht abgedunkelt werden konnte. Die Kinder sollten zunächst unter Anleitung durch eine Begleitperson etwas malen oder spielen. Dann wurde innerhalb von zehn Minuten die Beleuchtung bis zur völligen Dunkelheit reduziert. Das Kind durfte weiterspielen bzw. -malen oder auch im Raum umherlaufen. Im Anschluß an die jeweiligen Sitzungen fand (sofern möglich) ein kurzes Gespräch statt, in dem das Kind seine eigenen Beobachtungen beschreiben konnte.[464]

Sowohl BAUM als auch DALFERTH ziehen aus ihren Erkenntnissen keine Schlüsse bezüglich einer möglichen therapeutischen Intervention.

ANMERKUNG: BAUM und DALFERTH konnten durch ihre Untersuchung und durch die daraus abgeleiteten Theorien einen wertvollen Beitrag zum Verständnis bestimmter autistischer Verhaltensweisen (Beeinträchtigung der Affekte, fehlendes Neugierverhalten, Blickabwendung etc.) leisten. Durch ihren Verweis auf offensichtlich zugrundeliegende hirnorganische Funktionsstörungen stellen sie klar, daß sie keinen Anspruch erheben, eine eigenständige Verursachungstheorie aufgestellt zu haben. „Ihre Bedeutung erlangt die dargestellte Theorie jedoch durch die nachhaltige Verknüpfung verschiedener Forschungsergebnisse perzeptiv-affektiver Kindheitsentwicklung und

---

[461] Relaisation = Das Auffangen und Weiterleiten von Impulsen
[462] DALFERTH, 1988, S. 77
[463] vgl. BAUM, 1978, S. 68
[464] vgl. BAUM, 1978, S. 66 f.

der Einbeziehung psychologischer bzw. psychoanalytischer Verursachungstheorien in den Bereichen der Informations- und Wahrnehmungsverarbeitung."[465]

Wie bereits erwähnt, machen beide Autoren keine Angaben zu eventuellen therapeutischen Interventionen. Vor dem Hintergrund bereits seit vielen Jahren laufender Bemühungen zur Behandlung wahrnehmungsgestörter Kinder ist dies laut DZIKOWSKI (1996) nicht verwunderlich.[466]Trotzdem wäre m. E. ein kurzer Verweis auf bestehende und bereits in der Praxis erprobte Methoden zur Förderung der Wahrnehmungsverarbeitung bei Kindern angebracht gewesen. Zu einem der bedeutendsten Ansätze zählt hier wohl ohne Zweifel die Sensorische Integrationsbehandlung (SI) der amerikanischen Psychologin und Beschäftigungstherapeutin Jean A. AYRES, auf die in Kapitel 4 näher eingegangen werden soll.

3.4.4 Zwei-System-Theorie der Informationsverarbeitung (HARTMANN & ROHMANN)

Die beiden deutschen Autismusforscher Hellmut HARTMANN und Ulrich H. ROHMANN beschrieben erstmals 1984 ihre Theorie einer gestörten Informationsverarbeitung bei Kindern mit autistischem Syndrom und anderen Psychosen. Auf der Grundlage dieser Theorie, die sie in den folgenden Jahren immer wieder überarbeiteten, entwickelten sie schließlich auch eine eigenständige Therapieform. Während bei der Zwei-System-Theorie noch die Betrachtung zweier Informationsverarbeitungssysteme im Vordergrund stand, beschäftigen sie sich in der überarbeiteten Form - der Zwei-Prozeß-Theorie - mehr mit den Prozessen, die während der Informationsverarbeitung ablaufen.[467]

In der Zwei-System-Therapie treffen HARTMANN & ROHMANN Aussagen darüber, wie Informationsverarbeitungsprozesse gesteuert und neue Erfahrungen in bestehende Strukturen integriert werden. Ein Versagen der Steuermechanismen der Informationsverarbeitung ist ihrer Ansicht nach als Ursache der Schizophrenie zu betrachten. Eine von Geburt an bestehende Insuffizienz dieser Steuerungsmechanismen hat den Frühkindlichen Autismus zur Folge.[468] Bei einem optimalen Verlauf der Informationsverarbeitung wird jede eintreffende Information zugleich parallel in zwei Systemen verarbeitet. Ein System verarbeitet die neuen Aspekte der Information (Neuheits-System oder auch A-Funktions-System/AFS). Das andere System ist für die Verarbeitung bekannter Informationsbestandteile zuständig (Bekanntheits-System oder B-Funktions-

---

[465] DZIKOWSKI, 1996, S. 146
[466] vgl. DZIKOWSKI, 1996, S. 146
[467] vgl. DZIKOWSKI; 1996, S. 129
[468] vgl. HARTMANN/ROHMANN, 1984, S. 272

System/BFS). AFS und BFS stehen zueinander in einer Beziehung der gegenseitigen Bahnung und Hemmung.[469] Während der Verarbeitung der Informationen ändert sich deren Neuheits-Bekanntheits-Relation. Zu Beginn der Verarbeitung überwiegt die Aktivität des Neuheits-Systems. Dieses System reagiert hauptsächlich auf die affektiven und optischen Bestandteile einer Information. Ein erster Eindruck entsteht. Nachfolgend beginnt langsam die Aktivität des Bekanntheits-Systems zu überwiegen. Es treten nun die sprachlogischen und akustischen Aspekte einer Information in den Vordergrund. Zu irgendeinem Zeitpunkt während der Informationsverarbeitung arbeiten das Neuheits- und das Bekanntheits-System auf einem gleich hohen Aktivitätsniveau. Wenn dieser Punkt erreicht ist, wird der Übergang von Informationen aus dem einen System in das andere erleichtert. Es kommt zu einem sogenannten „Aha-Erlebnis" bzw. zu „Bedeutungs-Erfahrungen"[470]. Dieser „Aha-Moment" läßt sich grafisch als Schnittpunkt der Aktivitätskurven des Neuheits- und des Bekanntheits-Systems darstellen. Störungen des angemessenen Informationsaustausches zwischen beiden Systemen führen zu verfrühten, verspäteten oder mehrfachen Schnittpunkten der Aktivitätskurven.[471] Zwischen den beiden Systemen (bzw. Prozessen) wird die „falsche Information im falschen Bearbeitungszustand zum falschen Zeitpunkt"[472] übermittelt. Eine zu starke Aktivität beider Systeme kann zu deren Verselbständigung (Entkoppelung) führen. Das Neuheits-System ist dann nicht mehr durch Erfahrungen aus dem Bekanntheits-System unter Kontrolle zu bringen.[473]

„Bei einer Entkoppelung beider Systeme kann es zu Aktivitätserhöhungen kommen, die das Kind in immer größere Unruhe versetzen und dazu führen, daß stets gleichartige Reize immer wieder als neu und unbekannt identifiziert werden, ohne daß es zu einer Verarbeitung (Integration) kommt."[474] So kann beispielsweise ein autistisches Kind seine Abwehr gegen Berührungsreize nur schwer ablegen. Jedes unvorhersehbare Berührtwerden erzeugt von neuem Angst und Abwehr, da das Kind nicht auf frühere Informationen zurückgreifen kann. Eine wirkliche Gewöhnung an Berührungsreize ist somit nicht möglich.[475] Werden Berührungen ertragen, so kann dieses Verhalten als gelernt angesehen werden.[476]

Auf der Grundlage einer angenommenen Aktivitätserhöhung der beiden Informationsverarbeitungssysteme stellten HARTMANN & ROHMANN die Hypothese auf, daß

---

[469] vgl. HARTMANN/ROHMANN, 1984, S. 273
[470] HARTMANN/ROHMANN, 1984, S. 274
[471] vgl. HARTMANN/ROHMANN, 1984, S. 275
[472] HARTMANN/ROHMANN, 1988, S. 158
[473] vgl. HARTMANN/ROHMANN, 1984, S. 275
[474] DZIKOWSKI, 1996, S. 130 f.
[475] vgl. DZIKOWSKI, 1996, S. 131
[476] vgl. DZIKOWSKI/VOGEL, 1993, S. 77

bei autistischen Kindern in bestimmten Bereichen Mehrleistungen (herausragende Leistungen) nachweisbar sein müßten.[477]

Sie unterzogen acht autistische Kinder und Jugendliche, bei denen keine intellektuelle Behinderung vorlag, und eine parallelisierte Kontrollgruppe verschiedenen Tests. Die autistischen Kinder und Jugendlichen waren denen der Kontrollgruppe z.b. beim Erkennen unscharfer Fotos, beim Wiedererinnern von Worten (Wortlisten), beim Zahlennachsprechen und Multiplizieren im Kopf überlegen.[478] Diese Mehrleistungen interpretieren HARTMANN & ROHMANN als „Enthemmungsphänomene".

„Demgegenüber lassen sich Abweichungen und Defizite entweder als Integrationsstörungen (z.b. beim ´Strategielernen`) oder als irrelevante Mehrleistung des Neuheits- und/oder Bekanntheits-Systems (z.b. beim ´falsch-positiven Erkennen`) beschreiben."[479] Auch KEHRER & MORCHER (1987) berichten von eigenen Untersuchungsergebnissen. Sie untersuchten zwanzig autistische Kinder und Jugendliche sowie eine Kontrollgruppe von zwanzig „normalen" Schülern verschiedener Schulen (Grund-, Haupt-, Realschule und Gymnasium) hinsichtlich ihrer Fähigkeiten beim Erkennen auf dem Kopf stehender Bilder und Buchstaben.[480] Die Untersuchung ergab eine eindeutige Überlegenheit der meisten autistischen Kinder und Jugendlichen gegenüber denen der Kontrollgruppe. Nach Ansicht der Autoren handelte es sich eindeutig um Mehrleistungen und nicht um Leistungsinseln, bei sonst schwachen Fähigkeiten. Sie weisen jedoch darauf hin, daß diese Mehrleistungen meist für die Praxis des täglichen Lebens kaum Bedeutung haben.[481]

Basierend auf der Zwei-System-Theorie beschreibt HARTMANN (1986) eine eigenständige Therapieform, die Aufmerksamkeits-Interaktions-Therapie (AIT). Ziel dieser Therapie ist es, „Interaktionen mit psychotischen und kommunikationsgestörten Menschen in Gang zu bringen und den Austausch mit ihnen zu verbessern."[482] Beispielsweise sollen durch Spiegeln von Verhaltensweisen - als nur einem von vielen Therapieelementen - erstmals symmetrische Interaktionen in Gang gebracht und längerfristige Besserungen und Entwicklungsbeschleunigungen bei autistischen und Kindern mit ähnlichen Störungen in der Steuerung der Abstimmung zwischen Wahrnehmungs- und Handlungs-Gedächtnis-Prozessen erreicht werden. Eine Stabilisierung und Verbesse-

---

[477] vgl. HARTMANN/ROHMANN, 1984, S. 275
[478] vgl. HARTMANN/ROHMANN, 1984, S. 280
[479] HARTMANN/ROHMANN, 1984, S. 281
[480] vgl. KEHRER/MORCHER, 1987, S. 318
[481] vgl. KEHRER/MORCHER, 1987, S. 322
[482] HARTMANN, 1986, S. 242

rung dieser Steuerungsprozesse wird, so nimmt HARTMANN an, durch symmetrische Interaktionen ermöglicht.[483]

Auf den genauen Ablauf des therapeutischen Vorgehens werde ich an dieser Stelle nicht näher eingehen. Da diese Therapieform in der BRD bei der Behandlung autistischer Menschen eine große Rolle spielt - sie findet in fünfzehn von einundzwanzig Autismus-Ambulanzen ihre Anwendung - möchte ich mich in Kapitel 4 intensiver mit ihr auseinandersetzen.

ANMERKUNG: Mit der Zwei-System-Theorie erheben HARTMANN & ROHMANN nicht den Anspruch, die Ursache des Autismus gefunden zu haben. Ihnen geht es vielmehr darum, Verhaltensweisen autistischer und anderweitig psychotischer Kinder durch ihre Theorie zu erklären und entsprechende Interventionsmöglichkeiten aufzuzeigen. Auch, wenn sie einer Störung der Informationsverarbeitung einen großen Anteil bei der Entstehung und Aufrechterhaltung des Frühkindlichen Autismus einräumen, so halten sie diese nicht für den alleinigen Auslöser.[484]

Eine kurze, aber detaillierte Darstellung der Zwei-System-Theorie bzw. der Zwei-Prozeß-Theorie - als eine differenziertere Darstellung interner Verarbeitungsprozesse - fällt nicht leicht, da es sich um ein sehr theoretisches Modell handelt. Sicherlich wird sich im Rahmen der Beschreibung der Therapiemethode (AIT) in Kapitel 4 nochmals die Möglichkeit ergeben, das theoretische Modell an praktischen Beispielen zu erläutern.

Bezüglich der empirischen Überprüfung der Hypothesen HARTMANNs & ROHMANNs über zu erwartende Mehrleistungen bei autistischen Kindern merkt DZIKOWSKI (1996) an, daß „die von den Untersuchern anfangs recht genau formulierten Hypothesen [...] nicht in eindeutiger Weise belegt [werden]."[485] Zahlreiche andere Untersuchungen kamen nach KEHRER & MORCHER jedoch zu ähnlichen Ergebnissen.[486]

Letztlich kommt DZIKOWSKI zu folgendem Schluß:

„Mögen auch die von HARTMANN & ROHMANN vorgeschlagenen Formalismen noch nicht bis in jedes Detail hinein genau ausdifferenziert sein, und mögen auch die Versuche einer empirischen Überprüfung ihres Modells noch lückenhaft sein [...], so zeigt die aus den theoretischen Grundannahmen entwickelte Aufmerksamkeits-Interaktions-Therapie die besondere Stärke der beiden Autoren als Autismustherapeu-

---

[483] vgl. HARTMANN, 1986, S. 242
[484] vgl. DZIKOWSKI, 1996, S. 132
[485] DZIKOWSKI, 1996, S. 133
[486] vgl. KEHRER/MORCHER, 1987, S. 316 f.

ten. Als besonders schonende (im Gegensatz bspw. zur Festhaltetherapie) und effektive Methode gewann diese Therapie in den letzten Jahren zahlreiche Anhänger und Anwender."[487] Diese letzte Aussage kann ich anhand meiner Befragungsergebnisse durchaus bestätigen. Die Erfolgsaussichten bezüglich einer Entwicklungsförderung wurden von den fünfzehn Autismus-Ambulanzen, in denen AIT eingesetzt wird, folgendermaßen beschrieben: Drei Einrichtungen nennen bzw. erwarten „sehr gute" Erfolge, sieben berichten von „guten" Erfolgen, und eine Einrichtung erwartet „weniger gute" Erfolge, jedoch sei die Methode hilfreich bei der Kontaktherstellung, der Kommunikationsförderung sowie beim Angstabbau etc. Vier weitere Ambulanzen nahmen keine Bewertung vor. Sicherlich ist eine eindeutige Bewertung von Therapiemethoden auch nicht möglich, da jede Methode bei verschiedenen Patienten ein unterschiedliches Maß an Erfolg zeigt. Deshalb können und sollen die Ergebnisse meiner Befragung auch nicht als repräsentativ angesehen werden. Mir ging es lediglich darum, gewisse Tendenzen aufzuzeigen, um aus der Fülle von Therapiemethoden eine sinnvolle Auswahl treffen zu können.

3.4.5 Hyposensibilität des Gleichgewichtssinnes (FREEMAN et al.; DA-CHENEDER)

FREEMAN et al. (1976)[488] untersuchten sechs autistische und sieben geistig behinderte Kinder hinsichtlich der Sensibilität ihres Gleichgewichtssinnes. Dazu wurden die Kinder auf einen mit einem Elektromotor versehenen Schaukelstuhl gesetzt. Über einen Knopf konnten die Kinder den Schaukelstuhl in Bewegung setzen. Bei zwölfmaligem Niederdrücken des Knopfes blieb der Stuhl eine Minute in Bewegung. Bei einmaligem Drücken bewegte er sich nur fünf Sekunden lang. Auch die Schaukelfrequenz pro Minute konnte von dreißig bis neunzig Schwünge variiert werden. Die Untersuchung ergab nun, daß die autistischen im Vergleich zu den geistig behinderten Kindern doppelt so häufig wie notwendig den Knopf betätigten, um eine kontinuierliche Schaukelbewegung zu erreichen. Ferner bevorzugten sie eine Schaukelfrequenz von vierzig bis fünfzig Schwüngen pro Minute. FREEMAN et al. folgerten aus diesen Ergebnissen, daß autistischen Kindern mehr daran gelegen war, die Schaukelbewegung, die als Belohnung für das Niederdrücken des Knopfes wirkte, aufrechtzuerhalten, weil ihre sensomotorische Integration (siehe dazu auch unter 4.1.1) gestört ist. Die Folge ist

---

[487] DZIKOWSKI, 1996, S. 134

[488] FREEMAN, B. J./FRANKEL, F./RITVO, E. R. (1976): The Effects of Response Contingent Vestibular Stimulation on the Behavior of Autistic and Retarded Children. In: Journal of Autism and Childhood Schizophrenia, Vol. 6, Nr. 4, S. 354 - 358.

eine Hyposensibilität des Gleichgewichtssinnes bei autistischen Kindern, von der auch DACHENEDER (1983)[489] ausgeht.[490]

Als empirischen Beleg für diese Theorie führen die Autoren die Versuchsanordnung und die Untersuchungsergebnisse an.

Für das therapeutische Vorgehen geben FREEMAN et al. (1976) keine Empfehlungen. DACHENEDER (1983) hingegen weist darauf hin, daß die Hypo- bzw. Hypersensibilität der Vestibularorgane bei Kindern durch bestimmte Übungen mit Schaukeln und Schaukelbrettern [z.b. Sensorische Integrationstherapie; Anm. d. Verf.] reduziert werden kann.[491]

ANMERKUNG: Autistische Kinder mit einer Hyposensibilität des Gleichgewichtsorgans sind somit auf ein stärkeres Maß an vestibulärer Stimulation angewiesen, um beispielsweise die beruhigende Wirkung eines Schaukelstuhles für sich nutzen zu können. Aus diesem Grund führen sie derartige Bewegungen (z.b. auch das Schaukeln des Oberkörpers) häufig in exzessiver Form aus.

> „Insofern darf man - zumindest für Subgruppen autistischer Menschen - eine Hyposensibilität des Gleichgewichtsorgans für Bewegungsstörungen und motorische Unruhe verantwortlich machen."[492]

3.5 Hirnorganische Verursachungtheorien

Aufgrund der häufig in Verbindung mit Autismus auftretenden geistigen Retardierungen gehen viele Experten seit Jahren von der Annahme aus, eine nicht näher lokalisierte Hirnverletzung löse die besondere Symptomatik autistischer Kinder aus. Zunächst machte man eine Schädigung des Groß- und Mittelhirns für die fehlenden sozialen Kompetenzen und die kognitiven Defizite verantwortlich. Da jedoch auch autistische Menschen zum Teil über ungewöhnliche Intelligenzleistungen verfügen, schien eine derartige Schädigung nicht auf alle Fälle zuzutreffen.

Zunehmend rückte die Suche nach den Ursachen der Wahrnehmungsverarbeitungsstörung autistischer Menschen in den Vordergrund. Störungen in den niederen Hirnarealen wie Hirnstamm und Kleinhirn kamen ins Gespräch.[493]

---

[489] DACHENEDER, W. (1983): Grundlagen der vestibulären Stimulation. In: Feuser, G. et al. (Hrsg.): Förderung und schulische Erziehung schwerstbehinderter Kinder und Jugendlicher. Stuttgart, S. 119 - 128.
[490] vgl. DZIKOWSKI, 1996, S. 148
[491] vgl. DZIKOWSKI, 1996, S. 148 f.
[492] DZIKOWSKI, 1996, S. 149
[493] vgl. DZIKOWSKI, 1996, S. 154

3.5.1 Hirnverletzung (DELACATO)

Der amerikanische Pädagoge und Psychologe Carl H. DELACATO (geb. 1923) veröffentlichte Mitte der siebziger Jahre ein Buch mit dem Titel: „Der unheimliche Fremdling - das autistische Kind". Darin schildert er seine seit 1953 am „Institute For The Achievement of Human Potential" in Philadelphia gewonnenen Erfahrungen in der Arbeit mit hirnverletzten Kindern. Dort lernte er auch Glenn DOMAN kennen, mit dem er später die Theorie der „Neurologischen Organisation"[494]und ein Behandlungskonzept zur Entwicklung und Organisierung des Nervensystems - die DOMAN-DELACATO-Methode - entwickelte.[495]

Nachdem sich DELACATO die ersten zwanzig Jahre ausschließlich mit der Erforschung und Behandlung von Lern- und Lesestörungen befasst hatte, wies man ihm nun die Bearbeitung des noch wenig erforschten Gebietes der Verhaltensstörungen zu. Die ihm zugewiesenen Kinder wiesen alle eine mittelgradige Hirnverletzung und schwere Verhaltensstörungen auf. In der Hoffnung, daß, wenn er schwere Verhaltensstörungen bessern könne, daraus auch ein Verständnis für leichtere Störungen entstehen würde, entschied er sich für die Erforschung und Behandlung der schwereren Formen von Verhaltensstörungen. Über diesen Weg gelangte er zur Erforschung des Autismus.

> „Bei allen, die mit Kindern arbeiten, herrscht Einigkeit darüber, daß die schwierigste und am meisten irreführende, die bizarrste und am wenigsten beeinflußbare Verhaltensstörung die des autistischen Kindes, der Autismus ist."[496]

In der Folgezeit beobachtete er die Verhaltensweisen der Kinder, die von Fachleuten eindeutig als autistisch diagnostiziert worden waren. Um Näheres über mögliche Ursachen der autistischen Verhaltensstörungen zu erfahren, sichtete er die über dieses Thema verfügbare Literatur. Dabei stellte er fest, daß sich alles auf die Tatsache zu reduzieren schien, „daß die Kinder das Produkt „*gefühlskalter Eltern*", im besonderen aber „*gefühlskalter Mütter*" seien."[497] Seine bisherigen Erfahrungen mit den Eltern autistischer Kinder sowie die Tatsache, daß häufig die anderen Kinder betroffener Familien gesund waren, ließen ihn an der bis dahin allgemeinen Auffassung einer psychischen Ursache des Autismus zweifeln.

Bei der Beobachtung verschiedener Gruppen von Kindern stellte er fest, daß blinde und taube Kinder die gleichen stereotypen Verhaltensweisen zeigten, wie die autistischen. Die rhythmischen Verhaltensformen blinder Kinder (Kopfschaukeln; eine

---

[494] Diese Theorie geht von der Annahme aus, „daß die Organisierung, Differenzierung und Entwicklung des menschlichen Nervensystems der entscheidende Faktor für das Leben ist."; DELACATO, 1975, S. 14.
[495] vgl. DELACATO, 1975, S. 10 ff.
[496] DELACATO, 1975, S. 20

Hand/einen Gegenstand bei starkem Licht vor dem Gesicht bewegen; unaufhörliches Drehen eines Gegenstandes; Augenbohren etc.) waren als „Blindismen" bekannt. Die der tauben Kinder (rhythmisches Schlagen an Gegenstände; rhythmisches Umherrutschen von Dingen, um Geräusche zu erzeugen) wurden „Defismen" (deaf = engl. taub) genannt. All diese Verhaltensweisen haben nach DELACATO eines gemeinsam, sie „repräsentieren Störungen der Sinnesorgane oder der Sinnesbahnen"[498]. Aus diesem Grund bezeichnet er diese mit der Wahrnehmung verbundenen Stereotypien als „Sensorismen".

DELACATO geht nun davon aus, daß ein Kind mit einer Hirnverletzung (also evtl. auch ein autistisches Kind) Wahrnehmugsstörungen in der Form hat, daß es „*ein wenig blind und ein wenig taub*"[499]ist. Bei nochmaliger Durchsicht der Erstbeschreibung des Frühkindlichen Autismus durch KANNER fand DELACATO zahlreiche Symptome einer leichten Hirnverletzung.[500] Er kam nun zu dem Schluß, daß, wenn autistische Kinder leichte Hirnverletzungen erlitten haben, diese sich immer wieder Sinnesreize beibringen, um ihre schwere Sinnesstörung selbst zu heilen. Bei genauer Beobachtung dieser Kinder könne man nun feststellen, in welchem der fünf Sinnesbereiche eine sensorische Störung vorliege. Das Problem war nur, daß zwei autistische Kinder sich in der gleichen Situation völlig unterschiedlich verhalten konnten. Beispielsweise zeigten alle Kinder „Defismen", aber sie reagierten in unterschiedlicher Weise. Während eines der Kinder mit großem Vergnügen dem Motorengeräusch der Waschmaschine lauschte, schrie ein anderes schon auf, wenn nur ein Küchenmixgerät eingeschaltet wurde.[501] Nachdem er eine Reihe von Kindern beobachtet hatte, stellte er nun fest, daß man deren jeweilige Wahrnehmungsleistung einer von drei Gruppen zuordnen konnte:

„Die eine Gruppe war *hyper* in den Wahrnehmungen ihres Sinnessystems."[502] Diese Kinder sprachen schon auf die geringsten Reize an. Sie fühlten, rochen, schmeckten, hörten und sahen zu gut, waren also hyper(über)sensibel. „Bei der zweiten Gruppe handelte es sich um Sinnesbahnen, die *hypo* waren."[503] Diese Kinder benötigten intensivere Reizeindrücke, damit eine Weiterleitung zum Gehirn erfolgen konnte. „Die dritte Gruppe hatte innerorganische Sinneswahrnehmungen, die sich mit den Sinneseindrücken aus der Außenwelt überschneiden und die Aufnahmefähigkeit für diese herabsetzten. Ich nannte diese Überlagerungen „*weiße Geräusche*", Organempfindun-

---

[497] DELACATO, 1975, S. 27
[498] DELACATO, 1975, S. 52
[499] DELACATO, 1975, S. 53
[500] Sog. „soft signs" oder „milde Zeichen", wie Wahrnehmungsstörungen und Hyperaktivität als Basissymptome; vgl. DELACATO, 1975, S. 53 und 13.
[501] vgl. DELACATO, 1975, S. 66
[502] DELACATO, 1975, S. 67
[503] DELACATO, 1975, S. 68

gen."[504] Beispielsweise kann ein Kind taub wirken, welches ständig sein Herz schlagen oder sein Blut durch den Körper strömen hört, da die eigentliche Wahrnehmungsfunktion des Sinnesorgans dadurch überdeckt wird. DELACATO geht nun davon aus, daß, wenn man durch Beobachtung des Kindes die gestörte Sinnesbahn ermittelt hat, deren Normalisierung durch das Anbieten geeigneter Reize erreicht werden kann. Sobald eine Normalisierung der Sinnesbahn erreicht ist, hört auch das repetitive Verhalten auf. Nun kann das Interesse des Kindes für seine Umwelt geweckt werden. Die weitere Behandlung unterscheidet sich nun nicht mehr von der anderer Kinder mit leichteren Hirnverletzungen.[505]

Auf den folgenden Seiten seines Buches geht DELACATO darauf ein, durch welche Symptome die Hyper- und Hyposensibilität bzw. das Vorhandensein „weißer Geräusche" in den jeweiligen Sinnesbereichen beim autistischen Kind sichtbar wird. Bei einer Überempfindlichkeit des Sehsinnes fallen die betroffenen Kinder beispielsweise dadurch auf, daß sie ständig winzige Staubteilchen oder Gegenstände betrachten.[506]

Über die möglichen Ursachen der leichteren Hirnverletzung äußert sich DELACATO nicht. DOMAN (1980) hingegen weist darauf hin, daß es bestimmt hundert, wenn nicht sogar tausend Faktoren gäbe, die eine derartige Störung auslösen können. Entscheidend sei jedoch nicht so sehr die Ursache der Verletzung, sondern deren Schwere und Lokalisation. Trotzdem nennt er nachfolgend einige mögliche Ursachen für Hirnverletzungen, wie Rhesus-Faktor-Unverträglichkeit; Röteln-Embryopathie; Frühgeburten; Strahlenschäden; Insektizidvergiftungen; Sauerstoffmangel etc.[507]

DELACATO führt als empirischen Beleg für seine Theorie verschiedene Krankengeschichten von Kindern an, deren jeweilige „Sensorismen" er ermittelt und mit Erfolg behandelt hatte.

Die Behandlung hirngeschädigter autistischer Kinder erfolgt vor dem Hintergrund der „Theorie der Neurologischen Organisation". Diese geht davon aus, daß die Ausbildung und Organisation des kindlichen Gehirns mangelhaft erfolgt, sobald eine oder mehrere Stufen des Entwicklungsprozesses übersprungen bzw. nur oberflächlich durchlaufen werden. Die Stufe der Neurologischen Organisation, auf der sich ein Kind befindet, kann mit Hilfe des DOMAN-DELACATO-Entwicklungsprofils ermittelt werden. Vergleicht man nun die Leistungen hirngeschädigter (autistischer) Kinder in den verschiedenen Funktionsbereichen (Sehen, Hören, Fühlen, Motorik, Handfunktion und Sprechen) mit denen gesunder Kinder, so zeigt sich, welche Entwicklungsstufe übersprun-

---

[504] DELACATO, 1975, S. 69
[505] vgl. DELACATO, 1975, S. 75
[506] vgl. DELACATO, 1975, S. 80 ff.
[507] vgl. DOMAN, 1980, S. 271

gen bzw. oberflächlich durchlaufen wurde.[508] Die Behandlung besteht nun darin, „dem Kind die Möglichkeit zu geben, die Stufe, in der es schwach ist, nochmals durchzumachen. Zum Beispiel: Die Entwicklung von ungerichteten Gliedmaßenbewegungen zum Gehen geht durch eine Periode des Kriechens auf dem Bauch, des Krabbelns auf Händen und Knien, des Laufens mit den Armen in Balancefunktion und schließlich dem Gehen nach Menschenart, was wir kreuzweises Gehen nennen."[509] Sind die Störungen bei einem Kind so schwerwiegend, daß es die Bewegungen nicht selbst ausführen kann, so führen drei Erwachsene die Bewegungen stellvertretend für es aus. Bei diesem als „Patterning" (Musterentwicklung) bezeichneten Vorgehen wird der Körper des Kindes in der gewünschten Form durch die Patterner bewegt. Körper und Gehirn des Kindes erfahren dadurch, wie es sich anfühlt, wenn man die jeweiligen Bewegungsformen (Kriechen, Krabbeln etc.) ausführt. Nach einer Phase längeren „patterns" wird das Kind lernen, diese Bewegungen selbst durchzuführen. Für die praktische Durchführung der DOMAN-DELACATO-Therapie ist die Mitarbeit der Eltern erforderlich. „Praktisch heißt das, unser Therapieprogramm ist ein *Hausprogramm*."[510] Hat das Kind diese erste Behandlungsstufe - von DELACATO als „Überlebensphase" bezeichnet - hinter sich gebracht, so kann es, wie bereits erwähnt, wie jedes andere hirnverletzte Kind behandelt werden. In der Phase der „zentralen Behandlung" sind nun wiederum die Eltern dazu angehalten, durch wiederholte Versuche eine weitere Methode zu finden, die für ihr Kind am besten geeignet ist[511], d.h. das weitere Vorgehen im Sinne einer „Aufbautherapie" wird ihnen überlassen.

ANMERKUNG: DELACATOs Theorie hat zweifelsohne einen wichtigen Beitrag zu einer neuen Betrachtungsweise der Ursache des Autismus geleistet. Wie er selbst beschreibt, herrschte zu Beginn seiner Erforschung autistischer Verhaltensweisen bei Kindern noch die Meinung vor, diese seien Reaktionen auf das Zusammenleben mit einer gefühlskalten Mutter. Insofern war seine Theorie einer gestörten Wahrnehmung infolge einer Hirnverletzung geradezu revolutionär. Trotzdem wird sein Behandlungskonzept heute im allgemeinen zur Gruppe der Außenseitermethoden gerechnet.[512] So kritisiert KEHRER die von DELACATO geäußerte Ansicht, autistische Kinder seien nicht psychisch krank, sondern hirnverletzt. KEHRERs Ansicht nach schließt das eine das andere nicht aus. „Man kann sehr wohl hirnverletzt und psychisch krank sein."[513] Weiterhin akzeptiert er zwar die Aussage, eine Hirnverletzung verursache Wahrneh-

---

[508] vgl. DELACATO, 1975, S. 141 ff.
[509] DELACATO, 1975, S. 143 f.
[510] DELACATO, 1975, S. 145
[511] vgl. DELACATO, 1975, S. 148
[512] vgl. KEHRER, 1988c, S. 67 f.
[513] KEHRER, 1988c, S. 67

mungsstörungen, DELACATOs Annahme einer Hyper- oder Hyposensibilität der Sinnesbahnen bzw. des Vorhandenseins von Eigenreizen (weißen Geräuschen) sei hingegen schwer nachvollziehbar und, wie die Therapiemethode auch, nicht empirisch durch kontrollierte Studien überprüft. Ein weiteres Manko sieht KEHRER in einem hohen Aufwand bezüglich des therapeutischen Vorgehens. Von Müttern und Kindern würde verlangt, sich täglich stundenlang auf die Stufe eines Zwei- bis Dreijährigen zu begeben. Es sei nicht verwunderlich, wenn die Mütter schon bald am Ende ihrer Kräfte angelangt seien. Einzelne Elemente der Therapie seien jedoch durchaus brauchbar. Global gesehen weise die Methode allerdings etliche Mängel auf.[514]

DZIKOWSKI (1996) kritisiert weiterhin, „daß die Vertreter der DOMAN-DELACATO-Methode nicht den Weg über die Fachkreise wählen, sondern sich unter Umgehung der auf die Behandlung autistischer Kinder und ihrer Familien spezialisierten Institutionen direkt an die Betroffenen wenden."[515] Unter Umständen ließen sich nach DZIKOWSKI in einigen Fällen sicherlich auch durch weniger anstrengende und kostenintensive Methoden (die Behandlung nach der DOMEN-DELACATO-Methode kann bis zu 25.000 DM /Jahr kosten) gleichwertige Entwicklungsfortschritte erzielen.

Auch aus meinen Befragungsergebnissen ging hervor, daß diese Methode in den Autismus-Ambulanzen der BRD kaum zur Anwendung kommt. Lediglich in vier von einundzwanzig Einrichtungen findet diese Methode ihre Anwendung. Eventuell hängt dies auch zum Teil damit zusammen, daß sie eigentlich auch als „Hausprogramm" gedacht war.

3.5.2 Amygdala- und Hippokampusstörung (HARTMANN; KISCHKEL)

DZIKOWSKI (1996) verweist auf ein im Jahr 1988 noch nicht veröffentlichtes Manuskript des deutschen Autismusforschers und -therapeuten Hellmut HARTMANN. Darin erweitert er die in der Zusammenarbeit mit Ulrich ROHMANN entwickelte Theorie einer gestörten Informationsverarbeitung beim Frühkindlichen Autismus.[516] An Beispielen aus der Tierforschung versucht er zu belegen, daß beispielsweise eine beidseitige Verletzung des Hippokampus[517] zu einem Verlust in der Fähigkeit des Unterscheidens nach „neu" und „bekannt" führt.

---

[514] vgl. KEHRER, 1988c, S. 68
[515] DZIKOWSKI, 1996, S. 157 f.
[516] vgl. DZIKOWSKI, 1996, S. 177
[517] auch: Ammonshorn; ein Teil des Limbischen Systems, welcher unterhalb des Temporallappens des Großhirnes gelegen ist; vgl. ZIMBARDO, 1983, S. 81

Eine alleinige Schädigung der Amygdala (Mandelkerne)[518]hatte beim Affen zur Folge, daß Gedächtnisinhalte unterschiedlicher Sinnesmodalitäten nicht miteinander verknüpft werden konnten. Dies äußerte sich im wiederholten Berühren, Belecken und Beriechen ungenießbarer Gegenstände.[519]

> „HARTMANN nimmt nun an, daß die von ihm und ROHMANN postulierte Zwei-System-Theorie der Informationsverarbeitung [...], die eine Störung autistischer Kinder in der Identifizierung von Neuheits- und Bekanntheitsanteilen innerhalb einer Information unterstellt, mit Läsionen der Amygdala und des Hippokampus korreliert."[520]

Auch KISCHKEL (1988) weist darauf hin, daß bei einer Schädigung der für die Bewertung von Informationen zuständigen Mandelkerne der Organismus mit Informationen überschwemmt wird. Die Folge sind Defensivreaktionen (z.B. Automatismen), die dazu dienen, die Situation zu bewältigen und neue Inputs auszuschließen. Bei einer Schädigung des Hippokampus kommt es nach KISCHKEL ebenso zu einem Verlust der Kontrolle des über die Sinnesorgane aufgenommenen Zustromes an Reizen. „Typisch für eine solche Schädigung ist eine verzögerte oder fehlende Orientierungsreaktion bei völliger Beschäftigung mit einer Aufgabe."[521] Oberflächlich betrachtet scheint die betroffene Person durch nichts ablenkbar zu sein. Tatsächlich ist jedoch die willkürliche Kontrolle der Aufmerksamkeit erschwert, d.h. neue Reize werden wahrgenommen, jedoch nicht weiter verarbeitet.[522]

Empirische Belege für seine Theorie konnte HARTMANN im Jahr 1988 noch nicht liefern. Laut einer persönlichen Mitteilung HARTMANNs an Stefan DZIKOWSKI aus dem Jahr 1991 arbeitete dieser an Experimenten zur Untermauerung seiner Theorie. Eine Veröffentlichung sollte kurz darauf erfolgen.

KISCHKEL (1988) hingegen führt als Beleg für seine Theorie den Fall eines achtzehnjährigen Patienten mit der Diagnose „Autistisches Syndrom" an. Dieser Patient war von einer fast faustgroßen Zyste in der rechten Hirnhemisphäre betroffen, die auch Teile des rechten Mandelkernes sowie des Hippokampus betraf.[523]

ANMERKUNG: HARTMANN hat mit der oben kurz beschriebenen Theorie den Versuch unternommen, für die von ihm und ROHMANN erstmals 1984 beschriebene Annahme einer Störung in der Fähigkeit zur Unterscheidung nach „neu" und „bekannt"

---

[518] Die Mandelkerne sind ebenfalls ein Teil des Limbischen Systems. Sie befinden sich vor dem Hippokampus im Temporallappen und werden mit emotionalen und aggressiven Verhaltensweisen assoziiert; vgl. ZIMBARDO, 1983, S. 81

[519] vgl. DZIKOWSKI, 1996, S. 177

[520] DZIKOWSKI, 1996, S. 177

[521] KISCHKEL, 1988, S. 87

[522] vgl. KISCHKEL, 1988, S. 87

[523] vgl. KISCHKEL, 1988, S. 84

eine hirnorganische Ursache zu ermitteln. Leider ist mir nicht bekannt, ob, wann und wo HARTMANN seine angekündigten Untersuchungsergebnisse veröffentlicht hat. Somit muß die Frage offenbleiben, ob eine Schädigung der genannten Teile des Limbischen Systems (Mandelkerne und Hippokampus) wirklich für die Informationsverarbeitungsstörungen autistischer Kinder verantwortlich ist.

3.5.3 Polyätiologisches hirnorganisches Psychosyndrom (WEBER; KEHRER)

Die beiden deutschen Autismusexperten Doris WEBER und Hans E. KEHRER formulierten zwei hirnorganische Verursachungstheorien zum Autismus, die einander sehr ähneln.

Nach WEBER (1982) gehen die meisten Wissenschaftler heute davon aus, daß der Frühkindliche Autismus ein polyätiologisches hirnorganisches Psychosyndrom ist. Die gleichen Symptome findet man beispielsweise auch bei frühkindlichen Hirnschädigungen, Röteln-Embryopathie und Phenylketonurie. Bei Kindern ohne (zumindest mit den heutigen Untersuchungsverfahren) nachweisbare Hirnschäden kommen sie jedoch ebenso vor. Im Vordergrund der Symptomatik steht vermutlich immer eine Wahrnehmungsstörung, d.h. trotz intakter Sinnesorgane ist die zentrale Aufnahme und Verarbeitung von Sinnesreizen nicht gewährleistet.

Für die Annahme einer hirnorganischen Ursache sprechen nach WEBER: „1. der z.T. sehr hohe Prozentsatz sicher nachgewiesener (polyätiologischer) Hirnschäden (41 % bei unserem Krankengut), 2. die Art der Wahrnehmungs-, Sprach- und Intelligenzprobleme und 3. die Häufigkeit von epileptischen Anfällen im Jugendalter (nach Angaben in der Literatur bis zu 29 %)."[524] Je nach Art, Ausmaß, Lokalisation und Zeitpunkt der Schädigung sowie dem Ausmaß der Auseinandersetzung des Kindes mit der Umwelt variiert das jeweilige Erscheinungsbild.[525]

Auch KEHRER (1988b) kommt nach Durchsicht zahlreicher eigener und fremder Beobachtungen und Untersuchungen zu dem Ergebnis, „daß es sich ätiologisch nicht um eine einheitliche Krankheit handelt."[526] Übereinstimmungen in der Symptomatik sind immer die Folge einer Störung in der Wahrnehmung bzw. Wahrnehmungsverarbeitung. Als Ursache dieser Verarbeitungsstörung kommt eine schwerwiegende hirnorganische Veränderung in Betracht, die jedoch häufig mit einer geistigen Behinderung einhergeht. Als einen weiteren möglichen Ursachenfaktor nennt KEHRER die soge-

---

[524] WEBER, 1982, S. 10
[525] vgl. WEBER, 1982, S. 11
[526] KEHRER, 1988b, S. 49

nannten „minimal brain damages". Diese leichteren frühkindlichen Hirnschäden gehen i.d.r. ohne intellektuelle Beeinträchtigungen einher.[527] KEHRER verlangt nach einer besseren Unterscheidung der intellektuell nicht wesentlich beeinträchtigten Personen der Kerngruppe des autistischen Syndroms von den geistig Behinderten mit autistischen Zügen.[528]

Der hirnorganischen Komponente räumt KEHRER bei der Frage nach der Verursachung des autistischen Syndroms eine überragende Bedeutung ein. Wie WEBER geht auch er davon aus, daß es von Ausmaß und Lokalisation der Hirnschädigung abhängt, wie schwer die Störung der Wahrnehmungssynthes ist. Derartige Hirnschädigungen können viele Ursachen haben.[529] Bei ihm finden sich, im Vergleich zu WEBER, keine Angaben darüber, wie häufig derartige Hirnschäden bei autistischen Kindern und Jugendlichen nachgewiesen wurden.

Bezüglich des therapeutischen Vorgehens empfiehlt WEBER keine spezielle, ihrer Hypothese eines hirnorganischen Psychosyndroms entsprechende Therapie. Wichtig erscheint ihr ein frühzeitiger Therapiebeginn, dessen Grundlage ein sensomotorisches Training sein sollte. Verhaltenstherapeutische Techniken haben sich ebenso bewährt. Vergleichsuntersuchungen zeigten, daß Therapieformen immer dann größere Vorteile brachten, wenn sie nach klaren Strukturen ablaufen, d.h. dem Kind nicht zuviel Freiraum geben. Trotzdem sollte immer die Förderung der kindlichen Eigenaktivität im Vordergrund stehen.[530]

KEHRER (1988b) diskutiert in seinem Artikel „Zur Ätiologie des autistischen Syndroms" die verschiedenen ätiologischen Hypothesen, und geht nicht auf mögliche therapeutische Maßnahmen ein. In seinem später erschienenen Buch stellt er jedoch, entsprechend seiner Auffassung einer multifaktoriellen Verursachung des autistischen Syndroms, zahlreiche Therapieansätze vor und diskutiert deren Für und Wider. Er weist darauf hin, daß es infolge der umfangreichen Verhaltens- und Gesundheitsstörungen autistischer Kinder nützlich sei, eine Vielzahl verschiedener Behandlungsverfahren zur Verfügung zu haben. Trotzdem soll in jedem Fall die Zumutbarkeit einer Behandlungsmaßnahme berücksichtigt werden. Besonders aversive Verfahren der Verhaltenstherapie (ein Klaps bzw. kurze Schmerzreize wie Elektroschocks) sollen im Zusammenhang mit Autismus nur in extremen Einzelfällen ihre Anwendung finden.[531]

---

[527] vgl. KEHRER, 1988b, S. 49
[528] vgl. KEHRER, 1988b, S. 50
[529] vgl. KEHRER, 1988b, S. 50
[530] vgl. WEBER, 1982, S. 12
[531] vgl KEHRER, 1989, S. 119 ff.

ANMERKUNG: Sowohl WEBER als auch KEHRER fassen in ihren Berichten die bisherigen Forschungsergebnisse zum Autismus bzw. zu dessen Ätiologie zusammen und stellen diesen teilweise eigene Untersuchungsergebnisse gegenüber. Beide arbeiten seit vielen Jahren mit autistischen Menschen, erheben aber trotzdem nicht den Anspruch, *die* Ursache des Autismus gefunden zu haben. Sie gehen vielmehr von einer hirnorganischen Komponente unbekannter Ätiologie aus, in deren Folge es zu Kontakt- und Beziehungsstörungen zwischen dem autistischen Kind und seinen Betreuungspersonen kommt. Derartige Interaktionsprobleme wirken sich wiederum verschlimmernd auf die Symptomatik aus, so daß schließlich ein „circulus vitiosus" entsteht, den es aufzubrechen gilt.

3.6   Theorien im Zusammenhang mit anderen Erkrankungen

Immer wieder wurde und wird von Fällen berichtet, in denen das autistische Störungsbild in Verbindung mit anderen Erkrankungen auftrat bzw. auftritt. Meist sind es Einzelfälle, manchmal jedoch auch kleinere Gruppen von Kindern, bei denen derartige Korrelationen beobachtet wurden. Die folgenden Erkrankungen treten i.d.r. ohne zusätzlichen Autismus auf. In seltenen Fällen kommt es im Krankheitsverlauf zur Entwicklung autistischen Verhaltens. Nach DZIKOWSKI (1996) kann mit Sicherheit ausgeschlossen werden, daß eine dieser Krankheiten die alleinige Ursache des Autismus ist. Als mögliche Auslöser kommen sie hingegen in Betracht.[532]

Die unter den Abschnitten 3.6.3 bis 3.6.14 beschriebenen Erkrankungen treten nach INNERHOFER/KLICPERA (1988) statistisch *gehäuft* in Verbindung mit Autismus auf.[533]

3.6.1 Phenylketonurie (PKU)

PKU ist eine erbliche Stoffwechselkrankheit des Aminosäurestoffwechsels. Aufgrund des Fehlens eines Enzyms, der Phenylalaninhydroxylase, kann der Umbau von Phenylalanin in Tyrosin (und weiter in die Katecholamine Noradrenalin und Adrenalin) nicht erfolgen. Es kommt zur Ansammlung von Phenylalanin im Blut, Gewebe und im Liquor (Hirn- oder Nervenwasser). In der Folge kommt es zu geistiger Retardierung bis hin zu Schwachsinn, zu Krampfneigung und Bewegungsstörungen. Die Früherkennung erfolgt heute durch Neugeborenen-Screenings, die in der BRD bei allen Neugeborenen durchgeführt werden. Die Therapie beginnt meist frühzeitig in Form einer

---

[532] vgl. DZIKOWSKI, 1996, S. 186
[533] vgl. INNERHOFER/KLICPERA, 1988, S. 155

phenylalaninarmen und tyrosinreichen Diät. Unter diesen Bedingungen ist eine nahezu normale Entwicklung möglich.[534]

Laut HUMPHREYS (1987) fand man in Untersuchungen über unbehandelte PKU-Kranke häufig zusätzlich Autismus oder autistische Symptome.

> „FRIEDMAN (1969)[535] unterzog drei dieser Studien einer erneuten Betrachtung und stellte fest, daß für 20 von den 43 PKU-Kranken, die beschrieben wurden, die Diagnose Autismus oder Kindheitspsychose erstellt worden war und daß weitere 17 autistische Züge zeigten."[536]

Werden bereits erkrankte Kinder diätetisch behandelt, verbessert sich deren Symptomatik. Auf die bereits bestehende Intelligenzminderung hat die Diät jedoch keinen Einfluß.[537]

Ein Zusammenhang zwischen Phenylketonurie und Autismus darf aufgrund der genannten Forschungsergebnisse als existent angenommen werden.

3.6.2 Röteln-Embryopathie

Die Röteln-Embryopathie ist ein Fehlbildungssyndrom des Embryos infolge intrauteriner Rötelninfektion bei Erkrankung der Mutter an Röteln während der ersten Schwangerschaftsmonate. Die Schwere und Symptomatik der Erkrankung richtet sich nach dem Zeitpunkt der mütterlichen Rötelninfektion. Erfolgte die Infektion im ersten Schwangerschaftsmonat, kommen vor allem Augenanomalien, im zweiten Monat Herzfehler und ZNS-Anomalien vor. Bei einer Infektion im dritten Schwangerschaftsmonat sind Innenohrschädigungen des Foeten häufig. Bei den ZNS-Anomalien handelt es sich häufig um Mikrozephalie, psychomotorische Retardierung, epileptische Anfälle etc.[538]

WEBER & SCHMIDT[539] berichteten 1969 von einem zweieiigen Zwillingspaar mit Röteln-Embryopathie und zusätzlichem Autismus in unterschiedlicher Ausprägung.[540]

CHESS (1971)[541] berichtet von einer Röteln-Epidemie in den USA im Jahre 1964. Von den zirka zwei- bis dreitausend infizierten und mit Röteln-Embryopathie geborenen

---

[534] vgl. KREUTZIG, 1994, S. 70 sowie THEILE, 1992, S. 264

[535] FRIEDMAN, E. (1969): The autistic syndrome in phenylketonuria. In: Schizophrenia, 1, S. 249-261.

[536] HUMPHREYS, 1987, S. 14

[537] vgl. HUMPHREYS, 1987, S. 14

[538] vgl. PSCHYREMBEL, 1994, S. 394

[539] WEBER, Doris & SCHMIDT, Barbara (1969): Autistisches Syndrom und Pseudoretinitis Pigmentosa nach Röteln-Embryopathie bei einem Zwillingspaar. In: Jahrbuch Jugendpsychiatrie, Nr. 7, S. 117-146.

[540] vgl. DZIKOWSKI, 1996, S. 194

Kindern untersuchte CHESS zweihundertvierunddreißig und fand in zehn Fällen die typisch autistische Symptomatik. Weitere acht Fälle wiesen autistische Züge auf. In einer Nachuntersuchung von siebzehn der achtzehn autistischen Kinder konnte, so CHESS (1977)[542], eine auffallende Besserung der autistischen Verhaltensweisen festgestellt werden.[543]

> „CHESS zieht daraus den Schluß, daß 1. der zunächst klar zu erkennende Autismus bei den Kindern durch die embryonal erworbene Rötelnvirusinfektion entstanden war, daß aber 2. der Virus wie eine chronische Infektion des Nervensystems gewirkt hat, was als Folge das autistische Verhalten bedingte. Sobald diese chronische Infektion nachläßt und das Kind gesundet, lassen auch die autistischen Symptome nach."[544]

Es kann heute allgemein angenommen werden, daß ein Zusammenhang zwischen kongenitaler Röteln-Infektion und Autismus besteht.

Was die auffallende Besserung der Symptomatik angeht, so würde ich diese nicht allein auf ein Nachlassen der chronischen Infektion des ZNS zurückführen. Bedenkt man, daß die erste Untersuchung erfolgte, als die Kinder zirka sechs bis sieben Jahre alt waren - ein Alter, in dem die autistische Symptomatik bei einigen Kindern ihre stärkste Ausprägung zeigt, um dann langsam nachzulassen[545] -, so sind diese Ergebnisse nicht verwunderlich.

3.6.3 Histidinämie

Histidinämie ist ein autosomal-rezessiv[546] vererbter Enzymdefekt, bei dem aufgrund des Fehlens der Histidase der Histidin-Abbau im Körper nicht erfolgen kann. Histidin (α-Aminosäure) wird im Körper normalerweise in das Gewebshormon Histamin abgebaut. Kann dieser Abbau nicht erfolgen, kommt es zur Anhäufung von Histidin im Blut und Gewebe sowie zu einer gesteigerten Ausscheidung im Harn. Die Entwicklung einer mäßigen Demenz mit gestörter Sprachentwicklung und Krampfanfällen ist möglich. Betroffene haben häufig fahlblondes Haar. Als Therapie wird eine eiweiß- und histidinarme Diät empfohlen, wenn die Histidinkonzentration im Blutserum stark erhöht ist.[547]

---

[541] CHESS, Stella (1971): Autism in Children with Congenital Rubella. In: Journal of Autism and Childhood Schizophrenia, Vol. 1, Nr. 1, S. 33-47.
[542] CHESS, Stella (1977): Follow-Up Report on Autism in Congenital Rubella. In: Journal of Autism and Childhood Schizophrenia, Vol. 7, Nr. 1, S. 69-81.
[543] vgl. DZIKOWSKI, 1996, S. 194
[544] DZIKOWSKI, 1996, S. 194
[545] vgl. INNERHOFER/KLICPERA, 1988, S. 143
[546] Autosomal-rezessiver Erbgang: Nicht an ein Geschlechtschromosom gebundene und nur durch zwei Gene mit merkmalsauslösender Anlage ausgelöste Vererbung. Sind beide Elternteile Träger der Anlage, besteht eine 25%ige Wahrscheinlichkeit, daß das Kind erkrankt; vgl. THEILE, 1992, S. 4.
[547] vgl. PSCHYREMBEL, 1994, S. 645

„KOTSOPOULUS & KUTTY (1979)[548] schildern ausführlich den Fall eines zwei Jahre alten Jungen. Sie stellen die Hypothese auf, daß Histidinämie als unspezifischer ätiologischer Faktor wirkt und mit anderen, unbekannten biologischen und/oder psychogenetischen Faktoren zum klinischen Bild des Frühkindlichen Autismus führt."[549]

3.6.4 Hyperurikämie (auch: Lesch-Nyhan-Syndrom)

Aufgrund einer X-chromosomal rezessiv vererbten[550] Störung im Purinstoffwechsel (totaler oder teilweiser Mangel an HGPRT = Hypoxanthin-Guanin-Phosphoribosyl-transferase, einem Enzym) kommt es zu einer erhöhten Harnsäurekonzentration im Blut. Die Folge sind Harnsäureablagerungen im Bereich der Ohren, Gelenke (Gicht) und Nieren. Im frühen Kindesalter kommt es zu Hyperkinese (pathologischer Steigerung der Motorik mit zum Teil unwillkürlich ablaufenden Bewegungen) und zu spastischen Lähmungen. Die Betroffenen neigen zu Autoaggression. Die Lebenserwartung ist bei völligem Fehlen des Enzyms HGPRT stark reduziert. Eine verlässliche Therapie gibt es nicht.[551]

3.6.5 Morbus-Pfaundler-Hurler (auch: Dysostosis multiplex)

Zu den Mukopolysaccaridosen (Mukopolysaccarid-Speicherkrankheiten/MPS) zählendes autosomal-rezessiv vererbbares Syndrom. Infolge des Fehlens eines Enzyms kommt es zur Ablagerung von Mukopolysacchariden in Leber, Milz, Kornea (Hornhaut des Auges) und Gehirn. Die geistige Entwicklung kann erheblich gestört sein. Weiterhin zeigt das klinische Bild bereits im ersten Lebensjahr Störungen des Knochenwachstums, erhebliche Deformitäten des Gesichts (sog. Wasserspeiergesicht), Hornhauttrübung etc. Der Tod tritt häufig im ersten Lebensjahrzehnt ein.[552]

[548] KOTSOPOULOS, S. & KUTTY, K. M. (1979): Histidinemia and Infantile Autism. In: Journal of Autism and Development Disorders, Vol. 9, Nr. 1, S. 55-60.
[549] DZIKOWSKI, 1996, S. 196
[550] X-chromosomal rezessiver Erbgang: Das merkmalsauslösende Gen kann auf einem der X-Chromosomen der Frau oder auf dem des Mannes liegen. Die rezessive Vererbung erfolgt, wenn nur ein Elternteil das merkmalsauslösende Gen trägt. Ist die Mutter Trägerin, so besteht für die Söhne eine Erkrankungswahrscheinlichkeit von 50%. Für Töchter besteht eine 50%ige Wahrscheinlichkeit, daß sie wieder Träger des merkmalsauslösenden Gens sind. Ist der Vater betroffen, so werden alle seine Töchter wieder Trägerinnen des merkmalsauslösenden Gens. Eine Vererbung vom Vater auf den Sohn erfolgt nicht, da immer die Mutter das X-Chromosom an den Sohn vererbt; vgl. THEILE, 1992, S. 6 f.
[551] vgl. PSCHYREMBEL, 1994, S. 868 sowie THEILE, 1992, S. 203
[552] vgl. PSCHYREMBEL, 1994, S. 360 sowie THEILE, 1992, S. 240

3.6.6 Neurofibromatose (auch: Recklinghausen-Krankheit)

Autosomal dominant[553] vererbte Erkrankung, bei der es zur Bildung von Tumoren im Bereich der Haut, des Nervensystems und der inneren Organe kommt. Die Hauttumoren zeigen sich in Form von sog. Café-au-lait-Flecken (Pigmentveränderungen). Der Nachweis von sechs oder mehr dieser braunen Flecken bei der Geburt gilt als Hinweis auf diese Erkrankung. Die Neurofibrome (Tumore des Nervensystems) entwickeln sich erst in der Pubertät. Von Geburt an werden beobachtet: Pseudoarthrosen am Skelett, Rippenfusionen etc. Weiterhin werden gelegentlich Makrozephalus und Spina bifida („offener Rücken") sowie vorzeitige Pubertät beobachtet. In zehn Prozent der Fälle kommt es zu geistiger Retardierung mäßigen Ausmaßes. Krampfanfälle werden gelegentlich beobachtet. Die Behandlung erfolgt symptomatisch, d.h. die Tumoren werden operativ entfernt und evtl. kosmetische Korrekturen vorgenommen.[554]

Nach GILLBERG & FORSELL (1984)[555] treten der Frühkindliche Autismus und Neurofibromatose auffällig häufig gemeinsam auf.[556]

In diesem Zusammenhang sei noch auf eine ähnliche Erkrankung hingewiesen, die bisweilen in Verbindung mit Autismus auftritt: die Tuberöse Sklerose (Hirnsklerose). Auch hier treten Hautveränderungen (Weißflecken), Tumoren und geistige Retardierung - infolge einer Verkalkung der Hirnventrikel - auf.[557]

„Wie VEEH (1990, S. 76 ff.)[558] beschreibt, zeigen sich bei tuberöser Sklerose autistische Rückzugsbestrebungen, Blickkontaktvermeidung, Stereotypien (überwiegend im Bereich der Motorik), besondere Vorlieben, Aggression, Autoaggression, fehlendes Spielverhalten, Hyperaktivität und Schlafstörungen."[559]

Laut DZIKOWSKI (1996) gibt es jedoch noch keine systematischen Untersuchungen darüber, wie oft diese beiden Erkrankungen zusammen auftreten.[560]

---

[553] Autosonal dominanter Erbgang: Nicht an ein Geschlechtschromosom gebundene, aber allein durch ein Gen mit merkmalsauslösender Anlage ausgelöste Vererbung. Ist ein Elternteil Träger der Anlage, besteht für jedes Kind eine 50%ige Wahrscheinlichkeit zu erkranken; vgl. THEILE, 1992, S. 2.
[554] vgl. THEILE, 1992, S. 254 f.
[555] GILLBER, Ch. & FORSELL, C. (1984): Childhood psychosis and neurofibromatosis - more than a coincidence? In: Journal of Autism and Developmental Disorders, 14. Jg., S. 1-18.
[556] vgl. INNERHOFER/KLICPERA, 1988, S. 155
[557] vgl. THEILE, 1992, S. 310
[558] VEEH, Sandra (1990): Tuberöse Sklerose - Ein umfassendes Problem und seine sozialpädagogische Bearbeitung. Veröffentlichte Diplomarbeit (Würzburg). Seligenstadt.
[559] DZIKOWSKI, 1996, S. 192
[560] vgl. DZIKOWSKI, 1996, S. 192

3.6.7 Windpocken

INNERHOFER & KLICPERA (1988) berichten von einigen Fällen, in denen die Mütter autistischer Kinder während der Schwangerschaft an Windpocken erkrankten.[561]

Bei einer Erkrankung der Mutter zwischen der achten und zweiundzwanzigsten Schwangerschaftswoche kann es in ein Prozent der Fälle zu Fehlbildungen des Kindes kommen. Erkrankt die Mutter fünf Tage vor bis zwei Tage nach der Entbindung, kommt es zu schweren Verläufen dieser Infektionskrankheit beim Neugeborenen.[562]

3.6.8 Toxoplasmose

Eine meist vom Tier auf den Menschen übertragene Infektionskrankheit. Erfolgt die Erstinfektion während der Schwangerschaft, so gelangen die Erreger (Toxoplasmen) über die Plazenta und die Nabelschnur in den kindlichen Organismus. Tod- oder Fehlgeburten sind häufig die Folge. Wird das Kind lebend geboren, sind Hydrozephalus, Chorioretinitis (primäre Entzündung der Aderhaut des Auges mit nachfolgender Netzhautentzündung), Verkalkungen im Gehirn, Gelbsucht sowie Vergrößerungen von Leber und Milz zu beobachten. Es ist mit cerebralen Dauerschäden zu rechnen.[563]

3.6.9 Syphilis (Syphilis connata)

Intrauterin erworbene, d.h. ab dem fünften Schwangerschaftsmonat über die Plazenta und Nabelschnur von der unzureichend behandelten Mutter auf den Foetus übertragene Infektionskrankheit (Geschlechtskrankheit). Symptome der Syphilis beim Säugling sind entzündliche Haut- und Schleimhautveränderungen, Leber- und Milzvergrößerungen etc.[564]

3.6.10 Herpes Simplex Enzephalitis

Bei der Herpes-Simplex-Enzephalitis (HSE) kommt es zu einer blutigen, auf das Gehirn übergreifenden Meningitis (Entzündung der Meningen = Hirn- bzw. Rückenmarkshäute) bzw. zu einer auf die Meningen übergreifende Enzephalitis (Entzündung des Gehirns). Als Symptome treten z.B. hohes Fieber, meningeales Syndrom (Kopfschmerz, Lichtempfindlichkeit, Nackensteifheit etc.), evtl. Somnolenz (ein schläfriger

---

[561] vgl. INNERHOFER/KLICPERA, 1988, S. 156
[562] vgl. PSCHYREMBEL, 1994, S. 1612
[563] vgl. PSCHYREMBEL, 1994, S. 1550
[564] vgl. PSCHYREMBEL, 1994, S. 1504 f.

Zustand; qualitative Bewußtseinsstörung) sowie einseitige oder beidseitige Lähmung auf. Ein tödlicher Verlauf ist nicht selten.[565]

Laut INNERHOFER & KLICPERA (1988) haben DeLong et al. (1981)[566] drei Fälle beschrieben, in denen die autistische Symptomatik relativ unmittelbar infolge einer Infektion des ZNS auftrat. In einem der drei Fälle konnte eine Herpes simplex Enzephalitis nachgewiesen werden.

Auch WEIR & SALISBURY (1980)[567] nennen einen Fall von Autismus infolge einer Enzephalitis.[568]

3.6.11 Gille-de-la-Tourette-Syndrom

Bei diesem Syndrom handelt es sich um eine sich meist in der Kindheit oder Jugend manifestierende Erkrankung mit unklarer Ätiologie. Sie tritt gehäuft beim männlichen Geschlecht auf und ist gekennzeichnet durch plötzliche ticartige Zuckungen vor allem im Gesicht (Augenzwinkern, Mundverzerren, Zungenschnalzen), im Halsbereich (ruckartige Kopfdrehungen) und im Bereich der Schultern. Ferner sind Zwangshandlungen wie Echopraxie (Nachahmen von Bewegungen anderer Personen) und Klazomanie (zwanghaftes Wiederholen von vulgären Ausdrücken aus der Fäkalsprache) zu beobachten.[569]

KEHRER (1988b) verweist darauf, daß ein Zusammentreffen von Autismus mit dem Gille-de-la-Tourette-Syndrom gelegentlich beschrieben wurde.[570]

3.6.12 Zöliakie

Die Zöliakie ist eine Erkrankung der Dünndarmschleimhaut im Säuglings- und Kleinkindalter. Das in allen Getreidesorten vorkommende Klebereiweiß Gluten führt zu schweren Veränderungen an der Dünndarmschleimhaut. Die Schädigung des für die Resorption zuständigen Epithels führt zu Verdauungsstörungen. Alle Nährstoffe, einschließlich der Mineralien und Vitamine, können vom Körper nicht mehr aufgenomen werden. Unterernährung, Durchfälle, Vitamin- und Eisenmangel sind die Folge. Bleibt

---

[565] vgl. PSCHYREMBEL, 1994, S. 960
[566] DeLong, G. R. et al. (1981): Acquired reversible autistic syndrome in acute encephalopathie illness in children. In: Archives of Neurologie, 38. Jg., S. 191-194.
[567] WEIR, K. & SALISBURY, D. M. (1980): Acute onset of autistic features following brain damage in a 10-year-old. In: Journal of Autism and Developmental Disorders, 10. Jg., S. 185-191.
[568] vgl. INNERHOFER/KLICPERA, 1988, S. 156 f.
[569] vgl. PSCHYREMBEL, 1994, S. 543
[570] vgl. KEHRER, 1988b, S. 49

die Erkrankung unbehandelt, kann es aufgrund der meist wässrigen Durchfälle zu gefährlichem Wasser- und Elektrolytverlust kommen.

Entwicklungs- und Emotionsentwicklungsstörungen sind nicht selten.[571]

Laut KEHRER (1988b) brachte COLEMAN (1976)[572] das Auftreten von Autismus mit Zöliakie in Verbindung.[573]

3.6.13 Muskeldystrophie-Duchenne

Bei der Muskeldystrophie-Duchenne (DMD) handelt es sich um eine X-chromosomal rezessiv vererbte Muskelerkrankung. Sie manifestiert sich in der Regel zwischen dem zweiten und fünften Lebensjahr. Bei der Duchenne-Form ist besonders die Beckengürtel-Region betroffen. Die Kinder haben Schwierigkeiten, sich aufzurichten. Die Wadenmuskulatur scheint übermäßig stark entwickelt (Pseudohypertropie) und die Lendenwirbelsäule ist nach hinten gekrümmt (Lendenlordose). Die Muskelerkrankung geht auf andere Muskelgruppen über (Gehunfähigkeit zwischen dem achten und fünfzehnten Lebensjahr; Lebenserwartung fünfzehn bis dreißig Jahre). In dreißig Prozent der Fälle geht die Erkrankung mit einer geistigen Retardierung einher.[574]

Laut KEHRER (1988b) berichteten KOMOTO et al. (1984)[575] über das Zusammentreffen von DMD und Autismus.[576]

3.6.14 Hypothyreose (Schilddrüsenunterfunktion)

KEHRER (1988b) berichtet, daß er selbst mehrere autistische Kinder gesehen hat, die wegen einer Hypothyreose behandelt werden mußten, und daß der Zusammenhang zwischen solchen endokrinen Defekten und geistiger Behinderung schon lange bekannt sei. Er weist jedoch auch darauf hin, daß weder COHEN et al. (1980)[577] noch ABBASSI et al. (1978)[578] in ihren Untersuchungen autistischer Kinder (insgesamt wurden einundsiebzig Kinder untersucht) einen derartigen Zusammenhang feststellen konnten.[579]

---

[571] vgl. PSCHYREMBEL, 1994, S. 1697

[572] COLEMAN, M. (1976): The autistic syndroms. Amsterdem.

[573] vgl. KEHRER, 1988b, S. 49

[574] vgl. PSCHYREMBEL, 1994, S. 363 ff.

[575] o. O.

[576] vgl. KEHRER, 1988b, S. 49

[577] COHEN, D. J. et al. (1980): Thyroid hormone in autistic children. In: Journal Autism Developm. Dis., 10, S. 445-450.

[578] o. O.

[579] vgl. KEHRER, 1988b, S. 49

Die Hypothyreose ist eine Schilddrüsenunterfunktion, infolge derer es zu einer Unterversorgung der Körperzellen mit Schilddrüsenhormonen kommt. Die angeborene Hypothyreose des Neugeborenen gilt als irreversibel. Einige Symptome sind: Kretinismus (Entwicklungstörungen des kindlichen Organismus), Hypotonie der Muskulatur und psychomotorische Behinderung. Durch Neugeborenen-Screenings wird die Erkrankung meist früh entdeckt. Schilddrüsenhormonpräparate führen in der Regel zu guter Rückbildung der *reversiblen* Symptomatik.[580]

3.7   Die Faktorentheorie

In einer seine Arbeit abschließenden Bemerkung warnt DZIKOWSKI (1996) seine Leser vor jeder Art von Veröffentlichungen, in der der Autor behauptet, *die* Ursache des Frühkindlichen Autismus sei gefunden. Von einer einheitlichen, für alle autistischen Menschen geltenden Ursache kann grundsätzlich nicht ausgegangen werden. Die Ursachen sind so verschiedenartig wie das Erscheinungsbild auch, und es scheint ziemlich unwahrscheinlich, daß sich in den kommenden Jahren ein gemeinsamer Ursachenfaktor finden wird. Alles deutet vielmehr darauf hin, daß es sich beim Frühkindlichen Autismus um ein polyätiologisches Syndrom handelt. Allen Verursachungstheorien kann somit eine gewisse Bedeutung zugemessen werden, wenn sie auch zueinander in einer gewissen Relation stehen.[581]

So kommt nun auch KEHRER (1988b) zu dem Schluß, daß eine gewisse erbliche Disposition immer im Spiel ist, ohne daß man jedoch gleich von einer Erbkrankheit sprechen sollte. Diese erbliche Disposition ist vielmehr vergleichbar mit der Empfänglichkeit, z.B. an Diabetes mellitus zu erkranken.[582]

Auch die Ergebnisse der Zwillingsforschung, nach denen der Frühkindliche Autismus bei eineiigen Zwillingspaaren häufiger beide Zwillinge betrifft als bei zweieiigen Paaren[583], sprechen für eine genetische Komponente. Welcher Art diese genetische Disposition ist, das autistische Syndrom zu erwerben, bleibt vorerst noch unbekannt. Derartige genetische Veranlagungen können nun, wenn sie in Verbindung mit zusätzlichen Faktoren auftreten, zum Frühkindlichen Autismus führen. Über die Entstehungszusammenhänge informiert die von DZIKOWSKI (1996) entwickelte schematische Darstellung des „faktorentheoretischen Modells" (siehe dazu Abb. 3. 1).

---

[580] vgl. PSCHYREMBEL, 1994, S. 694
[581] vgl. DZIKOWSKI, 1996, S. 212 f.
[582] vgl. KEHRER, 1988b, S. 50
[583] vgl. WILKER, 1989, S. 44

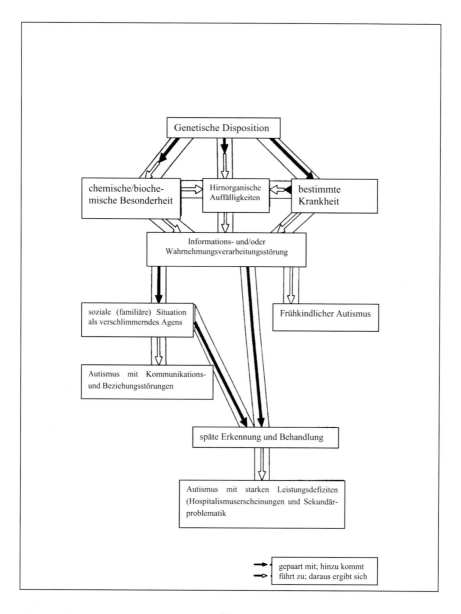

Abb. 3.1 Das faktorentheoretische Modell[584]

(leichte Überarbeitung der Originalabbildung aus reprotechnischen Gründen)

---

[584] aus: DZIKOWSKI, 1996, S. 208

Als zusätzliche, zu der **genetischen Disposition** hinzukommende Faktoren, kommen beispielsweise **Erkrankungen** in Betracht, von denen das Kind noch im Mutterleib oder früh nach der Geburt betroffen war. Derartige Erkrankungen (z.B. Toxoplasmose-Infektionen) können Hirnfunktionsstörungen zur Folge haben. Diese äußern sich dann je nach Lokalisation und Ausmaß der Störung in einer **verminderten Informations- und Wahrnehmungsverarbeitungsfähigkeit.** Auch kann eine genetische Disposition zu Veränderungen in den körpereigenen **chemischen Abläufen** führen und darüber eine hirnorganische Störung produzieren, wie es z.B. bei der Phenylketonurie der Fall ist. Als dritte Möglichkeit kommen nun erbliche Faktoren in Betracht, die direkt mit **hirnorganischen Veränderungen** einhergehen. In jedem Fall sind die Auswirkungen die gleichen: Die betroffenen Kinder leiden unter einer mehr oder weniger stark ausgeprägten Störung in der Wahrnehmung und/oder Verarbeitung von Umweltreizen.[585]

Bis zu diesem Abschnitt integriert das faktorentheoretische Modell bereits fünf der sechs Gruppen von Verursachungstheorien. Die Gruppe der **psychogenetischen Theorien** gewinnt zwar nicht als ursächliche, aber als verschlimmernde Komponente dann an Bedeutung, wenn die Eltern nicht in der Lage sind, mit der Verarbeitungsstörung ihres Kindes und den daraus resultierenden Schwierigkeiten adäquat umzugehen, es vielleicht sogar abzulehnen. In der Folge stellt sich möglicherweise ein **Autismus mit einer tiefgreifenden Kommunikations- und Beziehungsstörung** ein.[586]

Ein **Autismus mit** stark verfestigten Verhaltensauffälligkeiten sowie erheblichen **Defiziten in der sensomotorischen und intellektuellen Entwicklung** ergibt sich nach DZIKOWSKI dann, *wenn* bestimmte Umstände eine **frühzeitige Diagnosestellung und Behandlung verhindert** haben. Diese Umstände können sich aus der familiären Situation (z.B. mangelnde Beschäftigung mit dem Kind und dadurch fehlender Einblick in dessen Schwierigkeiten) oder aber aus ungünstigen Umweltbedingungen (z.B. fehlendes diagnostisch und therapeutisch geschultes Personal in ländlichen Gebieten) ergeben. Der frühzeitigen Diagnostik und Behandlung kommt somit die wichtige Funktion zu, die Symptomatik weitestgehend zu modifizieren und Sekundärsymptomatiken so gering wie möglich zu halten.[587] DZIKOWSKI weist darauf hin, daß die sich aus der grafischen Darstellung ergebenden „Autismustypen" keine differentialdiagnostisch klar abgrenzbaren Gruppen sind, und daß man nicht den Fehler begehen soll, gleichsam induktiv z.B. bei einem Kind mit erheblichen Kommunikationsstörungen

---

[585] vgl. DZIKOWSKI, 1996, S. 209
[586] vgl. DZIKOWSKI, 1996, S. 210
[587] vgl. DZIKOWSKI, 1996, S. 210

darauf zu schließen, daß dieses in problematischen familiären Verhältnissen aufwächst.[588]

DALFERTH (1987) merkt an, daß integrative Erklärungsmodelle zur Entstehung des
Frühkindlichen Autismus zwar attraktiv erscheinen, daß es jedoch noch keinen Nachweis hinsichtlich des konkreten Zusammenspiels der verschiedenen Faktoren gibt.
Derartige Modelle enden seiner Ansicht nach nur wieder in einer Aufzählung aller
denkbaren Erklärungsansätze, wie es beispielsweise bei NISSEN (1978) der Fall ist.[589]
NISSEN geht - wie DZIKOWSKI auch - davon aus, daß verschiedene Arten schädli-
cher Einflüsse auch zu verschiedenen Krankheitsbildern führen. Dementsprechend
grenzt er die hauptsächlich genetisch aber auch milieureaktiv bedingte Autistische
Psychopathie (ASPERGER) von der rein umweltbedingten Form des psychogenen
Autismus ab. Den KANNERschen Autismus hält er für biogenetisch bedingt, wobei
Umweltbedingungen als Verstärker auftreten. Letztlich differenziert er noch den so-
matogenen Autismus, der infolge einer zerebral-organischen Läsion auftritt. Häufig
lassen sich hier jedoch auch biogenetische Faktoren nachweisen. Jeder Fall ist nach
NISSEN dahingehend zu überprüfen, „ob und welche dominierende Noxe an der Pa-
thogenese beteiligt war."[590] Somit geht NISSEN davon aus, daß es nie ein einzelner
oder bestimmter Faktor ist, der das autistische Syndrom auslöst. Vielmehr bestimmen
Konstellationen mehrerer pathogenetischer Faktoren den jeweiligen Schweregrad und
die Art des autistischen Syndroms.[591]

In Anbetracht der Tatsache, daß bisher keine klaren Aussagen über Ursachen-
Wirkungszusammenhänge innerhalb der integrativen Erklärungsmodelle gemacht wer-
den können, wäre es nach DALFERTH (1987) „bei der Diffusität der vorliegenden
Erklärungsansätze eher angebracht, 'autismogene Faktoren', die offenkundig *keine*
Rolle spielen (wie z.B. die Gefühlskälte der Mütter) auszuklammern."[592]

---

[588] vgl. DZIKOWSKI, 1996, S. 210
[589] vgl. DALFERTH, 1987, S. 99 ff.
[590] NISSEN, 1978, S. 23
[591] vgl. NISSEN, 1978, S. 23
[592] DALFERTH, 1987, S. 101

4. BEHANDLUNGSMÖGLICHKEITEN

Nachfolgend möchte ich darauf eingehen, welche therapeutischen Möglichkeiten für die Behandlung autistischer Menschen heute zur Verfügung stehen und wie ein idealisierter Therapieablauf aussehen sollte. Danach werde ich eine Reihe von Therapieansätzen ausführlich besprechen. Ihre Auswahl richtet sich nach den Ergebnissen meiner in Kapitel 2 unter Abschnitt 2.9 vorgestellten Befragung. Aus verständlichen Gründen ist es nicht möglich, alle in den Therapie-Instituten eingesetzten Methoden zu erläutern. Ich habe mich deshalb dazu entschlossen, die verwendeten Therapien zunächst nach der Häufigkeit ihrer Nennung in eine Rangreihe zu bringen, um dann jene auszuwählen, die in zirka fünfzig Prozent der Einrichtungen - also in zehn bis elf von einundzwanzig - ihre Anwendung finden. Somit ergaben sich zehn Ansätze, die eingehender besprochen werden sollen. Die übrigen Therapiemethoden werde ich nur kurz erläutern. Die in Klammern stehende Ziffer hinter diesen Ansätzen gibt nochmals die Anzahl ihrer Nennungen an.

Wie schon bei den Verursachungstheorien gibt es auch bei den Therapieansätzen eine schier unüberschaubare Menge von Möglichkeiten (zirka fünfzig). Einige dieser Ansätze wurden speziell für die Behandlung autistischer Kinder entwickelt (z. B. die Festhaltetherapie), andere werden generell in der Behandlung behinderter Menschen eingesetzt.

Therapeutische Interventionen werden eingeleitet, sobald die **Diagnose Autismus** gestellt wurde, also im Idealfall zu einem möglichst frühen Zeitpunkt in der Kindheit.

Den Ausgangspunkt jedes therapeutischen Handelns bildet eine eingehende **Beobachtung** des betroffenen Kindes. Während dieser Phase ermittelt der Therapeut bei jedem Kind dessen Wahrnehmungsleistungen, spezielle Fähigkeiten und Vorlieben sowie den individuellen Entwicklungsstand. Aus der Erfahrung heraus, daß autistische Kinder sich in gestellten Situationen kaum testen lassen, sollten diese Informationen in einem Zeitraum von mehreren Wochen gesammelt werden. Wichtig ist es, zunächst einen Kontakt zu dem Kind aufzubauen. Für diese erste Kontaktaufnahme haben sich Elemente der *Aufmerksamkeits-Interaktions- Therapie (AIT)* bewährt. Durch das „Spiegeln" der kindlichen Verhaltensweisen gelingt es dem Therapeuten zunächst, die Aufmerksamkeit des Kindes zu gewinnen und dann ein gemeinsames Interaktionsmuster zu schaffen.[593]

Die AIT soll in Abschnitt 4.2.1.1 intensiver behandelt werden.

---

[593] vgl. DZIKOWSKI, 1992, S. 37 f.

Da autistische Kinder in der Regel von einer schwerwiegenden Wahrnehmungsverarbeitungsstörung betroffen sind, beginnt jede therapeutische Förderung grundsätzlich mit einem **Basisprogramm**. Dieses Programm hat zum Ziel, durch das Einwirken auf die genannte Wahrnehmungsverarbeitungsstörung die Grundlage dafür zu schaffen, daß die betroffene Person überhaupt für andere Therapieansätze und für das Erlernen sozialer Regeln sowie kulturtechnischer Fertigkeiten zugänglich wird.[594]

Besonders die *Sensorische Integrationsbehandlung (SI)* nach AYRES (siehe 4.1.1) hat sich hierfür in den vergangenen Jahren bewährt. Weiterhin sind in diesem Zusammenhang u.a. die *AFFOLTER-Therapie* (siehe 4.1.2), die *Basale Stimulation* (siehe 4.1.3), die *DOMAN-DELACATO-Methode* (siehe 4.1.3) sowie das Konzept der *Kritischen Entwicklungsbegleitung nach HENDRICKX* (siehe 4.1.3) zu nennen. Auch das *senso-motorische Intelligenzvortraining* nach KIPHARD ist [neben weiteren *„körperwahrnehmungsorientierten Ansätzen"* (siehe 4.1.3); Anm. D. Verf.] in diesem Zusammenhang zu nennen.[595]

Außerdem würde ich die rein auf die Hörwahrnehmung ausgerichteten Ansätze, das *Audiovokale Training* nach TOMATIS und die *Kompensatorische Gehörschulung* nach BÉRARD (siehe 4.1.3), zu den Basistherapien zählen. Der Einsatz von *Traumreisen* (siehe 4.1.3) bietet sich m. E. im Rahmen sensomotorischer Ansätze an, da auf eine Phase der Aktivität möglichst immer eine Ruhephase folgen sollte. Das auf dem P.E.P. (Psychoeducational Profile; siehe 2.4.2.4) basierende *Behandlungskonzept der Division TEACCH* (Treatment and Education of Autistic and related Communication handicapped CHildren) kann m. E., als ein ganzheitlicher Ansatz, sowohl zur Gruppe der Basistherapien als auch zur individuellen Aufbautherapie gerechnet werden. Ich werde dieses Konzept der ersten Gruppe zuordnen (siehe 4.1.3).

Auch die *medikamentöse Therapie* sowie die *Vitamin- und Mineralstoff-Therapie* (siehe 4.1.3) können als Basistherapien betrachtet werden.

Der *Snoezel-Ansatz* (siehe 4.1.4), als eine an der Wahrnehmung behinderter Menschen angreifende Methode, bietet eventuell auch eine Möglichkeit autistische Menschen zu fördern.

Ist nun eine weitgehende Normalisierung basaler Wahrnehmungsverarbeitungsstörungen gelungen, bleiben in der Regel massive Entwicklungs-, Fertigkeits- und Kenntnisrückstände zurück. Jetzt ist es die Aufgabe der Eltern, LehrerInnen und TherapeutInnen zu entscheiden, welche Inhalte Bestandteil eines individuell abgestimmten Förderungskataloges sein sollen.

---

[594] vgl. DZIKOWSKI, 1992, S. 38
[595] vgl. DZIKOWSKI, 1996, S. 14 f.

Als Bestandteile dieser **Individuellen Aufbautherapie** kommen für den **Lernbereich Sprache/Verständigung/Kommunikation** u.a. die *Aufmerksamkeits-Interaktions-Therapie* (siehe 4.2.1.1), die *Gebärdensprach"therapie"* (siehe 4.2.1.5), die *Basale Kommunikation* (siehe 4.2.1.7) sowie verschiedene Formen der Sprachtherapie, wie z.b. die *Kommunikative Sprachtherapie* (siehe 4.2.1.7), in Betracht.[596] Als weitere Verfahren, die eine Kommunikation in Gang bringen sollen, werden z.b. die *Festhaltetherapie* (siehe 4.2.1.7), die *Tanztherapie* (siehe 4.2.1.7) und die *non-direktive Spielterapie* nach AXLINE (siehe 4.2.1.7) genannt.[597] Ich würde auch die *Gestützte Kommunikation* (siehe 4.2.1.2), die *Körperzentrierte Interaktion* (siehe 4.2.1.3) sowie die *Musiktherapie* (siehe 4.2.1.6) und das *Therapeutische Reiten* (siehe 4.2.1.7) in diesem Rahmen nennen.

Konnte mit Hilfe der genannten Therapieformen eine Kommunikation zwischen dem autistischen Menschen und seiner sozialen Umwelt aufgebaut werden, kommt für das weitere therapeutische Vorgehen eventuell der Einsatz der *klientenzentrierten Gesprächsführung* (siehe 4.2.1.7) in Betracht. Auch im Bereich der Eltern- und Angehörigenarbeit spielt dieser psychotherapeutische Ansatz sicherlich eine große Rolle. Des weiteren sind in diesem Zusammenhang, wenn es um einen kommunikativen Austausch sowohl im verbalen wie im nonverbalen Bereich geht, sicherlich auch *verschiedene analytische Verfahren* (siehe 4.2.1.7) zu nennen.

Eine eindeutige Zuordnung jedes einzelnen Therapieansatzes zur Gruppe der Basistherapie oder Individuellen Aufbautherapie ist allerdings sehr schwer.

Für den **Lernbereich Hygiene/Bekleidung/Nahrung** empfiehlt sich der Einsatz *verhaltenstherapeutischer Techniken* (siehe 4.2.2.1). Geübt werden hier das selbständige An- und Ausziehen, Toilettenbenutzung, Zähneputzen, Duschen, selbständiges Essen sowie die Auf- und Zubereitung von Nahrungsmitteln etc.

Beim Einsatz verhaltenstherapeutischer Techniken besteht jedoch die Gefahr, daß aversive Methoden unerwünschte Nebenwirkungen hervorbringen.[598]

Auch für den **Bereich des schulischen Lernens** bieten sich verhaltenstherapeutische Methoden an. Hier wird auf den ersten bzw. die drei Modellversuche in Bremen („BREMER PROJEKT") einzugehen sein (siehe 4.2.3.1).

Wenn im Rahmen der Individuellen Aufbautherapie weitergesteckte Ziele, wie der Besuch öffentlicher Einrichtungen, die Benutzung öffentlicher Verkehrsmittel, Berufsvorbereitung, Reisen und die Entwicklung eigener Wohn- und Zukunftsvorstellungen/-

---

[596] vgl. DZIKOWSKI, 1996, S. 20
[597] vgl. DZIKOWSKI, 1996, S. 15 f.
[598] vgl. DZIKOWSKI, 1996, S. 20 f.

134

wünsche geplant werden, bedeutet dies einen Übergang in die letzte Phase des von DZIKOWSKI (1996) dargestellten idealisierten Therapieablaufs (siehe Abbildung 4.1), in die Phase der Lebensbegleitung.[599]

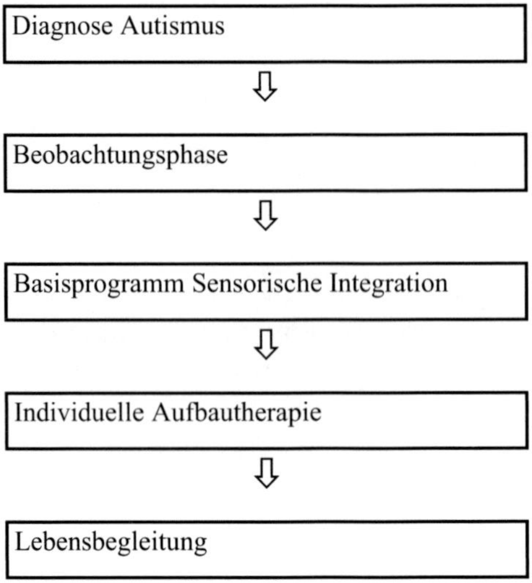

Diagnose Autismus

⇩

Beobachtungsphase

⇩

Basisprogramm Sensorische Integration

⇩

Individuelle Aufbautherapie

⇩

Lebensbegleitung

Abb.4.1 SchematischerTherapieablauf[600]

4.1 Basisprogramm

4.1.1 Sensorische Integrationsbehandlung (AYRES)

Die amerikanische Beschäftigungstherapeutin und Psychologin A. Jean AYRES entwickelte in den siebziger Jahren eine Therapie zur Behandlung sensorisch integrativer Dysfunktionen. Unter dem neurophysiologischen Entwicklungsprinzip der Sensorischen Integration versteht sie die sinnvolle Ordnung von Empfindungen, um sie gebrauchen zu können.[601] Verläuft die Sensorische Integration korrekt ab, so arbeiten alle Abschnitte des ZNS, die für eine sinnvolle Auseinandersetzung mit der Umwelt erforderlich sind, gut zusammen. Ist nun die Integration von Sinneswahrnehmungen gestört, so kann sich dies beim betroffenen Kind in Überaktivität und Ablenkbarkeit, Verhal-

[599] vgl. DZIKOWSKI, 1996, S. 21
[600] aus: DZIKOWSKI, 1996, S. 19
[601] vgl. AYRES, 1984, S. 6

tensproblemen, Sprachentwicklungsstörungen, Bewegungs- und Koordinationsstörun-
gen sowie in Lernschwierigkeiten äußern.[602]

Nach ihrem „Konzept der Entwicklungssequenzen" ist grundsätzlich jede Entwicklungsstufe des Gehirns vom Reifungsgrad der vorherigen abhängig. Sowohl entwick-
lungs- als auch stammesgeschichtlich bedeutet dies, daß neuere Strukturen immer auch
die Funktionen älterer Strukturen wiederholen, sie jedoch dann verändern und verfei-
nern.[603] Ein einwandfreies Funktionieren der höheren Hirnareale ist nur dann möglich,
wenn auch die niedrigeren Areale optimal arbeiten. Die Sensorische Integration findet
auf allen Hirnebenen statt. Die verschiedenen Hirnabschnitte (siehe Abb. 4.2) sollen
nachfolgend im Hinblick auf ihre Bedeutung für die Sensorische Integration beschrieben werden.

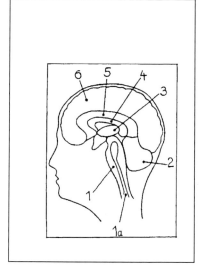

1. Hirnstamm mit Formatio reticularis (1a).
2. Kleinhirn (Cerebellum).
3. Zwischenhirn mit Thalamus und
   Basalganglien.
4. Balken (Corpus callosum).
5. Limbisches System oder der „alte Kortex".
6. Großhirnrinde (Neokortex).

Abb. 4.2 Hirnabschnitte[604]

Hirnaufbau

Das **Stammhirn (Hirnstamm)** besteht aus dem verlängerten Mark (Medulla ablonga-
ta), der Brücke (Pons) und dem Mittelhirn (Mesenzephalon).[605]

Ebenfalls im Hirnstamm befindet sich die Formatio reticularis. Sie ist der zentrale
Kern des Hirnstammes und besteht aus einer Gruppe von Nervenzellen und Kernen.

---

[602] vgl. AYRES, 1984, S. 79 ff.
[603] vgl. DZIKOWSKI/VOGEL, 1993, S. 18
[604] aus: KESPER/HOTTINGER, 1997, S. 14

136

Über zahlreiche Nervenfasern ist die Formatio reticularis mit jedem Sinnessystem und vielen motorischen Neuronen (Nervenzellen) sowie den meisten anderen Stellen des Großhirns verbunden.[606] Eintreffende Informationen werden hier verknüpft und für die Verarbeitung auf höheren Funktionsebenen vorbereitet bzw. ergänzt. Besonders taktile, kinästhetische und vestibuläre Reize haben einen Zugang zur Formatio reticularis. Als Hauptkontrollmechanismus des ZNS kommt der Formatio reticularis die Aufgabe zu, über aufsteigende Impulse die Großhirnrinde zu aktivieren und damit den Wachheits- und Aufmerksamkeitsgrad des ZNS zu steuern. Weiterhin hemmt oder verstärkt sie sensorische Reize und schützt dadurch das Gehirn vor Reizüberflutung bzw. macht es für die Interaktion mit der Umwelt bereit. Ist die Diskriminationfunktion gestört, d.h. zu viele/zu wenige Reize passieren die Kontrollstelle „Formatio reticularis", so äußert sich dies in Konzentrationstörungen, Hyperaktivität, Aufmerksamkeits- und Wachheitsstörungen. Lernstörungen sowie Störungen der Haltungskontrolle, der Augenmuskelkontrolle und ein abnormer Muskeltonus weisen ebenfalls auf eine Funktionsstörung der Formatio reticularis und des Hirnstammes hin.[607]

Das **Kleinhirn (Cerebellum)** steht in enger Verbindung mit dem Hirnstamm und der Großhirnrinde. Stammesgeschichtlich entspringen Kleinhirn und Innenohr (Labyrinth = Gleichgewichtsorgen + Schnecke/Kochlea) aus gemeinsamen Nervensträngen und haben somit ähnliche Funktionen (Koordination von Bewegungen; Aufrechterhaltung des Gleichgewichtes; Steuerung des Zusammesspiels der Muskeln etc.). Das Kleinhirn benötigt dafür Informationen aus dem taktilen, kinästhetischen und vestibulären Bereich.[608]

Das **Zwischenhirn (Dienzephalon)** enthält den Thalamus und den Hypothalamus. Der Hypothalamus regelt die autonomen Funktionen wie Stoffwechsel, Körpertemperatur und Emotionen. Der Thalamus steht in enger Verbindung mit dem Kleinhirn, dem Hirnstamm und dem Großhirn. Er ist eine wichtige Umschaltstation aller Afferenzen (zum Gehirn aufsteigende Nervenimpulse) aus den Sinnesorganen sowie aus anderen Hirnteilen.[609] Eintreffende Sinnesreize werden hier gefiltert und für die Verarbeitung in der Großhirnrinde vorbereitet. Alle Empfindungen, die bewußt werden sollen, werden vom Thalamus weitergeleitet. Dazu zählen Tastempfindungen, Tiefensensibilität sowie Temperatur- und Schmerzempfindungen. Informationen werden hier zu elementaren Gefühlen und Gemütszuständen wie Freude, Lust oder Angst ausgewertet.[610]

---

[605] vgl. SILBERNAGEL/DESPOPOULOS, 1979, S. 252
[606] vgl. AYRES, 1984, S. 41
[607] vgl. KESPER/HOTTINGER, 1997, S. 15
[608] vgl. KESPER/HOTTINGER, 1997, S. 16
[609] vgl. SILBERNAGEL/DESPOPOULOS, 1979, S. 252
[610] vgl. KESPER/HOTTINGER, 1997, S. 16

Die Basalganglien, als Teil des Endhirns (Großhirns), sind eine Zusammenballung von Nervenzellen, sogenannte Kerne. Sie bilden eine wesentliche Zwischenstation für die Erregungsleitung von den unspezifischen Arealen der Hirnrinde zu den motorischen Feldern. Ihre Aufgabe scheint es zu sein, Programme für langsame und gleichmäßige Bewegungen zu liefern.[611]

Der **Balken** ist eine Ansammlung markhaltiger Nervenfasern mit relativ hoher Leitungsgeschwindigkeit - im Gegensatz zu marklosen Nervenfasern - die beide Großhirnhemisphären miteinander verbindet. Somit ist ein Austausch von Informationen zwischen beiden Hirnhälften zur Bewältigung komplexer Leistungen gegeben.[612]

Das **Limbische System (alter Kortex)** legt sich wie ein Ring um den Balken. Es verknüpft die Informationen aus allen sensorischen Systemen. Reize, Empfindungen und Eindrücke werden auf dieser Stufe des Verarbeitungsprozesses erstmals bewußt erlebt. Das Limbische System steuert grobmotorische Bewegungen und ist an der Entstehung von Emotionen beteiligt. Alle Informationen und Lernvorgänge werden hier affektiv „gefärbt", d.h. als wichtig oder unwichtig bzw. angenehm oder unangenehm bewertet. Auch das Abspeichern von Informationen im Kurzzeitgedächtnis ist eine Funktion des Limbischen Systems.[613]

Die **Großhirnrinde (Neokortex)** umgibt als äußerste Schicht die beiden Großhirn- bzw. Endhirnhälften und steuert Funktionen wie Bewußtsein, Denken, Sprache und Körpergefühl. Sie ist in spezifische und unspezifische Areale unterteilt. Die spezifischen Rindenareale können in fester Beziehung zu bestimmten Sinnesbereichen stehen (Hörzentrum; Sehzentrum; primäres sensorisches Zentrum), oder sie übernehmen die Steuerung bestimmter Muskelgruppen (primär motorisches Zentrum). Die unspezifischen Areale ermöglichen die Herausbildung menschlicher Verhaltensweisen wie Phantasie, Denkmodelle etc. Die Großhirnrinde ist abhängig von der Weiterleitung der Informationen aus subkortikalen Gehirnstrukturen.[614]

Die Entwicklung der Wahrnehmung

- Unsere Wahrnehmung erfolgt über sieben verschiedene Sinnesmodalitäten:[615]

- Hautsinn einschließlich des Tastsinnes (taktile Wahrnehmung)

- Tiefensensibilität/Eigenwahrnehmung (kinästhetische Wahrnehmung)

- Gleichgewichtssinn (vestibuläre Wahrnehmung)

---

[611] vgl. SILBERNAGEL/DESPOPOULOS, 1979, S. 268
[612] vgl. KESPER/HOTTINGER, 1997, S. 16
[613] vgl. KESPER/HOTTINGER, 1997, S. 17
[614] vgl. KESPER/HOTTINGER, 1997, S. 17 f.
[615] vgl. KESPER/HOTTINGER, 1997, S. 34

- Gesuchssinn (olfaktorische Wahrnehmung)

- Geschmackssinn (gustatorische Wahrnehmung)

- Gehörsinn (auditive Wahrnehmung)

- Gesichtssinn (visuelle Wahrnehmung)

Taktile Wahrnehmung

Die taktile Wahrnehmung umfaßt das Empfinden von Druck, Berührung, Temperatur und Schmerz. Man unterscheidet zwei Systeme des Hautsinnes: das Warn- und Schutzsystem sowie das diskriminierende System. Das Schutzsystem dient in Verbindung mit dem Geruchs- und Gehörsinn dem Aufdecken von Gefahren. Es veranlaßt uns z.b., die Hand von einem heißen Gegenstand zurückzuziehen (Schutz vor Verbrennungen). Das diskriminierende System ermöglicht uns hingegen, den Unterschied von zwei verschiedenen Materialien zu ertasten. Je nach Art des Reizes wird entschieden, welches der beiden Systeme aktiviert wird.[616] Das taktile System ist das erste Sinnessystem, welches sich im Mutterleib entwickelt und dort schon funktioniert, während sich zur gleichen Zeit das optische und das akustische System noch in der Entwicklung befinden. Ohne ausreichende taktile Stimulierung entwickelt sich das gesamte Nervensystem nicht optimal und verbleibt somit in einem Ungleichgewicht.[617]

Kinästhetische Wahrnehmung

Propriorezeptoren (Rezeptoren der Gelenke, Sehnen und Muskeln) vermitteln dem ZNS ständig Informationen über Zug, Druck und Winkelveränderungen der Gelenke, über die Kontraktion oder Streckung von Muskeln etc. Somit ist die kinästhetische Wahrnehmung die Bewegungsempfindung, die von den Muskeln, Gelenken und Sehnen ausgeht. Sie ermöglicht uns, Bewegungen exakt ohne optische Kontrolle zu planen und zu steuern.[618] Ohne eine ausreichende Eigenwahrnehmung werden Körperbewegungen langsam, ungeschickt und sind mit viel Anstrengung verbunden.[619]

Vestibuläre Wahrnehmung

Unser Gleichgewichtsorgan befindet sich im Innenohr (Labyrinth) nahe der Kochlea (Hörschnecke). Es reagiert auf jede Lage- und Haltungsveränderung des Kopfes bzw. des gesamten Körpers und meldet diese Informationen an das ZNS. Das ZNS löst im Bedarfsfalle eine Gegenbewegung (Anpassungsreaktion) aus. Vestibuläre, kinästhetische und optische Wahrnehmung ergänzen sich gegenseitig, so daß dem Gehirn Infor-

---

[616] vgl. KESPER/HOTTINGER, 1997, S. 34 f.
[617] vgl. AYRES, 1984, S. 47
[618] vgl. KESPER/HOTTINGER, 1997, S. 35
[619] vgl. AYRES, 1984, S. 48

mationen über die Beziehung eines Gegenstandes zum Körper sowie über dessen Form und Lage zugeführt werden können. Weiterhin ist das vestibuläre System über Nervenleitungen und gemeinsame Rezeptoren eng mit dem Gehör verknüpft. Deshalb haben Kinder mit Gleichgewichtsstörungen häufig auch auditive Wahrnehmungsstörungen. Zusammen mit taktilen Reizen dienen die vestibulären Reize der Integration sensorischer Reize aus anderen Systemen. Durch eine Normalisierung der vestibulären Wahrnehmung können Haltungsreaktionen verbessert werden. Daraufhin können sich später Aktivitäten entwickeln, die geplanter und geschickter ablaufen.[620]

Olfaktorische Wahrnehmung

Das Riechepithel nimmt Geruchsstoffe aus der Luft auf und löst sie zunächst in der es bedeckenden Schleimschicht, bevor sie über die Rezeptoren als Geruchseindruck an die Großhirnrinde weitergeleitet werden. Der Geruchssinn ist bei der Geburt schon voll entwickelt, und somit erkennt das Kind seine Mutter am Geruch. Geruchs-, Haut- und Geschmackssinn sind als Warnsystem miteinander verknüpft. Taktil empfindliche Kinder haben auch häufig einen überempfindlichen Geruchssinn.[621]

Gustatorische Wahrnehmung

Auf der Zunge werden die Geschmacksstoffe im Speichel gelöst, über die Geschmackssinneszellen in die vier Grundqualitäten des Geschmacks (süß, salzig, sauer, bitter) unterschieden und dann über verschiedene Hirnnerven weitergeleitet. Wie bereits erwähnt kommt dem Geschmacks-, Geruchs- und Hautsinn eine Warnfunktion zu (z.B. Warnung vor verdorbenen oder zu heißen/kalten Nahrungsmitteln). Auch der Geschmackssinn ist von Geburt an voll funktionsfähig.[622]

Akustische Wahrnehmung

Über das Außenohr aufgenommene Schallwellen werden vom Trommelfell in Form von Schwingungen an das Innnenohr weitergeleitet und in elektrische Energie verwandelt. Von da aus werden die Erregungen über die Nervenleitungen zum Hirnstamm weitergegeben, um dort zur weiteren Verarbeitung mit anderen Informationen zusammengeführt zu werden. Eine exakte Verarbeitung auf Hirnstammebene ist für ein gut entwickeltes, genau differenziertes Gehirn erforderlich. Bedeutungsinhalte gewinnt der Hörimpuls dann, wenn er auf Hirnstammniveau mit Informationen aus den taktilen, kinästhetischen und vestibulären Bereichen verknüpft wird. Diese Verknüpfung bildet die Voraussetzung für komplexere Funktionen zur Ausbildung von akustischer Orientierung, Raumwahrnehmung und Sprache. Da das Gehör eng mit dem vestibulären Sy-

---

[620] vgl. KESPER/HOTTINGER, 1997, S.36 f.
[621] vgl. KESPER/HOTTINGER, 1997, S. 37
[622] vgl. KESPER/HOTTINGER, 1997, S. 37

stem verknüpft ist, weisen Kinder mit Gleichgewichtsstörungen häufig auch Sprech-
und Sprachprobleme auf. Auditive Leistungen können durch vestibuläre Stimulation
verbessert werden. Dies hat wiederum positive Auswirkungen auf die Integration anderer sensorischer Reize und damit auch auf die Sprache.[623]

Visuelle Wahrnehmung

Die Netzhaut des Auges nimmt Lichtreize auf und leitet diese als Erregung über die
Sehbahnen an das Sehzentrum im Großhirn weiter. Auf diesem Weg finden zahlreiche
Verschaltungen statt. Das Auge, als das höchstentwickelte Sinnesorgan des Menschen,
ist bei der Geburt noch relativ unreif. Erst über die Wahrnehmung taktiler, kinästhetischer und vestibulärer Informationen und die Bewegung im Raum gewinnt das Kind
eine Vorstellung von sich und davon, wie sich sein Körper im Raum befindet. Ist das
vestibuläre, taktile oder kinästhetische System beeinträchtigt, hat dies auch negative
Auswirkungen auf die visuelle Wahrnehmung. Ist das Kind beispielsweise aufgrund
einer Störung im vestibulären System nicht in der Lage, zielgerichtete Kopfbewegungen auszuführen bzw. den Kopf aufrecht zu halten, wird es auch Probleme haben, die
Augen auf einen Gegenstand zu fixieren. Das Fixieren eines Gegenstandes bildet jedoch die Voraussetzung, um eine exakte visuelle Information zu erhalten, die dann
zunächst auf Hirnstammebene und später auf höherer kortikaler Ebene verarbeitet
wird.[624]

Der Prozeß der Sensorischen Integration

Dem Hirnstamm kommt bei dem Prozeß der Sensorischen Integration die wichtigste
Rolle zu, obwohl Sensorische Integration generell in allen Hirnregionen stattfindet.
Die Rolle des Hirnstammes ist deshalb so entscheident, weil er das Hirnareal ist, welches alle Informationen zunächst passieren müssen. Große Teile der eingehenden Informationen werden hier bereits vollständig verarbeitet, d.h. sie erreichen weder die
oberen Hirnareale noch die Großhirnrinde (nicht-bewußt-werdende Informationen).
Der Hirnstamm verarbeitet schwerpunktmäßig die Informationen aus den drei Grund-
wahrnehmungssystemen:

- vestibuläre bzw. Gleichgewichts-Wahrnehmung

- taktile bzw. Oberflächen-Wahrnehmung

- propriozeptive (kinästhetische) bzw. Tiefen-Wahrnehmung

---

[623] vgl. KESPER/HOTTINGER, 1997, S. 37 f.
[624] vgl. KESPER/HOTTINGER, 1997, S. 38 f.

„Alle drei Grundwahrnehmungssysteme bilden - wenn sie richtig arbeiten und die Informationen richtig integriert werden - ein Fundament für unsere menschliche Entwicklung."[625]

Die Wahrnehmungs- und Integrationsleistung unterliegt individuellen Unterschieden,
ohne daß man jedoch bei Abweichungen gleich von Wahrnehmungsstörungen spricht.
Jeder hat Stärken und Schwächen in bestimmten Wahrnehmungsbereichen, doch unsere Anpassungsfähigkeit an die Umwelt hilft uns in vielem weiter. Grundlage dieser
Anpassungsfähigkeit ist ein bestimmtes Maß an Integrationsfähigkeit. Ihre Wurzeln
werden schon früh während der vorgeburtlichen Entwicklung gelegt. Auch wenn die
körperliche und geistige Entwicklung genetisch vorprogrammiert ist, so bedarf es doch
zum Auf- und Ausbau neuronaler Verschaltungen im menschlichen Nervensystem äu-
ßerer Reize. Bereits der Foetus setzt sich ab dem zweiten Schwangerschaftsmonat über
seine Bewegungsfähigkeit aktiv mit seiner Umwelt auseinander. Er vollführt Purzel-
bäume und andere Bewegungen, wodurch er sein Gehirn mit der für die optimale Entwicklung notwendigen „Nahrung" (taktile, vestibuläre und propriozeptive bzw. kinästhetische Reize) versorgt.[626] Während des Geburtsvorganges erfährt das Kind nochmals, aufgrund des Drucks und der Enge im Geburtskanal, intensive taktile und propriozeptive Stimulationen. Nach der Geburt verlangt der Verlust der Schwerelosigkeit
danach, daß sich das kindliche Gehirn auf die veränderten Bedingungen einstellt. Die
Bewegung der Extremitäten hilft ihm dabei, seine Hirntätigkeit anzuregen. Es entstehen neue Verbindungen zwischen den einzelnen Hirnzellen und Hirnzentren. Besonders Reize, die über mehrere Wahrnehmungskanäle aufgenommen werden, fördern die
Herausbildung dieser neuronalen Verbindungen.[627]

Die prä-, peri- und postnatale Stimulation der drei Grundwahrnehmungssysteme - insbesondere des vestibulären und taktilen Systems - ist wichtig für das Überleben des
Menschen, denn sie beeinflussen direkt und indirekt alle sensorischen Integrationsprozesse.

So wird durch vestibuläre Stimulation der Erregungszustand der Formatio reticularis
und damit die Verknüpfung eintreffender Informationen sowie der Wachheits- und
Aufmerksamkeitsgrad beeinflußt.

Das taktile System besteht, wie bereits beschrieben, aus dem taktilen Abwehrsystem
und dem unterscheidenden System. Das bei der Geburt bereits ausgebildete Abwehrsystem entscheidet darüber, ob eingehende Reize als angenehm oder unangenehm erlebt
werden. Im Verlauf des Prozesses der Sensorischen Integration wird das taktile Ab-

---

[625] DOERING/DOERING, 1990a, S. 13
[626] vgl. DOERING/DOERING, 1990a, S. 14
[627] vgl. DOERING/DOERING, 1990a, S. 14 f.

wehrsystem allmählich zugunsten des unterscheidenden Systems, welches Informationen über die Qualitat eines Reizes liefert, gehemmt. Auch das taktile System kann durch seinen Einfluß auf die Formatio reticularis andere Integrationsprozesse verändern.[628]

Damit ein effektives Arbeiten auf höherer Hirnebene überhaupt möglich ist, müssen die basalen Informationen der vestibulären und taktilen Sinne zunächst optimal kombiniert, verknüpft und verschaltet werden (Sensorische Integration). Die häufigste Methode der Integration ist die Hemmung von Reizen, die für das momentane Überleben weniger wichtig sind. Andere, wichtigere Reize werden hingegen verstärkt, um ihre Übertragung in höhere Hirnareale zu verbessern.

Autistische Kinder weisen nach AYRES zahlreiche Symptome einer mangelhaften sensorischen Verarbeitung auf, die auch bei Kindern mit leichteren Hirnfunktionsstörungen zu beobachten sind.[629] Häufig haben autistische Kinder Schwierigkeiten, Berührungsreize zu lokalisieren, anzugeben, wo sich ihre Hände befinden und Bewegungen zu planen und zu koordinieren. Ihre Stellungs- bzw. Haltungsreaktionen - z.B. der tonische Labyrinthreflex (TLR)[630] - sind zwar nicht gut, aber doch besser entwickelt, als bei lernbehinderten Kindern. Somit kann man davon ausgehen, daß die Sinneseindrücke des vestibulären Systems und des kinästhetischen Systems im Hirnstamm gut verarbeitet werden. Auch die Weiterleitung dieser Sinneseindrücke über die Nervenbahnen zu den sensorischen Abschnitten der Großhirnrinde scheint nicht beeinträchtigt. Trotzdem gelangen viele Eindrücke nicht ins Bewußtsein des Kindes, was AYRES darauf zurückführt, daß irgendein Hirnabschnitt nicht richtig arbeitet. Sie nennt drei Aspekte, die auf eine schlechte sensorische Verarbeitung bei autistischen Kindern hindeuten:[631]

1. Sinneseindrücke werden nicht richtig im Gehirn „registriert", d.h. nicht zur Kenntnis genommen.

2. Sinneseindrücke werden nicht richtig moduliert (abgestimmt). Dies betrifft besonders Gleichgewichts- und Berührungsempfindungen. Die Folge sind Schwerkraftverunsicherungen und taktile Abwehr.

---

[628] vgl. DZIKOWSKI/VOGEL, 1993, S. 20

[629] vgl. AYRES, 1984, S. 173

[630] Beim TLR werden die Körperteile des Kindes in Bauch- oder Rückenlage in Richtung der Schwerkraft gezogen. Mit zunehmender Integration innerhalb des Nervensystems entwickelt das Kind die Fähigkeit, diesen Reflex zu hemmen und damit der Schwerkraft zu widerstehen; vgl. KESPER/HOTTINGER, 1997, S. 33.

[631] vgl. AYRES, 1984, S. 174

3. Das „Ich will es tun"-System im Gehirn, welches das Bedürfnis nach Beschäftigung mit neuen Dingen wachhält, arbeitet nicht richtig.

Wie wirken sich nun nach AYRES diese Aspekte einer schlechten sensorischen Verarbeitung aus?

Den **ersten Aspekt**, daß Sinneseindrücke im Gehirn nicht registriert werden, führt
AYRES darauf zurück, daß das Limbische System, welches eintreffende Sinneseindrücke nach ihrer Wichtigkeit bewertet, zu häufig z.b. akustische und optische Reize
ignoriert und somit nicht weiterleitet. Manchmal jedoch beschließt das Gehirn, einen
Nervenreiz zu speichern, der völlig unwichtig erscheint. Dann kommt es vor, daß das
autistische Kind einem winzigen Detail - einem Staubkorn oder einem Fleck - seine
Aufmerksamkeit zuwendet.[632] Auch andere Sinnesreize (Geruchs- und Geschmacks-
reize, Schmerzreize etc.) werden von autistischen Kindern aus diesem Grund häufig
nicht wahrgenommen. Sie gelangen einfach nicht in ihr Bewußtsein. Reizinformatio-
nen aus dem kinästhetischen System - den Sehnen, Gelenken und Muskeln - scheinen
jedoch intensiver gefühlt zu werden, als solche aus dem visuellen und akustischen System. Deshalb lieben es autistische Kinder, an den Armen und Beinen gezogen zu werden. Aber auch hier scheint trotzdem ihr Schmerzempfinden gestört, denn sie empfinden derartige Reize noch als angenehm, wenn andere Kinder sie bereits als schmerz-
haft empfinden.[633] Auch starke Stimulationen des vestibulären Systems machen viele
dieser Kinder weder schwindelig noch seekrank, d.h. auch dieses System arbeitet nicht
einwandfrei. Bei einigen autistischen Kindern sind jedoch auch Schwerkraftverunsicherungen festzustellen. Vestibuläre Impulse werden von ihnen zwar aufgenommen
(registriert), aber nicht in der richtigen Art und Weise abgestimmt, was dem **zweiten
Aspekt** einer schlechten sensorischen Verarbeitung - der gestörten Modulation - entspricht. Kinder mit Schwerkraftverunsicherung verarbeiten zumindest einen kleinen
Teil der registrierten vestibulären Reize, so daß eine Behandlung hier aussichtsreich
erscheint.[634] Als **dritten Aspekt** nennt AYRES eine Störung im „Ich will es tun"-
System. Dieses System treibt uns dazu an, auf Reizeinwirkungen zu reagieren und arbeitet daher eng mit dem Limbischen System zusammen, welches die Aufmerksamkeit
auf Nervenreize lenkt bzw. sie bewußt werden läßt. Das „Ich will es tun"-System entscheidet nun darüber, ob auf die bewußt gewordene Empfindung reagiert wird oder
nicht. Bei autistischen Kindern entscheidet das System häufiger, nicht zu reagieren. Es
bedarf einer längeren Zeit, bis sich das System „einschaltet". Daher müssen diesen

---

[632] vgl. AYRES, 1984, S. 175
[633] vgl. AYRES, 1984, S. 177
[634] vgl. AYRES, 1984, S. 179

144

Kindern beispielsweise Bewegungsangebote sehr viel häufiger gemacht werden, als anderen Kindern.[635]

Die Bewegungsaktivitäten autistischer Kinder können jedoch auch durch die schlechte Abstimmung der Schwerkraft und der Bewegungsempfindungen beeinflußt sein, was dann unangenehme Empfindungen und eventuell Bewegungsverweigerung auslöst. „Diese Unbeweglichkeit ist eins der ersten Symptome, mit dem sich die Therapeutin während der Behandlung auseinanderzusetzen hat."[636] Denn nur, wenn das Kind Bewegungsaktivitäten als angenehm empfindet, wird seine Mitarbeit während der Sensorischen Integrationsbehandlung, die stark motorisch orientiert ist, gewährleistet sein.

AYRES verweist zum Ende ihrer Ausführungen über autistische Kinder darauf, daß sie mit ihrem Behandlungsansatz bei diesen Kindern meist keine nennenswerten Verbesserungen erreicht habe. Durch eine Fortsetzung der Behandlung autistischer Kinder erhoffte sie sich jedoch einen Zugang zu den neurologischen Problemen dieser Kinder, um schließlich eine Methode zu finden, die auch deren Gehirn für das bewußte Erleben von Sinneseindrücken bereit macht.[637]

Verschiedene Personen, die in der Praxis mit autistischen Menschen arbeiten, berichten über ihre Erfahrungen beim Einsatz der Sensorischen Integrationstherapie als eine mögliche Behandlungsmethode.[638]

HELBIG (1990), Leiter der Ambulanz für autistische Kinder in Bremen, weist darauf hin, daß er in seiner Arbeit mit diesen Kindern immer von einer Wahrnehmungsverarbeitungsstörung ausgegangen ist. Somit paßte er die Lernanforderungen immer an die durch die Verarbeitungsstörung eingeschränkten Fähigkeiten der Kinder an. Durch diese Anpassung konnte er zwar die Lernbedingungen der Kinder verbessern, doch auf die Ursache der Verarbeitungsstörung wurde damit nicht eingewirkt. Die Sensorische Integrationsbehandlung (SI), die für sich den Anspruch erhebt, Veränderungen in der Gehirnfunktion bewirken zu können, bot sich dazu an, eben an den ursächlichen Bedingungen anzusetzen. „Mit der SI schien es nun möglich zu sein, im Bereich der Ursachen des Frühkindlichen Autismus tätig zu werden. Ich erwartete davon keine Heilung, wohl aber positive Einflüsse auf das Verhalten und die Lernfähigkeit."[639]

Die von AYRES für die Diagnostik sensorischer Integrationsstörungen vorgesehenen „Southern California Sensory Integration Tests (SCSIT)" erwiesen sich jedoch für die

---

[635] vgl. AYRES, 1984, S. 181
[636] AYRES, 1984, S. 183
[637] vgl. AYRES, 1984, S. 184
[638] vgl. ARENS, 1988; DZIKOWSKI, 1988 und 1990b; DZIKOWSKI/VOGEL, 1993; HELBIG, 1990
[639] HELBIG, 1990, S. 16

Testung autistischer Kinder als nicht brauchbar.[640] Auch DZIKOWSKI (1988) weist darauf hin, daß die SCSIT bei den autistischen Kindern seiner Untersuchung in keinem Fall anwendbar waren, da die Tests für nichtbehinderte Kinder mit gutem Sprachverständnis konzipiert sind.[641] Somit bildete die klinische Beobachtung sowohl in HEL-BIGs als auch in DZIKOWSKI/VOGELs (1993) Untersuchung die Grundlage für die Ermittlung des individuellen Sinnesprofils der Kinder. Ergänzt wurden diese Beobachtungen bei HELBIG durch einzelne brauchbare Untertests aus der SCSIT sowie dem „Entwicklungstest der visuellen Wahrnehmung" von FROSTIG.[642]

„Wir stellten fest, daß autistische Kinder in der Regel in zahlreichen Bereichen zahlreiche Auffälligkeiten zeigten: Im taktilen Bereich, im vestibulären, in der Lateralität, beim Muskeltonus, in der visuellen Form- und Raumwahrnehmung usw."[643] Autistische Kinder sind demnach häufig schon in den grundlegenden Bereichen der Sensorischen Integration beeinträchtigt. Auffälligkeiten auf höherer Ebene sind die zwangsläufige Folge. Fast alle Kinder wiesen die von AYRES (1984) definierten Störungsbilder der „taktilen Abwehr" oder/und „Störungen, die das Gleichgewichtssystem betreffen" auf. Beide Störungsbilder betreffen die mangelhafte Integration der Grundwahrnehmungssysteme. Somit wurde die Therapie in diesen Bereichen angesetzt.[644]

DZIKOWSKI/VOGEL (1993) weisen darauf hin, daß nicht bei allen autistischen Kindern eine Wahrnehmungsverarbeitungsstörung im vestibulären, taktilen oder kinästhetischen System nachgewiesen werden kann. Die den Verhaltensauffälligkeiten zugrundeliegende Problematik kann durchaus in einem anderen Bereich angesiedelt sein.[645]

Ferner sei festzuhalten, daß nach CORDES alle autistischen Kinder, wenn sie Störungen in der Wahrnehmungsverarbeitung haben, diese in kindspezifischen Bereichen aufweisen, d.h. entweder im taktilen und/oder im vestibulären und/oder einem anderen System.[646] Da nun die optimale Verarbeitung des sensorischen Inputs auf subkortikalem Niveau die Basis für den Ablauf komplexerer Verarbeitungsmechanismen wie Lernen, abstraktes Denken, Sprache etc. ist, sollte es Grundlage jeder umfassenden, ganzheitlich orientierten Therapie sein, eben diese basalen Funktionen zu trainieren.

Von dieser Auffassung ausgehend führten DZIKOWSKI/VOGEL in der „Ambulanz für autistische Kinder" Bremen zwischen Januar und Dezember 1985 eine Untersuchung über Störungen der Sensorischen Integration und den damit verbundenen Pro-

---

[640] vgl. HELBIG, 1990, S. 17
[641] vgl. DZIKOWSKI, 1988, S. 32 f.
[642] vgl. HELBIG, 1990, S. 17
[643] HELBIG, 1990, S. 18
[644] vgl. HELBIG, 1990, S. 18
[645] vgl. DZIKOWSKI/VOGEL, 1993, S. 32
[646] vgl. DZIKOWSKI/VOGEL, 1993, S. 26

blemen der Diagnostik und Therapie durch.[647] Man begann im Januar 1985 zunächst damit, aus den „Ambulanz-Kindern" einige auszuwählen, die für eine Behandlung mit der Sensorischen Integrationstherapie nach AYRES geeignet schienen. Im Anschluß an eine Diagnosephase wurde für jedes Kind ein speziell auf sein Störungsbild abgestimmtes Therapieprogramm erstellt.[648]

Exemplarisch möchte ich hier eine der von DZIKOWSKI/VOGEL (1993) beschriebenen Falldarstellungen vorstellen:

Bei Corinna wurde im Alter von drei Jahren die Diagnose „Autismus" gestellt. Im Alter von neun Jahren wurde sie erstmals in der Bremer Ambulanz vorgestellt und begann zirka ein Jahr später dort ihre Therapie. Sie verfügte weder über eine aktive noch passive Sprache. Lediglich ihren Namen verstand sie. Im lebenspraktischen Bereich war sie extrem eingeschränkt, konnte sich beispielsweise nicht allein an- und ausziehen. In den folgenden Jahren wurde sie mit verschiedenen Therapieansätzen behandelt, die jeweils mehr oder weniger erfolgreich waren. Im lebenspraktischen Bereich machte sie gute Fortschritte, auch im kognitiven Bereich konnte sie eine Reihe von Leistungen vollbringen. Keine Verbesserung zeigte sich trotz intensiven Trainings im Bereich des konkreten Wortverständnisses und der Fähigkeit zur Imitation. Weiterhin zeigte sie zwanghafte Eßstereotypien und eine Scheren-Phobie. Im motorischen Bereich fielen langsame, fast zeitlupenartige und vorsichtige Bewegungen auf. Im Jahr 1984 wurde bei ihr eine fehlende Auge-Fuß-Koordination sowie ein nicht altersgemäß ausgeprägter Stellungsreflex festgestellt. Die detaillierte Untersuchung sensorischer Integrationsstörungen bzw. -leistungen begann zu Anfang des Jahres 1985 im Rahmen der zuvor kurz geschilderten Studie. Keine Auffälligkeiten zeigten sich bei Corinna in Untersuchungen zur taktilen Abwehr, zum Temperaturempfinden, zur Tiefenwahrnehmung sowie im visuellen und olfaktorischen Bereich. Massive Probleme fanden sich hingegen in der Verarbeitung vestibulärer, proprizeptiver sowie viszeraler[649] Informationen. Corinnas Zwang, immer große Mengen an Nahrung aufzunehmen, ließ sich somit als Folge einer „mangelhaften Verarbeitung der Impulse aus den inneren Organen wie Magen und Darm und dem Blutkreislauf"[650] erklären. Auch für ihre langsamen, oft schlaffen und ungeschickten Bewegungen, schien nun die Ursache gefunden zu sein. Da sie sich im Wasser, also unter veränderten Schwerkraftverhältnissen und somit geringerem propriozeptivem Input schneller und eleganter bewegte, konnte davon ausgegangen

[647] vgl. DZIKOWSKI/VOGEL, 1993, S. 33
[648] vgl. DZIKOWSKI/VOGEL, 1993, S. 35 f.
[649] Viszerale Informationen = Informationen der „Sinnesorgane" bzw. Rezeptoren aus den inneren Organen, die einen Einfluß auf den Blutdruck, die Verdauung, die Atmung sowie andere autonome Funktionen haben; vgl. AYRES, 1984, S. 51.
[650] DZIKOWSKI/VOGEL, 1993, S. 65

werden, daß ihr Gehirn unter normalen Schwerkraftbedingungen mit zu vielen pro-
priozeptiven Informationen belastet wurde. Ferner deutete einiges darauf hin, daß sie
vestibuläre Informationen schlecht verarbeiten konnte. Auf jede Lageveränderung und
jedes Geschaukelt- oder Bewegtwerden reagierte sie panisch - deshalb auch ihre langsamen, vorsichtigen Bewegungen - .

DZIKOWSKI/VOGEL (1993) merken in Bezug auf die bei Corinna festgestellte Symptomatik folgendes an:

> „Die bei Corinna vermutete Kombination der verschiedenen Störungen erschien uns
> ungewöhnlich. Wir waren uns über die Richtigkeit unserer Diagnose unsicher und
> fanden auch in der Literatur keinen vergleichbaren Fall."[651]

Aus den gewonnenen Informationen ergaben sich jedoch folgende drei Hauptziele, um
die Störungen in der Sensorischen Integration bei Corinna zu beeinflussen:

1. Übungen, die die Verarbeitung vestibulärer Reize verbessern können.

2. Übungen, die die Verarbeitung propriozeptiver Reize verbessern können.

3. Reduzierung der Nahrungsaufnahmen.

Zu 1) Da Corinna hauptsächlich Probleme mit plötzlichen Veränderungen hatte, die ihr
Gleichgewichtssystem betrafen, wählte man besonders derartige Übungen aus.

a) Fahren auf dem Rollbrett (Beschleunigung, Abbremsen, Bewegungen in verschiedene Richtungen);

b) Sitzen auf einem hydraulischen Bürostuhl (aufwärts und abwärts bewegen, Bewegung aushalten können);

c) Gleichgewicht halten können auf verschiedenen Untergründen bzw. auf Übungsge-
räten wie Matratzen, Wippen, Schaukelbrettern etc.;

d) Übungen mit geschlossenen Augen, z.B. Einbeinstand.[652]

Zu 2) Die positive Erfahrung, daß Corinna im Wasser wesentlich aktiver war, machte
man sich zunutze. Ohne konkrete Festlegung von Übungsabläufen förderte man ihre
allgemeine Bewegung im Wasser durch Aufforderungen, vom Beckenrand zu sprin-
gen, zu tauchen etc.[653] Außerhalb des Wassers ging es darum, ihr einzelne propriozeptive Reize wahrnehmbar zu machen. „In entspannter Liegeposition wurden bestimmte
(wenige) Körperstellen gedrückt oder mit einem Gewicht beschwert."[654]

---

[651] DZIKOWSKI/VOGEL, 1993, S. 66
[652] vgl. DZIKOWSKI/VOGEL, 1993, S. 67 f.
[653] vgl. DZIKOWSKI/VOGEL, 1993, S. 68
[654] DZIKOWSKI, 1990b, S. 45

Zu 3) Die Eltern sowie die Betreuer in der Geistigbehinderteneinrichtung wurden aufgefordert, Corinnas Ernährung auf kalorienarme Kost umzustellen und Lebensmittel
konsequent unter Verschluß zu halten.[655]

Die Therapie fand einmal wöchentlich als Doppelstunde statt. Drei der monatlichen
vier Sitzungen wurden zu Hause abgehalten, eine in der Ambulanz. Somit konnten
viele der unter Punkt 1 genannten Übungen nur alle vier Wochen durchgeführt werden.
Die Schwimmbadübungen führte wöchentlich eine Betreuerin aus der Geistigbehinderteneinrichtung mit Corinna durch. Corinnas Mutter hatte einen Elternschulungskurs
zur Sensorischen Integrationstherapie nach AYRES besucht und unterstützte die Therapeuten entsprechend ihrer Möglichkeiten. Trotzdem waren die Therapiebedingungen
relativ schlecht (nur alle vier Wochen intensive Einzeltherapie zur Sensorischen Integration; keine Fortsetzung des Übungsprogrammes zu Hause oder in der Behinderteneinrichtung; keine Hospitation der Gruppenleiterin aus der Behinderteneinrichtung in
der Ambulanz etc.).[656]

Corinna entwickelte sich jedoch besser, als unter diesen Bedingungen erwartet wurde.
Sie zeigte ein stärkeres Interesse an sozialen Kontakten, bewegte sich fließender und
schneller und zeigte keine Ängste mehr. Eine Quantifizierung derartiger Entwicklungs-
schritte ist aus verschiedenen Gründen nicht möglich. Weiterhin weisen DZIKOWS-
KI/VOGEL darauf hin, daß die für Corinna vereinbarten Lernziele mit Beendigung der
Untersuchung keineswegs erreicht waren.[657] Die Therapie wurde bis 1989 in der beschriebenen Form fortgesetzt.[658]

Grundsätzlich bleibt festzuhalten, daß die Behandlung sensorischer Integrationsstörungen bei autistischen Menschen zu deutlichen Verbesserungen in der Symptomatik (z.B.
Reduzierung der autistischen Abgeschiedenheit) führen kann. Somit ist sie ein sinnvoller Bestandteil in der Autismustherapie und sollte dort in Form einer Basistherapie
zum Einsatz kommen. Allerdings bringt ihr Einsatz bei autistischen Kindern einige
Probleme mit sich. So ist nach AYRES ein Grundsatz des therapeutischen Vorgehens
die flexible, kreative, dem Kind Raum gebende Gestaltung der Therapiestunde. Autistische Kinder hingegen benötigen eher ein hohes Maß an Klarheit und Strukturiert-
heit. Auf phantasievoll gestaltete, abwechslungsreiche und raumgebende Angebote
reagieren sie mit massiven Veränderungsängsten, Vertrauensverlust oder mit Unver-

---

[655] vgl. DZIKOWSKI/VOGEL, 1993, S. 68
[656] vgl. DZIKOWSKI/VOGEL, 1993, S. 68 f.
[657] vgl. DZIKOWSKI/VOGEL, 1993, S. 71
[658] vgl. DZIKOWSKI, 1990b, S. 44

ständnis. Aber gerade Vertrauen und Kontinuität sind entscheidend, wenn ein wirklicher Entwicklungsfortschritt erreicht werden soll.[659]

Auf die zahlreichen anderen Probleme, mit denen sich die Therapeuten während der Untersuchung zum Einsatz der Sensorischen Integrationstherapie nach den Grundsätzen AYRES' konfrontiert sahen, möchte ich hier nicht weiter eingehen. Die generelle Problematik fassen DZIKOWSKI/VOGEL (1993) kurz folgendermaßen zusammen:

> „Die Theorie der sensorischen Integrationsbehandlung bzw. die Anweisungen zur praktischen Arbeit sind nicht ausreichend. Dadurch entsteht das Gefühl von Inkompetenz beim Therapeuten."[660]

Ein mangelnder Erfolg des Einsatzes der Sensorischen Integrationstherapie bei autistischen Kindern muß wohl darauf zurückgeführt werden, daß sich die Anweisungen zum pädagogischen Vorgehen auf nicht-schwerstbehinderte Kinder mit sensorischen Integrationsstörungen beziehen. Solange es noch keine „Ausführungshinweise" zum Einsatz der SI bei Autismus gibt, ist in verstärktem Maße als sonst die Flexibilität und Beobachtungsgabe des Therapeuten gefragt. Nur wenn er das betreffende Kind gut genug kennt, Vertrauen aufgebaut hat und natürlich mit der Methode gut genug vertraut ist, wird er ein individuelles Programm für es zusammenstellen können.

Auch wenn diese Methode wegen der geringen wissenschaftlich-empirischen Nachweisbarkeit ihrer Wirkung noch umstritten ist - was allerdings auch für viele andere Ansätze gilt -, so gehört sie doch unter den in der Praxis tätigen AutismustherapeutInnen längst zum festen Repertoir für eine sinnvolle und effektive Förderung. Dies beweisen auch die Ergebnisse meiner Befragung, wonach die Sensorische Integrationsbehandlung in achtzehn von einundzwanzig Ambulanzen zum Einsatz kommt.

4.1.2 AFFOLTER-Therapie

Die Schweizer Pädagogin und Psychologin Félicie AFFOLTER geht davon aus, daß wahrnehmungsgestörte und somit auch autistische Kinder anders berühren, spüren und auf die Umwelt einwirken, als nicht-wahrnehmungsgestörte Kinder.[661]

Wahrnehmungsgestörte Kinder entwickeln sich nach AFFOLTER (1987) in den folgenden drei Bereichen anders, als es normal üblich wäre:

---

[659] vgl. DZIKOWSKI/VOGEL, 1993, S. 108
[660] DZIKOWSKI/VOGEL, 1993, S. 110
[661] vgl. JANETZKE, 1997, S. 57 f.

a) im Bereich der Wahrnehmungsleistungen,

b) in der Reihenfolge der Entwicklungsleistungen,

c) im problemlösenden Verhalten.

Zu a)

Die Entwicklung von Wahrnehmungsleistungen wahrnehmungsgestörter Kinder unterscheidet sich z.b. von der normaler, hörgeschädigter und blinder Kinder insofern, daß Wahrnehmungsgestörte beim taktilen Erkennen komplexer Muster große Schwierigkeiten haben.[662]

Zu b)

Entwicklungsleistungen erscheinen bei wahrnehmungsgestörten Kindern nicht in der gleichen Reihenfolge, wie bei normalen Kindern. Während z.b. normale Kinder mit direkter Nachahmung einige Monate vor Beginn der Sprachentwicklung anfangen, verstehen wahrnehmungsgestörte Kinder teilweise Sprache, bevor sie nachahmen können. Auch die Art der Sprachentwicklung verläuft bei ihnen nicht in der gewohnten Art, d.h. nicht von Einwort- über Zwei- und Dreiwort-Sätze zu komplexeren Sätzen. Einige dieser Kinder sprechen über eine bestimmte Zeit längere Sätze korrekt aus, bis sie plötzlich auf die Stufe der Zweiwort-Sätze zurückfallen. Auch die Lall- und Plauderphase ganz zu Beginn der Sprachentwicklung fehlt häufig bei wahrnehmungsgestörten Kindern. AFFOLTER geht davon aus, daß die genannten und viele andere Entwicklungsleistungen untereinander nicht in direktem Zusammenhang stehen, wenn sie in so unterschiedlich zeitlicher Abfolge auftreten.[663]

Zu c)

Problemlösendes Verhalten kann im allgemeinen in verschiedene Prozesse (Hypothesenbildung, Informationsgewinnung, Feed-back-Auswertung, schluß-folgern, entscheiden) unterteilt werden. Wahrnehmungsgestörte Kinder unterscheiden sich in ihrem problemlösenden Verhalten sowohl von jüngeren als auch älteren normalen Kindern. Sie sind in diesem Bereich also nicht einfach nur entwicklungsverzögert, sondern „anders". Ihnen mangelt es besonders an den Aktivitäten, die zur Gewinnung von Informationen dienen. In allen anderen Bereichen zeigen sich nur geringe Unterschiede.[664]

Wenn nun wahrnehmungsgestörte Kinder mehr oder weniger bei der Ausführung „Problemlösender Alltagsgeschehnisse" versagen, so führt AFFOLTER dies auf einen

---

[662] vgl. AFFOLTER, 1987, S. 183
[663] vgl. AFFOLTER, 1987, S. 184
[664] vgl. AFFOLTER, 1987, S. 185

Mangel an Wahrnehmung der für die Lösung notwendigen Spürinformationen zurück. Auf der Grundlage dieses Gedankens entwickelte sie ein eigenes Entwicklungsmodell. Grundlage diese Modells bilden die „Problemlösenden Alltagsgeschehnisse". Die innerhalb des problemlösenden Prozesses gesammelten Spürinformationen bilden die Wurzeln und den Stamm der weiteren Entwicklung. Der Säugling erwirbt seine ersten Spürinformationen beim Berühren der Unterlage, auf der er liegt und beim Berühren der ihn ungebenden Seiten. Er sucht nach einer stabilen Seite, sobald die Unterlage unsicher wird. Gespürte Erfahrungen schließen zunehmend Ursache-Wirkungsbeziehungen ein, und das Kind beginnt zu erkennen, wie die es umgebende Wirklichkeit strukturiert ist. Gegen Ende des ersten Lebensjahres hat es schon ein gewisses Verständnis für Veränderungen der Wirklichkeit. Es benutzt die erworbenen Regeln des Berührens und Wirkens verstärkt zum Lösen von Alltagsproblemen und damit zum Verändern der Wirklichkeit. Die bei der Problemlösung gesammelten Spürinformationen werden nun zunehmend mit gleichzeitig aufgenommenen visuellen und auditiven Informationen verbunden und in zeitlicher Folge geordnet (zeitlich-sukzessive bzw. seriale Organisation). Auch sensomotorische Leistungen (z.B. die direkte Nachahmung) entwickeln sich im Rahmen „Problemlösender Geschehnisse", verlangen aber nach einem großen Ausmaß derartiger Erfahrungen.[665]

Der Erfahrungsbereich gespürter „Problemlösender Geschehnisse" ist bei einem sechs Jahre alten normalen Kind so umfassend, daß nun Leistungen auf der nächsten Entwicklungsstufe - der Stufe der konkreten Intelligenz nach PIAGET - möglich sind. Derartige Leistungen verlangen somit ein noch größeres Maß an gespürter Erfahrung und deren Verinnerlichung, als Leistungen auf der Stufe der sensomotorischen Intelligenz. Ein nochmals größeres Maß an Verinnerlichung erfordern die etwa im Alter von zwölf Jahren auftretenden Leistungen der formalen Intelligenz. AFFOLTER weist in diesem Zusammenhang nochmals darauf hin, daß die Leistungen auf den verschiedenen Entwicklngsstufen nicht voneinander, sondern immer von der Wurzel - der Spürinformation - abhängig sind. Andere Entwicklungsmodelle nehmen in der Regel einen direkten Zusammenhang zwischen einfacheren und komplexeren Leistungen bzw. Entwicklungsstufen an.[666]

Wenn es nun wahrnehmungsgestörten Kindern an den für die Lösung von Alltagsproblemen notwendigen Spürinformationen fehlt, wie kann man ihnen diese verschaffen?

Durch das „Führen" kann man dem Kind Spürinformationen verschaffen und ihm damit bei der Lösung eines Problems behilflich sein. Viele Eltern benutzen diese Methode ganz spontan, wenn ihr Kind vor einem Problem steht, das es allein nicht lösen

---

[665] vgl. AFFOLTER, 1987, S. 186

kann. Dann nehmen sie die Hände des Kindes und lösen mit ihm gemeinsam das Problem.[667]

Beim Problemlösen durchläuft jedes Kind verschiedene Stufen von Verhaltensänderungen, die auch als Lernstufen bezeichnet werden können:

Stufe 1: Berührt ein wahrnehmungsgestörtes Kind erstmals einen Gegenstand, ist diese Berührung offenbar zunächst mit einem Übermaß an Spürinformationen verbunden. Zwei Verhaltensänderungen lassen sich beobachten:

a) Ansteigen des Körpertonus,

b) Blickabwendung.

Besonders wenn wahrnehmungsgestörte Kinder beim „Führen" mit glitschigem oder feuchtem Material in Berührung kommen, zeigen sie diese Reaktionen. Führt man sie jedoch weiter, so vermindert sich der Tonus bald wieder, und auch der Blick wendet sich den Händen zu. Dieses Verhalten kennzeichnet nun auch schon die zweite Stufe des Lernens.[668]

Stufe 2: Das fortgesetzte Berühren ermöglicht es dem Kind, mit der gespürten Information vertraut zu werden. Die Veränderungen im *Körpertonus* werden in zunehmend weicheren Bewegungen sichtbar. Bei zuvor hypotonen Kindern steigt jetzt der Tonus an. Auf dieser Stufe verändert sich somit der Körpertonus in Richtung Normalität. So werden auch die motorischen Leistungen schwer hirngeschädigter Menschen im Laufe dieser geführten Geschehnisse zunehmend besser. Diese Verbesserung ist jedoch nicht nur auf die Bewegungen bezogen, die unter der Führung vollzogen wurden. Auch ein Transfer auf andere Körperteile findet statt. „So kommt es vor, daß Patienten nach einem geführten Geschehnis besser gehen können, obwohl Gehen während des Geschehnisses nicht geübt worden war."[669]

Wie bereits erwähnt, kommt es auch auf der zweiten Lernstufe zu einer Veränderung der *Blickrichtung*. Während zu Anfang des Führens durch ein „Problemlösendes Alltagsgeschehnis" das kindliche Auge noch verzögert den Handbewegungen folgt, wird bei Wiederholungen die Dauer der Verzögerung immer kürzer. Schließlich ändert das Auge gleichzeitig mit der Hand die Richtung. Die gespürte Information ist vertrauter geworden und wird mit visuellen Informationen verknüpft. Eine intermodale Verbindung zwischen Spüren und Sehen ist entstanden.[670]

---

[666] vgl. AFFOLTER, 1987, S. 187
[667] vgl. AFFOLTER, 1987, S. 190
[668] vgl. AFFOLTER, 1987, S. 194
[669] AFFOLTER, 1987, S. 197
[670] vgl. AFFOLTER, 1987, 198

Stufe 3: Auf dieser Stufe ist das enge *Zusammenspiel* von *Auge* und *Hand* zu beobachten, welches sich schon auf der vorherigen Stufe angedeutet hat. Da dieses Zusammenspiel nicht nur von kurzer Dauer ist, geht man davon aus, daß eine zeitliche Dimension in die Wahrnehmung einbezogen wurde. Das Kind verbindet während des andauernden Hinschauens die zur Reihenfolge der Betätigungen gehörenden Spürinformationen mit den dazugehörigen visuellen Informationen im Sinne einer serialen Organisation. Je häufiger das Kind im Rahmen geführter Alltagsgeschehnisse zu dieser serialen Organisation des Spürens und Schauens gelangt, um so öfter wird es Verhaltensweisen zeigen, die kennzeichnend für die nächste Stufe sind.[671]

Stufe 4: Das kindliche Verhalten ist auf dieser Stufe zunächst dadurch gekennzeichnet, daß es *Gespürtes wiedererkennt.* Dieses Wiedererkennen äußert sich entweder als Lächeln oder in einer Abwehrhaltung (z.b. Gesicht verziehen und Gegenstand fortschieben bzw. Blickabwenden). Ist das Wiedererkennen jedoch mit positiver Erinnerung verbunden, zeigt das Kind Interesse, die unter der Führung begonnene Bewegung allein fortzusetzen. Der Führende merkt es daran, daß sich der Körpertonus in den Armen des Geführten erhöht und diese beginnen, sich in Richtung des Geschehens zu bewegen. Der Führende läßt nun die Arme des Kindes los. Er bleibt aber mit den Händen in der Nähe, um sofort wieder Unterstützung bieten zu können, wenn die Bewegung beendet ist oder doch nicht allein ausgeführt werden kann.[672]

Mit den zuvor beschriebenen vier Lernstufen ist noch ein weiteres Verhalten verbunden, nämlich „*das Erwarten einer zum augenblicklichen Geschehnis gehörenden Bewegung*"[673].

Erwarten setzt Wiedererkennen voraus, geht jedoch noch darüber hinaus, indem es etwas Zukünftiges einschließt. Das Kind selbst muß dieses zukünftige Geschehen jedoch noch nicht selbst ausführen können, selbst wenn es eine Vorstellung bzw. Erwartung davon hat. So erinnert sich ein kleines Kind z.B. daran, daß die Kerzen auf einer Geburtstagstorte ausgeblasen werden. Es erkennt also etwas wieder (die Geburtstagstorte mit den Kerzen) und entwickelt eine Erwartung (Ausblasen). Es selbst wird jedoch möglicherweise wegen seines Alters noch nicht in der Lage sein, die erwartete Handlung selbst auszuführen, da es die Technik des Blasens noch nicht beherrscht.

Zur Technik des Führens:

Wie soll nun der Körper eines Kindes geführt werden, um ihm angemessene Spürinformationen zu vermitteln?

---

[671] vgl. AFFOLTER, 1987, S. 199
[672] vgl. AFFOLTER, 1987, S. 200 f.
[673] AFFOLTER, 1987, S. 201

Geführt wird grundsätzlich von hinten, d.h. der Führende umfasst von hinten den Körper des Geführten. Diese Stellung ermöglicht die Vermittlung eines Maximums an
Spürinformationen, da die Oberfläche für die Übertragung der Reize groß ist. Der Führende spürt auf diese Weise sofort, wenn das Kind sich verkrampft. Genau so bemerkt
aber auch das Kind, wenn der Führende unruhig, verkrampft oder abgelenkt ist. Es
wird unter diesen Umständen höchstwahrscheinlich das Geführtwerden ablehnen.
Beim Führen werden somit nicht nur kognitive, sondern auch affektive Inhalte vermittelt.[674]

Weiterhin kann man ein Kind an jedem Körperteil führen: am Rumpf, an Beinen und
Füßen, an Armen, Händen und Fingern. Am häufigsten wird jedoch an den Händen
geführt. Die rechte Hand des Führenden liegt auf der rechten des Geführten. Das Gleiche gilt für die linke Hand. Es sollen immer beide Hände benutzt werden, denn jede
Hand führt zu einer anderen Hirnhälfte, und es ist wichtig, daß beide Hirnhälften lernen zusammenzuarbeiten.

Beim Führen der Hände ist stets darauf zu achten, daß die Finger des Führenden genau
über denen des Geführten liegen, d.h. die Finger des Kindes umfassen einen Gegenstand genau so, wie es der Führende tun würde (siehe dazu Abb. 4.3)

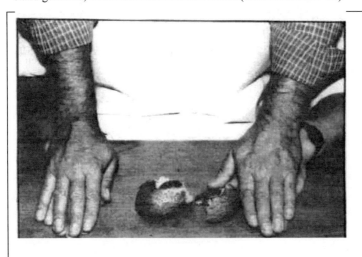

Abb. 4.3 Korrekte Handführung[675]

---

[674] vgl. AFFOLTER, 1987, S. 202 ff.
[675] aus: AFFOLTER, 1987, S. 206

Auch der Mund des Kindes soll in die Gewinnung von Spürinformationen einbezogen werden. Während beim gesunden Kind die natürliche Phase der Exploration der Umwelt mit dem Mund hauptsächlich nur das erste Lebensjahr umfasst, dauert sie beim wahrnehmungsgestörten Kind oft mehrere Jahre an und wird von der Umwelt selten in dem Ausmaß toleriert.

Da der Einsatz des Mundes jedoch für die Entwicklung wichtig ist, wird er bei der AFFOLTER-Therapie gezielt verfolgt:

a) zum Erkunden der Beschaffenheit von Gegenständen;

b) als Hilfsmittel, um eine Betätigung auszuführen.

Zu a) Der Mund als Mittel zur Erkundung der Beschaffenheit von Gegenständen.

Besonders das Essen bietet eine gute Gelegenheit für die Mundexploration. Während der Nahrungszubereitung kann das Kind dazu geführt werden, Speisestücke in den Mund zu nehmen. Wahrnehmungsgestörte Kinder gieren häufig geradezu danach, dieses zu tun. Wird diese Mundexploration als Mittel eingesetzt, so nimmt die Häufigkeit des gierigen Essens von selbst ab.

Zu b) Der Mund als Hilfsmittel, um eine Betätigung auszuführen.

Der Mund wird immer dann einbezogen, wenn die Hände allein nicht genügen, so z.B. zum Knacken einer Erdnuß.[676]

Letztlich wird der gesamte Körper dazu eingesetzt, dem Kind Spürinformationen zu vermitteln, sofern es der Lösung eines Alltagsgeschehnisses dient. Die Informationen sind um so umfangreicher, je stärker und häufiger die Körperstellung variiert wird. Wichtig ist jedoch, daß jede Bewegung in ein übergreifendes Geschehen eingebettet ist. Je nach Geschehen soll möglichst häufig zwischen sitzen auf dem Stuhl, stehen auf dem Tisch, sitzen auf dem Boden, Gehen, Über-den-Tisch-greifen, Knien, Bücken etc. gewechselt werden. Während dieser Bewegungen werden Rumpf, Hüften und Beine des Kindes in der Form geführt, wie sich ein kleines Kind bewegen würde, welches gerade diese Bewegungen (z.B. das Klettern auf einen Stuhl) erlernt.[677]

Bei all dem bisher Erläuterten ist es wichtig, daß jede Informationsgewinnung immer mit Bezug auf eine feste Referenzebene geschieht. Wahrnehmung ist etwas relatives, d.h. man kann eine Veränderung nur in bezug auf etwas erfassen, was stabil bleibt. Beim Führen bedeutet dies, daß der Führende mit dem zu führenden Kind zunächst die Stabilität der Unterlage überprüft. Erst wenn man sich der Stabilität der Unterlage si-

---

[676] vgl. AFFOLTER, 1987, S. 208
[677] vgl. AFFOLTER, 1987, S. 212 f.

cher ist, kann man sich dem zu lösenden Problem zuwenden.[678] So werden wir beispielsweise auch nicht mit der Apfelernte beginnen, bevor wir uns nicht durch leichtes Ruckeln davon überzeugt haben, daß die Leiter, auf der wir stehen, auch wirklich nicht umkippen kann.

Wahrnehmungsgestörte Kinder müssen lernen, daß Gegenstände, die sie nicht direkt berühren, über die stabile Unterlage mit ihrem Körper in direkter nachbarschaftlicher Beziehung stehen. Diese Gegenstände können also über die gemeinsame Unterlage erreicht werden. Das gesunde Kind gelangt auch über die Unterlage zum Gegenstand, d.h. es trennt ihn von der Unterlage und führt ihn wieder mit ihr zusammen, indem es ihn erst auf der Unterlage wieder los läßt. Dieser Grundsatz soll nach AFFOLTER auch bei wahrnehmungsgestörten Kindern beachtet werden. Ein Gegenstand, z.B. ein Werkzeug oder ein Messer, soll beim Führen niemals in der Luft, sondern erst dann losgelassen werden, wenn der Kontakt mit der Unterlage wieder hergestellt ist. Kinder, die niemals die Unterlage in ihre Beziehung zur Nachbarschaft einbeziehen, bauen nur visuelle Beziehungen auf. Die Folge ist, daß sie z.B. Distanzen im Raum nicht abschätzen können und hektisch wirken. Das Führen über die Unterlage ist ihnen unbekannt und löst dementsprechend Panik aus. Diese Kinder befinden sich somit auf der ersten Lernstufe, d.h. Berührungen sind mit einem Übermaß an Spürinformationen verbunden.[679]

Eine stabile Unterlage ist somit für die Informationsgewinnung und für das sich daraus ergebende Einwirken auf die Umwelt unerläßlich. Einem wahrnehmungsgestörten Kind fehlt eben dieser Bezug zu einer stabilen Unterlage und damit auch zu Widerstandsveränderungen. Werden diesem Kind nun beim Führen durch zu lösende Alltagsgeschehnisse Informationen über Widerstandsveränderungen vermittelt, so wird es darüber zu Ursache-Wirkungserfahrungen kommen. Eingeschlossen sind dabei auch gespürte Erfahrungen in bezug auf Materialien, Reihenfolgen und Veränderungen der Wirklichkeit.[680]

Wahrnehmungsgestörte und somit auch autistische Kinder versagen bei der Lösung von Alltagsproblemen, da es ihnen an den für ihre Entwicklung notwendigen Spürinformationen fehlt. Dieser Mangel ist darauf zurückzuführen, daß jede taktil-kinästhetische Stimulation bei einem wahrnehmungsgestörten Kind zunächst Abwehr erzeugt. Es wird derartige Stimulationen in Zukunft meiden. Damit verschließt es sich jedoch seiner zukünftigen Entwicklung, denn ein gut ausgebildetes taktil-kinästhetisches System bildet die Grundlage einer Vielzahl affektiver wie kognitiver Erfahrun-

---

[678] vgl. AFFOLTER, 1987, S. 221
[679] vgl. AFFOLTER, 1987, S. 224 ff.
[680] vgl. AFFOLTER, 1987, S. 245 f.

gen. Die Interaktion des Kindes mit der Umwelt ist somit unzureichend, was eben dazu führt, daß Alltagsprobleme nicht angemessen bewältigt werden können. Die AFFOL-TER-Therapie hat nun das Ziel, dem Kind die für seine Entwicklung notwendigen Spürinformationen zu vermitteln, damit dieses in Zukunft seinen Alltag besser bewältigen kann. Dies geschieht über das Führen in Alltagssituationen. Sobald nun der Geführte bereit ist, eine Handlung selbst zuende zu bringen, erhält er dazu auch die Gelegenheit. Die Mißerfolge seiner Handlungen werden sich reduziern. Der geführt bzw. jetzt selbständig handelnde Mensch wird vielleicht erstmals zu der Erfahrung gelangen, aktiv auf die Umwelt einwirken zu können. Diese Erfahrung ermöglicht es ihm, sein u.U. geschädigtes Selbstvertrauen neu zu organisieren. Es ist somit davon auszugehen, daß die AFFOLTER-Therapie, als eine Art Basistherapie, dem Kind zu neuen Entwicklungsmöglichkeiten verhelfen kann.

Wie meine Befragung ergab, hat die AFFOLTER-Therapie in der ambulanten Behandlung autistischer Menschen eine vorrangige Stellung. Sie wird in vierzehn von einundzwanzig Ambulanzen angewandt und steht damit neben der „Verhaltensorientierten Autismustherapie" an dritter Stelle aller eingesetzten Methoden.

Die beiden erläuterten Ansätze wurden von mir besonders ausführlich dargestellt, da ihnen als Basistherapien auch eine besondere Bedeutung zukommt. Gerade im Rahmen der SI erschien es mir erforderlich, zunächst einige grundsätzliche Informationen über die Bedeutung bestimmter Hirnregionen und die Entwicklung der Wahrnehmung zu liefern.

4.1.3 Weitere, an der Basis des autistischen Syndroms angreifende Ansätze

Eine Vielzahl weiterer wahrnehmungs- und körperorientierter Ansätze finden bei der ambulanten Behandlung bzw. Förderung autistischer Menschen in der BRD ihre Anwendung. Dies geschieht aber in einem weitaus geringeren Umfang, als bei den zuvor beschriebenen. Es sei nochmals angemerkt, daß die in Klammern stehende Ziffer angibt, wie häufig dieser Therapieansatz von den einundzwanzig Autismus-Instituten genannt wurde.

Die **DOMAN-DELACATO-Methode (4)** - auch als „**Patterning**" bekannt - wurde bereits in Abschnitt 3.5.1 erläutert.

Die **Basale Stimulation (4)** geht auf den Pädagogen Andreas FRÖHLICH zurück. Sie wurde von ihm erstmals in einem 1976 begonnenen Schulversuch in Rheinland-Pfalz zur Förderung schwerstbehinderter Kinder vorgestellt. FRÖHLICH geht davon aus, daß diese Kinder nicht in der Lage sind, Leistungen zu erreichen, die mit denen eines sechs Monate alten Säuglings vergleichbar sind. In diesem Alter löst sich der Säugling normalerweise langsam aus der engen Mutter-Kind-Dyade und beginnt eigenaktiv zu sein, da sein Wahrnehmungs-, Bewegungs- und Kommunikationssystem nun so weit entwickelt ist, daß er seine Umwelt aktiv wahrnimmt.[681] Da FRÖHLICH nun davon ausgeht, daß schwerstbehinderte Kinder dieses Stadium nicht von allein erreichen werden, macht die Basale Stimulation den Versuch, allen Sinnesrezeptoren einfachste Reize zuzuführen, um dadurch die entstandenen sensoriellen Deprivationen in etwa auszugleichen. Dem Kind soll damit die Möglichkeit gegeben werden, seine Umwelt überhaupt aufzunehmen.[682]

Die **Kritische Entwicklungsbegleitung (1)** wurde von Professor HENDRICKX in der Arbeit mit körperbehinderten Kindern und Jugendlichen entwickelt. Besonders hervorgehoben wird in diesem Konzept die Bedeutung des Körpers für die Gesamtentwicklung des Kindes. Das Persönlichkeitsmodell nach HENDRICKX geht von vier funktionellen Gruppen (Basisfunktionen) aus, die gemeinsam das persönliche Verhaltenssystem eines Menschen ausmachen. „Diese Basisfunktionen sind nach einer biopsychologischen Hierarchie geordnet und werden im Laufe der normalen Entwicklung wechselnd betont."[683] Die *psychosomatische* ist die niedrigste *Basisfunktion*. Sie hat innerhalb des gesamten Systems die Funktion, das Überleben zu sichern. Die *psychomotorische Basisfunktion* steht für die Handlungskonstruktion als Reaktion auf gewisse Ereignisse zur Verfügung. Die *psychofunktionelle Basisfunktion* nutzt die Inhalte des psychomotorischen Funktionierens und sorgt dafür, daß relevante Informationen aus der Umwelt aufgenommen, geordnet, gespeichert und benutzt werden. Die *psychodynamische Basisfunktion* integriert quasi die verschiedenen Persönlichkeitsaspekte und läßt die Person als eine Einheit in die Interaktion mit der Umwelt - den sich darin aufhaltenden Personen - treten.[684]

Da nach HENDRICKX Lernen auf direkten Erfahrungen aufbaut und auch das körperliche Können weitgehend viele andere Bereiche beeinflußt, bildet die Regulierung der Körperwahrnehmung eine unentbehrliche Grundlage des therapeutischen Handelns. Eine Verknüpfung verschiedener Therapieformen aus dem psychmotorischen und psychologischen sowie dem somatisch-physiologischen Bereich kommt hierbei zur Anwendung. Dem Kind sollen in den verschiedenen Bereichen seinem individuellen Niveau entsprechende „kritische" Angebote gemacht werden. Dabei wird die verbale

---

[681] vgl. STROTHMANN, 1990, S. 220 f.
[682] vgl. FRÖHLICH, 1982a, S. 70
[683] VANDE KERCKHOVE, 1990, S. 61
[684] vgl. VANDE KERCKHOVE, 1990, S. 61 ff.

Kommunikation umgangen, um dem Kind die Möglichkeit zu geben, sein wirkliches Können zu zeigen.[685]

Unter der Rubrik **„weitere körperwahrnehmungsorientierte Ansätze"** habe ich eine Reihe von „Therapieansätzen" zusammengefasst, die von den befragten Institutionen unter „Sonstige" angegeben wurden. Die folgenden, dort gemachten Angaben haben bei mir zum Teil für große Verwirrung gesorgt: Motopädie (1); Heilpädagogische Übungsbehandlung (2); Psychomotorik (1); Wahrnehmungsförderung (1); Integrative Körpertherapie nach BESEMS & van VUGT (2). Ich werde versuchen, nachfolgend eine Klärung dieser Begriffe zu erreichen.

Die **Motopädie** beschäftigt sich allein mit der kindlichen Motorik, mit deren Entwicklung (Motogenese), der Untersuchung von Auffälligkeiten in den Bewegungs- und Verhaltensmustern (Motopathologie) und der Feststellung der Art und des Grades der Abweichung der motorischen Leistung vom normalen Entwicklungsbild (Motodiagnose). Als Therapieansatz kann die Motopädie somit nicht angesehen werden. Sie bildet vielmehr die Grundlage, auf der eine individuelle Therapie aufgebaut werden kann.

Der Begriff **Psychomotorik** ist gleichzusetzen mit **Motopädagogik** (Psychomotorik ist der ältere der beiden Begriffe). Die Motopädagogik ist ein Erziehungsmodell zur Förderung der Gesamtpersönlichkeit des Kindes. Die Einheit von Körper und Geist wird betont. Somit ist auch die **Heilpädagogische Übungsbehandlung** in diesem Rahmen zu nennen, denn auch sie zielt grundsätzlich auf die Gesamtförderung des Kindes ab, d.h. es sollen die emotionalen, sensorischen, motorischen, sozialen und kognitiven Fähigkeiten gefördert werden. Dazu bedient man sich des Mediums „Spiel". Im Spiel und durch das Spiel werden „neue Kenntnisse, Fähigkeiten und sinnvolle Verhaltensweisen in Einzel- und Gruppensituationen geweckt, entwickelt und gefestigt."[686]

Auch die **Integrative Körpertherapie (Gestalttherapie)** nach BESEMS/van VUGT versteht sich als ganzheitlicher Ansatz, denn sie geht davon aus, daß Leib, Seele und Geist als die drei Bereiche der menschlichen Existenz untrennbar miteinander verbunden sind und sich ständig gegenseitig beeinflussen. Eine positive Entwicklung in einem der drei Bereiche wird demnach auch positive Auswirkungen auf die beiden anderen Bereiche haben. „Konkret bedeutet das, daß wir mit einem psychisch labilen geistig behinderten Menschen üben können, ein gutes körperliches Gleichgewicht aufzubauen. Dieses wird sich dann auch auf sein psychisches Gleichgewicht auswirken und ihn in

---

[685] vgl. VANDE KERCKHOVE, 1990, S. 64 ff.
[686] von OY/SAGI, 1994, S. 67

die Lage versetzen, seine Bedürfnisse besser durchzusetzen."[687] Bei geistig behinderten Menschen liegt der Schwerpunkt der Förderung auf dem körperlichen Bereich, d.h. dem Behinderten werden körperliche Erfahrungen ermöglicht, die einen eindeutigen emotionalen Hintergrund und dementsprechende psychische Auswirkungen haben. Diese körperlichen Erfahrungen sollen immer im direkten Kontakt mit anderen Menschen gemacht werden. Über gemeinsame Bewegungen sollen frühkindliche Erfahrungen vermittelt bzw. nachgeholt werden, die das Kind versäumt hat. Selbstwahrnehmung und Selbstvertrauen des Kindes sollen in der Auseinandersetzung mit dem Therapeuten aufgebaut werden. Ist ansatzweise Selbstvertrauen entwickelt worden, werden Übungen begonnen, die Kraft erfordern (Körperübungen), die aber zugleich auch auf die psychische Kraft und den Dialog mit anderen ausgerichtet sind. Diese Kraft bildet die Grundvoraussetzung für die nächste Phase, in der das Gleichgewicht geschult wird. In der letzten Phase werden das Stehen und das Gehen geschult. Wichtig ist, daß der Geistigbehinderte wahrnehmen kann, daß er einen Entwicklungsprozeß durchläuft.[688] Unter dem Begriff *Wahrnehmungsförderung*, der eher ein Ziel als einen Therapieansatz beschreibt, können m. E. alle bisher in diesem Abschnitt beschriebenen Ansätze zusammmengefasst werden.

Das **Audiovokale-Training nach TOMATIS (1)** soll hier nicht näher erläutert werden, da es bereits in Abschnitt 3.3.2 behandelt wurde.

Ein anderer, an der auditiven Wahrnehmung orientierter Ansatz ist die **Kompensatorische Gehörschulung (3)**. Sie wurde von dem französischen HNO-Arzt Dr. Guy BÉRARD entwickelt. Dieser geht davon aus, daß der autistische Rückzug eine Reaktion auf eine verzerrte Hörwahrnehmung ist. Autistische Menschen zeigen seiner Erfahrung nach fast immer eine Hörüberempfindlichkeit. bestimmt Frequenzen nehmen sie hingegen schlechter wahr. Wie auch bei TOMATIS werden den Kindern über Kopfhörer Töne dargeboten. BÉRARD verwendet dazu Musik von im Handel erhältlichen CD's, filtert diese jedoch so, daß sie den individuellen Bedürfnissen des Kindes - ermittelt anhand einer Hörprüfung (Audiometrie) - entspricht. Verändert werden nur bestimmte Frequenzbereiche, und dies auch nur für Sekundenbruchteile. Die Therapie strebt eine Veränderung der Hörkurve und eine Verminderung der auditiven Hypersensibilität an. Eine Behandlungseinheit dauert zwei Wochen. Jeweils morgens und nachmittags findet eine halbstündige Sitzung statt. Verhaltensänderungen positiver und negativer Art ergeben sich meist schon in den ersten Wochen nach Therapiebeginn. Zu den positiven Veränderungen zählen u.a. eine erhöhte Bereitschaft zur verbalen und nonverbalen Kontaktaufnahme, erhöhte Aufmerksamkeit und Offenheit. Auch eine

---

[687] BESEMS/van VUGT, 1988, S. 18
[688] vgl. BESEMS/van VUGT, 1988, S. 19 f.

Verbesserung der Lernfähigkeit und eine Verminderung der Hyperaktivität sowie Veränderungen der Motorik werden beobachtet. Die verbesserte Motorik wird durch das Einwirken der Therapie auf den Gleichgewichtssinn erklärt. Zu den negativen Vehaltensänderungen am Anfang der Behandlung können motorische Unruhe oder lautes Schreien zählen. Oft ist eine zweite Behandlungsphase nötig, wenn nach sechs bis zwölf Monaten die Hörüberempfindlichkeit wieder zunimmt. Nach einer zweiten Behandlungsphase bleiben die Erfolge jedoch meist konstant. Die Therapie wird in Deutschland generell nicht von der Krankenkasse bezahlt, da ihre Effizienz noch in Frage steht.[689]

Traumreisen (1) fallen in den therapeutischen Bereich der Entspannung und Meditation. Mittels Entspannung soll die Person sich möglichst tief in sich versenken. Durch diese Entspannung und Versenkung wird neurophysiologisch die Aktivität der rechten Hirnhemisphäre angeregt. Die Folge ist, daß eher Nichtbewußtes, Unterbewußtes und Überbewußtes wie auf einer inneren Leinwand zum Vorschein kommen. Mit Hilfe einer kleinen Anleitung - einer Geschichte oder der Bitte, sich etwas vorzustellen - wird die Person nun dazu gebracht, Bilder, Gedanken und Szenen in sich aufsteigen zu lassen (geleitetes Bilderleben).[690]

Eine ganzheitliche *Methode*, die dementsprechend auch basale Funktionen berücksichtigt, ist die in den USA von der **Division TEACCH** (Treatment and Education of Autistic and related Communication handicapped Children) entwickelte Strategie zur Entwicklungsförderung (2). Auf der Grundlage einer umfassenden Erstuntersuchung unter Zuhilfenahme des Entwicklungs- und Verhaltensprofils P.E.P. (Psychoeducational Profile; siehe 2.4.2.4 dieser Arbeit) wird für jedes Kind ein individuelles Förderprogramm zusammengestellt. Aber nicht nur die ermittelten Fähigkeiten des Kindes in den Bereichen Imitation, Wahrnehmung, Grob- und Feinmotorik, Auge-Hand-Koordination, Kognition und Sprache sowie die Ergebnisse der Verhaltensbeobachtung (Kommunikation, Aufmerksamkeit, Interessen, Gewohnheiten, Lernverhalten) werden bei der Zusammenstellung eines individuellen Förderprogramms berücksichtigt. Auch die allgemeinen Lebensverhältnisse der Eltern und deren Hoffnungen und Wünsche, die sie mit der Therapie verbinden, sollen berücksichtigt werden.[691]

---

[689] vgl. ROSENKÖTTER, 1994, S. 3 ff.
[690] vgl. FATZER, 1987, S. 38
[691] vgl. SCHOPLER/REICHLER/LANSING, 1983, S. 49 ff.

Die Therapieziele werden in drei Phasen eingeteilt:

1. Langfristige Erwartungen.

2. Zwischenziele für den Zeitraum von drei Monaten bis zu einem Jahr.

3. Unmittelbar anstehende Lerninhalte.

Die spezifischen Lerninhalte für den Zeitraum von drei Monaten bis zu einem Jahr bestimmen den täglichen Förderplan. Diese Lerninhalte werden genau für den oder die Lernschritte festgelegt, bei denen das Kind Probleme, aber auch schon Bewältigungsansätze zeigt. Ist das Lernziel beispielsweise die Selbständigkeit auf der Toilette, so muß das Kind lernen, seine Hose zu öffnen und herunterzulassen, sich auf das WC oder das Töpfchen zu setzen, dort sitzen zu bleiben und genügend Gleichgewicht zu halten, sein Geschäft zu verrichten etc. Zeigt das Kind nun schon gewisse Bewältigungsansätze (zur Toilette gehen; ausreichend lange sitzen bleiben) so muß es nur noch lernen, ohne die Hilfe seiner Mutter die Hose zu öffnen und herunterzulassen (unmittelbar angestrebter Lerninhalt). Dieses Lernziel fällt somit in den Bereich der Förderung feinmotorischer Fertigkeiten.[692]

Auf das gesamte therapeutische Vorgehen werde ich hier nicht näher eingehen, da diese Methode der Entwicklungsförderung - so hat es zumindest meine Befragung ergeben - in der BRD nur geringe Bedeutung hat.

Die **medikamentöse Therapie (2)** kann nach KEHRER (1989) zwei Ziele verfolgen. Sie kann darauf abzielen, bestimmte unerwünschte Verhaltensweisen wie z.B. Unruhe zu verringern. Außerdem können Medikamente dazu genutzt werden, biochemische Störungen, die dem autistischen Syndrom zugrunde liegen, auszugleichen. In beiden Fällen wird durch die medikamentöse Behandlung u.U. erst die Möglichkeit geschaffen, psychotherapeutische oder heilpädagogische Maßnahmen folgen zu lassen.[693] Dementsprechend würde ich die medikamentöse Therapie auch als eine Basistherapie betrachten, wenngleich sie sicherlich nicht das Mittel der ersten Wahl sein sollte. In einigen schweren Fällen wird man jedoch auf eine Behandlung mit Psychopharmaka sicherlich nicht verzichten können.

Bei der **Vitamin- und Mineralstofftherapie (1)** geht man davon aus, daß sich eine Kombination verschiedener Vitamine und Spurenelemente teilweise positiv auf die den Autismus ausmachende Symptomatik (z.B. emotionelle Ausbrüche, Negativismus, Autoaggression) auswirkt. Auch die Behandlung mit hohen Dosen des Vitamins B_6 in Kombination mit Magnesium konnte bei etwa einem Drittel der autistischen Kinder

---

[692] vgl. SCHOPLER/REICHLER/LANSING, 1983, S. 69
[693] vgl. KEHRER, 1989, S. 136

positive Wirkungen erzielen. Da nach KEHRER (1989) schädliche Wirkungen dieser Therapie kaum zu erwarten sind, sollte immer dann ein Behandlungsversuch unternommen werden, wenn alle anderen Therapiemaßnahmen fehlgeschlagen sind.[694] JANETZKE (1997) weist jedoch darauf hin, daß Dosierungen, die das tausendfache des üblichen Tagesbedarfs überschreiten, durchaus gesundheitsschädlich sein können. Bei Überdosierung von Vitamin B_6 kann es demnach zu Sensibilitätsstörungen und motorischen Lähmungserscheinungen kommen. Überdosierung von Magnesium kann bei vorliegender Nierenerkrankung zu Muskelschwäche, Lähmung und Herzfunktionsstörungen führen.[695] Im allgemeinen wird die Vitamin- und Mineralstofftherapie im Rahmen der Behandlung des Autismus-Syndroms eher zu den Außenseitermethoden gezählt.

4.1.4 Snoezelen - eine mögliche Hilfe bei Autismus?

Als ich im Rahmen der Vorarbeiten für die vorliegende Diplomarbeit die erste Literatur sichtete, las ich, daß man sich aus wissenschaftlicher Sicht einig zu sein scheint, daß es sich beim Frühkindlichen Autismus primär um eine schwerwiegende Wahrnehmungsverarbeitungsstörung handelt. Vereinfacht ausgedrückt werden einfallende Reize entweder nicht oder zu stark wahrgenommen, unzureichend selektiert und weiterverarbeitet. Die Folge ist meist eine Reizüberflutung, die zu einem „Chaos" im Kopf des Betroffenen führt, worauf dieser mit diversen ungewöhnlichen Verhaltensmustern reagiert. Verschiedene Therapieansätze sollen nun eben auf diese Verarbeitungsstörung einwirken und eine weitgehende Normalisierung erreichen. Diese selektive Stimulation basaler Sinnesbereiche steht, wie wir gesehen haben, in therapeutischen Konzepten wie z.B. der Sensorischen Integrationsbehandlung nach AYRES im Vordergrund.

Nachdem ich nun diese ersten Informationen gewonnen hatte, erinnerte ich mich, daß es ja auch beim Snoezelen um selektive Reizdarbietungen geht. Es stellte sich mir die Frage, ob Snoezelen auch in der Autismustherapie eingesetzt wird bzw. eingesetzt werden kann. So beschloß ich, mich in meiner Diplomarbeit auch mit dieser Frage zu beschäftigen. Bis zu diesem Zeitpunkt wußte ich allerdings nur sehr wenig über diesen aus den Niederlanden stammenden Ansatz.

Nachfolgend möchte ich zunächst klären, was Snoezelen ist, für welche Zielgruppe(n) es entwickelt wurde und welche Ziele es verfolgt. Auch über die bisherigen praktischen Erfahrungen mit Snoezelen soll berichtet werden. Am Ende möchte ich auf die

---

[694] vgl. KEHRER, 1989, S. 143
[695] vgl. JANETZKE, 1997, S. 80 f

anfangs gestellte Frage nach der Relevanz des Snoezel-Ansatzes im Kontext „Autismus" eingehen.

Snoezelen (gesprochen: snuselen) ist eine Wortschöpfung, die aus den beiden niederländischen Worten „snuffelen" = schnüffeln, schnuppern und „doezelen" = dösen, schlummern zusammengesetzt ist. Entstanden ist der Snoezelen-Ansatz Ende der siebziger Jahre aus der Notwendigkeit bzw. dem Wunsch heraus, auch schwerstbehinderten Menschen Möglichkeiten zu bieten, in einer für sie angemessenen Form aktiv zu werden. Somit kann als primäre Zielgruppe die der schwer geistig und mehrfach behinderten Menschen genannt werden. Erfahrungen haben jedoch gezeigt, daß dieser Ansatz auch in der Altenarbeit und in der Arbeit mit seelisch Behinderten diverse Möglichkeiten eröffnet. Ursprünglich ist es jedoch als ein Freizeitangebot für schwerstbehinderte Menschen gedacht. Diese Menschen sind zum Erfahren ihrer Umwelt auf primäre Sinneseindrücke in Verbindung mit Bewegung und Gefühlen angewiesen. Oft können sie diese Informationen und Eindrücke jedoch nicht richtig erleben und verarbeiten. Das zuvor schon im Zusammenhang mit Autismus erwähnte „Chaos im Kopf" entsteht. In der Folge kann der Alltag mit seinen vielen nicht kontrollierbaren Eindrücken als bedrohlich und angstauslösend erlebt werden. Auto- und Fremdaggressionen sind nicht seltene Reaktionen.[696]

Ziel des Snoezelens ist es nun, diesen Menschen ein Freizeitangebot zu machen, bei dem sie ruhiger werden und zu sich selbst finden können. In einer Umgebung, in der die Sinne nicht komplex, sondern einzeln angesprochen werden, kann der Behinderte eben zu dieser inneren Ruhe finden. Die angebotenen Reize sollen als lustvoll und angenehm erlebt werden.

Oberstes Prinzip ist es, dem schwerstbehinderten Menschen möglichst viel Freiraum und Zeit zu lassen. Er selbst entscheidet, welchen Reizen er sich aussetzen möchte. Das Material soll durch seinen Aufforderungscharakter dazu anregen, sich damit zu beschäftigen.[697]

Die Autoren weisen ausdrücklich darauf hin, daß Snoezelen primär der Entspannung dienen soll. Es soll einen Ausgleich zu dem oft spannungsreichen und streßbelasteten Alltag in den Wohngruppen behinderter Menschen sein. Dieser Streß ergib sich aus der Anwesenheit vieler anderer Mitbewohner mit störenden Verhaltensweisen wie Schreien, Um-sich-schlagen etc. Beim Snoezelen kann man den Alltag hinter sich lassen und entspannen. Ruhige Musik und gedämpftes Licht fördern die Verwirklichung dieses Ziels. In anderen Einrichtungen wird, neben oder anstatt des Ziels der Entspannung,

---

[696] vgl. HULSEGGE/VERHEUL, 1996, S. 8
[697] vgl. HULSEGGE/VERHEUL, 1996, S 10

laut HULSEGGE/VERHEUL Snoezelen zur Entwicklungsförderung oder als ein therapeutisches Mittel zur Beruhigung unruhiger Bewohner eingesetzt. Da das ursprüngli-
che Snoezelen-Konzept solche Ziele jedoch nicht verfolgt, steht dieser Ansatz im Gegensatz zu anderen körperorientierten „basalen" Methoden, wie z.b. der „Basalen Stimulation" oder der „Sensorischen Integrationsbehandlung". Ihm fehlt eine „grundlegende, z.b. wahrnehmungspsychologisch begründete *Theorie*".[698] Es soll nicht durch
systematische Förderung die Wahrnehmungsleistung oder die Reizverarbeitung im Gehirn verbessert werden. Inwieweit natürlich derartige Entwicklungsveränderungen als
Nebeneffekte auftreten, ist nicht geklärt.[699]

Was genau ist aber nun Snoezelen?

Eine einheitliche Definition des Snoezelen gibt es nicht. Ich habe aus den verschiedenen Definitionsversuchen wahllos einen herausgegriffen:

> „Snoezelen ist eine primäre Aktivierung schwer geistig behinderter Menschen, vor
> allem auf sinnliche Wahrnehmung und sinnliche Erfahrung gerichtet, mit Hilfe von
> Licht, Geräuschen, Gefühlen, Gerüchen und dem Geschmackssinn."[700]

Durch die Betonung der fünf Sinne (Sehen, Hören, Fühlen, Riechen und Schmecken)
wird m.E. ein weiterer Unterschied zu den meisten anderen körperorientierten „basalen" Methoden deutlich. Diese anderen Methoden gehen in der Regel von sieben bzw.
acht Sinnen des Menschen aus (die fünf genannten plus dem Gleichgewichtssinn, der
Tiefensensibilität und dem Sinn für die Wahrnehmung von Informationen aus den inneren Organen). Als Grundwahrnehmungssysteme werden das vestibuläre System
(Gleichgewicht), das taktile System und das propriozeptive System (Tiefenwahrnehmung) betrachtet. Störungen in diesen grundlegenden Sinnesbereichen haben direkte
oder indirekte Auswirkungen auf alle übrigen Integrationsprozesse auf höherer Ebene.
Ausgehend von dieser Annahme zielen Ansätze wie die Sensorische Integrationsbehandlung darauf ab, besonders die Grundwahrnehmungssinnne zu stimulieren. Beim
Snoezelen hingegen finden *offiziell* nur die genannten fünf Sinne eine Beachtung, was
m.E. darauf zurückzuführen ist, daß diesem Ansatz keine wahrnehmungspsychologi-
sche Theorie zugrunde liegt. Ich betone ausdrücklich das Wort „offiziell", weil ich der
Meinung bin, daß es sehr schwer ist, Sinnesreize völlig isoliert darzubieten. Beispielsweise können auditive Reize nicht nur gehört, sondern u.U. auch in Form von Vibrationen gefühlt werden. Diese Vibrationen stimulieren somit (eventuell unbeabsichtigt)
auch die Tiefenwahrnehmung oder das Gleichgewichtsorgan.

---

[698] HULSEGGE/VERHEUL, 1996, S. 13
[699] vgl. HULSEGGE/VERHEUL, 1996, S. 14
[700] HULSEGGE/VERHEUL, 1996, S. 36

Ich möchte nicht behaupten, daß sich die Erfinder des Snoezel-Ansatzes dieser Zusammenhänge nicht bewußt sind. Jedoch ist die Tatsache, daß sie sie nicht erwähnen, ein weiterer Beleg dafür, daß sie keine therapeutischen Ziele verfolgen.

Aber nun zurück zu der Frage, was Snoezelen nun eigentlich ist bzw. wie es durchgeführt wird.

Man unterscheidet Mini-Snoezelen und Maxi-Snoezelen.

Beim **Mini-Snoezelen** finden die Aktivitäten innerhalb das Wohnbereichs oder in Räumen statt, die nur vorübergehend zur Verfügung stehen. Innerhalb eines Tages gibt es eine Vielzahl von Gelegenheiten, Snoezel-Elemente einzubauen.

> „Man nehme nur zum Duschen einmal ein besonderes Schaumbad, puste Seifenblasen, setze den Duschschlauch einmal anders ein als sonst. Man beachte das eigene Tempo der Heimbewohner einmal mehr als gewöhnlich."[701]

Es gibt eine Vielzahl von Beispielen, wie man mit Hilfe einfacher Aktivitäten und ohne einen festen Raum zur Verfügung zu haben, Snoezel-Angebote machen kann. Für den Bereich des Schmeckens bietet es sich z.b. an, durch die Darbietung von Nahrungsmitteln unterschiedliche Geschmackserfahrungen wachzurufen. So können beispielsweise hintereinander Radieschen, ein Stück Salzhering, eine eingelegte Gurke und Kuchen angeboten werden.[702]

Beim **Maxi-Snoezelen** stehen generell ein oder mehrere Räume zur dauerhaften Nutzung zur Verfügung. Hat man nur einen Raum, so wirken die darin enthaltenen Materialien auf alle Sinne zugleich. Stehen mehrere Räume zur Verfügung, so kann für jeden Sinnesbereich ein gesonderter Raum eingerichtet werden.

Zur Grundausstattung des „Raumes zum Fühlen" gehört ein weicher Boden (Matratzen etc.) sowie eine weiche Wandverkleidung aus Textil, Kork oder Velourteppich. Wünschenswerte zusätzliche Materialien sind ein Wasserbett; verschiedene Tastobjekte wie Kleidungsstücke, Felle etc.; Tastwände, die mit verschiedenen Materialien bespannt sind; ein Fühlbehälter mit verschiedenen, nicht sichtbaren Gegenständen etc.[703] Auch ein Bällchenbad bietet zahlreiche Tasterfahrungen.[704] Der „Raum zum Hören" hat als Grundausstattung eine fest installierte Beschallungsanlage. Diese besteht aus einem Verstärker, an den man möglichst mehrere Lautsprecher anschließen kann; einem Plattenspieler; einem Kassettendeck; Kopfhörern; Mikrofonen; einer Echohalleinheit etc. Schließt man die Beschallungsanlage an eine Lichtorgel an, kann man Geräusche sichtbar machen. Diese Ton- und Lichtkombination sollte jedoch nur verwendet wer-

---

[701] HULSEGGE/VERHEUL, 1996, 46 f.
[702] vgl. HULSEGGE/VERHEUL, 1996, S. 48 f.
[703] vgl. HULSEGGE/VERHEUL, 1996, S. 54 und 61 ff.
[704] vgl. HULSEGGE/VERHEUL, 1996, S. 128 ff.

den, wenn der Besucher über mehr als ein Sinnesorgan gleichzeitig ansprechbar ist.[705] Der „Raum zum Sehen" sollte über eine festinstallierte Beleuchtungsanlage verfügen. Statt normaler Lichtschalter werden Dimmer empfohlen, die das Licht langsam reduzieren bzw. erhöhen lassen. Plötzliches An- oder Ausknipsen des Lichtes kann eine Schreckreaktion oder Angst beim Besucher auslösen. Weiterhin sollten verschiedene Projektionsgeräte, wie Dia-, Film- und/oder Flüssigkeitsprojektoren, zur Verfügung stehen. Die Wände und alle übrigen Projektionsflächen sollten weiß sein. Weitere Materialien, die Lichteffekte erzeugen, sind eine Spiegelkugel, wie man sie in Discos verwendet; eine „Blubbersäule", d.h. eine mit Wasser gefüllte Plexiglassäule, in der mit einer Pumpe Luftblasen erzeugt werden; fluoreszierende Leuchtfäden etc.[706] Über die Möglichkeiten, *Geschmackserfahrungen* anzubieten, wurde bereits berichtet. Für die Darbietung von *Geruchserfahrungen* kann ein Duftschlauchständer genutzt werden. Dieser besteht aus verschiedenen flexiblen Kunststoffschläuchen. In jedem Schlauch befindet sich am Ende ein kleines, mit einem anderen Duftstoff gefülltes Kissen.[707]

Es gibt noch viele weitere Snoezel-Materialien.

Um nun die Snoezel-Aktivitäten optimal einzusetzen, müssen verschiedene Voraussetzungen erfüllt werden. Zunächst einmal soll ein Betreuer gemeinsam mit einem behinderten Menschen zum Snoezelen gehen. Das gemeinsame Erleben wird als sehr wichtig erachtet, denn es fördert den Kontakt. Weiterhin wichtig ist die *richtige Atmosphäre*. Besonders auf das Licht und den Geräuschhintergrund ist zu achten. Das Licht sollte gedämpft sein, und es wird eine ruhige Hintergrundmusik sowie leises Sprechen empfohlen. Gemütliche Sitz- und Liegegelegenheiten gehören in jeden Snoezel-Raum. Die *Entscheidungsfreiheit* des Besuchers ist ein wichtiges Prinzip beim Snoezelen.

> „Der Besucher snoezelt, und wir snoezeln mit, aber die Initiative muß vom Besucher ausgehen und muß möglichst bei ihm bleiben."[708]

Dem Besucher muß genügend Zeit gegeben werden, Reize aufzunehmen, Wahrnehmungen zu machen und sich Erfahrungen zu erschließen. Dies alles geschieht in seinem *eigenen Tempo*. Die *Dauer des Besuchs* im Snoezel-Raum hängt allein von den Reaktionen des behinderten Menschen ab. Sobald er sich langweilt oder sein Erstaunen über die Aktivitäten nachläßt, wird der Besuch langsam beendet, indem der Begleiter sich z.B. allmählich aufrichtet und das Licht behutsam aufdreht. Da schwerbehinderte Menschen lange brauchen, um Erfahrungen zu entdecken und zu verarbeiten, sollten

---

[705] vgl. HULSEGGE/VERHEUL, 1996, S. 54 und 77 ff.
[706] vgl. HULSEGGE/VERHEUL, 1996, S. 54 und 106 ff.
[707] vgl. HULSEGGE/VERHEUL, 1996, S. 122 f.
[708] HULSEGGE/VERHEUL, 1996, S. 41

die jeweiligen Snoezel-Angebote mehrmals wiederholt werden. Eine Regel über die Anzahl der *Wiederholungen* gibt es jedoch nicht. Bei der *Auswahl der Reizangebote* ist darauf zu achten, unerwünschte Reize auszuschalten oder zu reduzieren und erwünschte Reize gezielt zu dosieren. Entscheidend beim gemeinsamen Snoezeln, oder im Umgang mit behinderten Menschen überhaupt, ist die *richtige (Grund-)Einstellung.* Den Umgang mit schwer geistig behinderten Menschen könne man nicht lernen, er müsse einem liegen. Zu einer richtigen Grundhaltung gehört, daß man kritisch mit sich selbst ist und seine eigenen Reaktionen im Umgang mit diesen Menschen kennt. Die *Aufgabe des Betreuers* während der Snoezel-Aktivitäten besteht darin, die richtigen Voraussetzungen zu schaffen, damit der Behinderte optimal snoezeln kann. Außerdem muß der Betreuer den Besucher merken lassen, daß gemeinsam gesnoezelt wird. Der Betreuer sollte möglichst wenig eingreifen. Vielmehr sollte er den Behinderten auch körperlich spüren lassen, daß er nicht allein ist, z.B. indem er ihn in den Arm nimmt und liebevoll drückt. Letztlich muß er den Besucher spüren lassen, daß von ihm keine Leistung verlangt wird.[709]

Wie wirkt sich Snoezelen auf die Besucher aus?

BREHMER (1994) berichtet von Wirkungen, die im Zusammenhang mit Snoezelen in der Westfälischen Klinik für Psychiatrie und Neurologie in Lengerich - einer Einrichtung der Heilpädagogischen Hilfe Osnabrück - beobachtet wurden.

Die Besucher der Snoezel-Einrichtung konnten sich während des Besuchs viel besser entspannen und leichter „abschalten" als auf den Wohnstationen. Aggressives und autoaggressives Verhalten nahm deutlich ab. Die Entscheidungsfähigkeit, Eigeninitiative und die Ausdauer, mit der einer Aktivität nachgegangen wurde, erhöhten sich. Auch die Fähigkeit zur Kontaktaufnahme zu sich selbst und zu anderen Menschen nahm zu. Eine zunächst befürchtete Zunahme epileptischer Anfälle konnte nicht beobachtet werden.[710]

Auf der Grundlage der beschriebenen Sachverhalte möchte ich nun die Frage klären, ob dem Snoezel-Ansatz auch im Zusammenhang mit Autismus eine gewisse Bedeutung beigemessen werden kann. Da es zu dieser Fragestellung offensichtlich keine speziellen Untersuchungen gibt, beziehe ich mich bei meinen Ausführungen zum einen auf die Ergebnisse meiner Befragung und führe zum anderen meine eigenen Gedanken an. Wie bereits dargestellt, verfolgt Snoezelen primär keine therapeutischen Ziele. Dieser Tatsache war man sich in einigen der Autismus-Institute bewußt und beurteilte so-

---

[709] vgl. HULSEGGE/VERHEUL, 1996, S. 38 ff.
[710] vgl. BREHMER, 1994, S. 29

mit auch nur die entspannende und beruhigende Wirkung bzw. den Freizeitaspekt als positiv.

Es wurde jedoch auch darauf hingewiesen, daß durch Snoezelen Stereotypien verstärkt werden können. Als Methode im Sinne einer Basistherapie wurde Snoezelen in einem Falle als „sehr gut" bewertet. In einem anderen Fall wurde geäußert, die selektive Darbietung von Sinnesreizen, wie sie beim Snoezelen angestrebt wird, bilde grundsätzlich die Voraussetzung der Autismus-Therapie. Für Therapiezwecke, so eine andere Aussage, sei Snoezelen jedoch nur zur Kontaktanbahnung sinnvoll. In zwei Fällen wurde berichtet, daß Elemente des Snoezel-Ansatzes auch im Rahmen einer ganzheitlichen Förderung bzw. zum Zwecke der Beruhigung eingesetzt werden. Gegen den Einsatz von Snoezelen im Zusammenhang mit Autismus sprach man sich in zwei von elf Fällen aus. Da es sich beim Autismus nicht um eine Schwerstmehrfachbehinderung handelt, sei der Einsatz dieser Methode *nicht erforderlich*.

Ich persönlich, die ich mich allerdings nur theoretisch mit dieser Frage beschäftigt habe, sehe schon sinnvolle Möglichkeiten des Einsatzes von „Snoezelen" bei Menschen mit Autismus. Allerdings gibt es sicherlich auch Grenzen.

Wir können davon ausgehen, daß schwerstmehrfachbehinderte sowie autistische Menschen ähnliche Störungen in ihrer Wahrnehmungsverarbeitung aufweisen. Beide Gruppen reagieren in ähnlicher Weise (aggressives/autoaggressives Verhalten; Angst; Stereotypien etc.) auf die täglich über sie hereinbrechende Masse von Sinneseindrükken. Snoezelen bietet nun die Möglichkeit, diesem spannungsreichen und stressigen Alltag auf akzeptable Weise zu entfliehen. Somit wird vielleicht die Flucht in Stereotypien überflüssig. Der autistische Mensch kann zur Ruhe kommen und ist unter diesen Umständen möglicherweise viel zugänglicher für die Personen, die ihn begleiten. Ich sehe jedoch auch eine gewisse Gefahr in der völligen Entscheidungsfreiheit, die dem Behinderten während des Snoezelen eingeräumt werden soll. Da auch Verhaltensweisen erlaubt sind, die im Alltag in der Regel nicht gerne gesehen werden, kann dies bei dem Behinderten zu großer Verwirrung führen. In Bezug auf den großen Freiraum sehe ich auch Probleme, den Besuch im Snoezel-Raum wieder zu beenden. Wie bringt man beispielsweise einen autistischen, sich in stereotyper Weise mit einem Gegenstand beschäftigenden Menschen dazu, diese Beschäftigung zu beenden, ohne gegen das „Gebot" des geringstmöglichen Eingreifens zu verstoßen? Es ist jedoch auch möglich, daß es zu derartigem repetitiven Verhalten gar nicht kommt. Der Aufforderungscharakter des Materials soll möglichst hoch sein, um die Aktivierung der Besucher und einen kreativen und spontanen Umgang dieser mit dem Material zu erreichen. Damit kann man möglicherweise den geringen Eigenaktivitätslevel autistischer Menschen erhöhen.

Der Einsatz des Snoezelen für therapeutische Zwecke ist laut HULSEGGE/VERHEUL (1996) durchaus möglich, widerspricht aber - wie bereits erwähnt - dem eigentlichen Konzept. Setzt man diese Methode z.B. ein, um eine Entwicklung der Sinnesorgane zu erreichen, so kommt dem Begleiter eine völlig neue Rolle zu. Statt des Behinderten wählt er nun die Aktivitäten aus und bietet die Materialien in einer festgelegten Reihenfolge an.[711] Über eine gezielte Auswahl der Aktivitäten kann durch Stimulation der Sinnesorgane nicht nur deren Funktion geschult werden. Auch die Motorik wird positiv beeinflußt, da auf Sinnesreize zum größten Teil - besonders von Kindern - handelnd reagiert wird (Sensomotorik).

Relativ verfehlt fand ich die in einem Fragebogen geäußerte Ansicht, der Einsatz des Snoezelen bei Autismus sei „nicht erforderlich", da es sich nicht um eine Schwerstmehrfachbehinderung handele. Zunächst sei nochmals der Hinweis erlaubt, daß Snoezelen auch in der Arbeit mit dementen alten Menschen sowie in psychiatrischen Einrichtungen erstaunliche Erfolge erzielt. Ich möchte jedoch anmerken, daß auch autistische Menschen - mehr oder weniger schwer - mehrfach behindert sind, denn nicht nur ihre Wahrnehmung, sondern auch ihre Sprache, ihre Bewegung und ihr Geist kann beeinträchtigt sein. Häufig zeigen sie auch weitere körperliche Beeinträchtigungen wie Anfallsleiden, oder sie entwickeln infolge all dieser Beeinträchtigungen seelische Störungen. Wenn wir sie trotz all dieser Probleme nicht zur Gruppe der (Schwerst)Mehrfachbehinderten rechnen wollen oder können, so sollten doch ihre seelischen Probleme den Versuch rechtfertigen, auch ihnen durch Snoezelen wenigstens gelegentlich die Möglichkeit zu geben, die Welt als weniger bedrohlich wahrzunehmen. Welche Aktivitäten wollen wir behinderten Menschen noch zugestehen, wenn wir erst darüber entscheiden müssen, ob sie wirklich „notwendig" sind?

Sollte man sich nun dazu entscheiden, Snoezelen bzw. Snoezel-Elemente trotz fehlender theoretischer Untermauerung auch bei Autismus zu ermöglichen (einzusetzen), ist m.E. hier besonders auf eine selektive Reizdarbietung zu achten. Warum sollen nicht die bisherigen positiven Erfahrungen wie Entspannung; Reduzierung aggressiven/autoaggressiven Verhaltens; Aktivitätsregulation etc. auch bei autistischen Menschen möglich sein? Einen Versuch sollte es wert sein!

---

[711] vgl. HULSEGGE/VERHEUL, 1996, S. 159 f.

4.2   Individuelle Aufbautherapie

4.2.1   Lernbereich Sprache/Verständigung/Kommunikation

4.2.1.1 Aufmerksamkeits-Interaktions-Therapie (HARTMANN et al.)

Theoretische Grundlage der Aufmerksamkeits-Interaktions-Therapie (AIT) ist die Zwei-System(bzw. Prozeß)-Theorie der Informationsverarbeitung, wie sie bereits in Kapitel 3 (siehe Abschnitt 3.4.4) beschrieben wurde.

HARTMANN et al. gehen bei autistischen Kindern von einer Störung in der Bewertung von Informationen nach deren Neuheits- und Bekanntheitsanteilen aus. Neue Anteile einer Information werden normalerweise während der Verarbeitung im Gehirn zunehmend in Richtung auf immer größere Bekanntheit verändert. Während Neuheits-Anteile den Wahrnehmungsprozeß aktivieren, aktivieren Bekanntheits-Anteile eher den Handlungsprozeß. Die Folge eines gestörten Informationstransfers aus dem Neuheits- ins Bekanntheits-System ist somit ein unangemessenes Reagieren (Handeln) auf die Umwelt. Jedes Gelingen einer Kommunikation führt zu einer besseren Zusammenarbeit der beiden Systeme.[712] Ziel der AIT ist somit, „die Verbesserung der Fähigkeit zur Kommunikation oder allgemeiner zum Austausch mit der Umwelt."[713]

Für das therapeutische Vorgehen existieren verschiedene Regeln bzw. werden Strategien empfohlen.

Allgemeine Strategien für das therapeutische Vorgehen:

Die allgemeine Strategie besteht darin, kindliche Äußerungen, Verhaltens- und Reaktionsweisen aufzugreifen und zur Grundlage einer gemeinsamen Kommunikation oder Handlung zu machen. Ziel ist eine Verbesserung des Wechselspiels und der Abstimmung des Wahrnehmungs- mit dem Handlungsprozeß. Die Aufmerksamkeit des Kindes wird als Hinweis dafür gesehen, daß diese innere Abstimmung zwischen den beiden Systemen gerade abläuft, d.h. es kommt zu einer „Bedeutungs-Erfahrung". Diese Aufmerksamkeit des Kindes kann sich durch einen flüchtigen Blickkontakt, ein kurzes Lächeln etc. bemerkbar machen.[714]

Anregung wechselseitiger Interaktionen durch *direktes Spiegeln*:

Beim direkten Spiegeln werden alle Bewegungen - auch die Stereotypien -, Haltungen, Laute sowie sonstige Äußerungen des Kindes imitiert. Diese grundlegende therapeutische Regel macht aus jeder stereotypen Handlung eine Interaktion und ist somit beson-

---

[712] vgl. HARTMANN/KALDE/JAKOBS/ROHMANN, 1988, S. 129 f.
[713] HARTMANN, 1990, S. 89
[714] vgl. HARTMANN/KALDE/JAKOBS/ROHMANN, 1988, S. 130 f.

ders beim Erstkontakt gut einzusetzen, um die kindliche Aufmerksamkeit auf den Therapeuten zu lenken. Bei völlig passiven Kindern besteht die Möglichkeit, ihren Atemrhythmus zu spiegeln. Nicht gespiegelt werden sollen Mehrwortsätze, sofern diese Sätze einen kommunikativen Charakter haben. Dann soll in angemessenen Mehrwortsätzen geantwortet werden.[715]

Anregung wechselseitiger Interaktionen durch *indirektes Spiegeln*:

Beim indirekten Spiegeln wird beispielsweise der Rhythmus stereotyper Bewegungen des Kindes durch den Therapeuten in etwas veränderter Form - z.B. schneller oder langsamer - imitiert. Das Kind wird sich allmählich an diesen veränderten Rhythmus anpassen. Auf diese Weise ist häufig ein Einwirken auf Autoaggressionen möglich. Auch eine Veränderung der Distanz zum Kind ist manchesmal notwendig, um dessen Aufmerksamkeit zu erwirken. Eine andere Form des indirekten Spiegelns ist es, wenn dem Kind unabhängig von der aktuellen Situation seine sonstigen Verhaltens- oder Äußerungsweisen vorgespielt werden. Diese Äußerungen können zusätzlich musikalisch begleitet werden, um des Interesse des Kindes zu wecken.[716]

Anregung wechselseitiger Interaktionen durch *Variation bekannter Verhaltensweisen*:

Hat das direkte Spiegeln über längere Zeit keine Veränderungen im kindlichen Verhalten bewirkt, so ist es angezeigt, über die Variation bekannter Verhaltensweisen eine Veränderung zu erreichen. Derartige Variationen können z.B. die Sprachebene betreffen, denn darüber lassen sich gut weitere Sprachentwicklungen in Gang setzen. Die vom Kind in einer bestimmten Situation geäußerten Laute spiegeln dessen derzeitigen Zustand wider. Greift man diese Laute nun auf und variiert sie, so kann man darüber direkten Einfluß auf den kindlichen Zustand nehmen.[717]

Anregung wechselseitiger Interaktionen durch *Unterbrechen bestehender Interaktionen und Abwarten der kindlichen Reaktion*:

Um die Eigenaktivität des Kindes zu fördern, kann man z.B. bestehende Vorgänge, die dem Kind angenehm sind, unterbrechen. Wünscht dieses nun eine Fortsetzung, so muß es selbst die Initiative ergreifen. Zu Anfang genügt es dem Therapeuten, wenn das Kind lediglich Blickkontakt aufnimmt. Zunehmend fordert er jedoch mehr Aktivität vom Kind, um den Vorgang weiterzufühen. Liebt es ein Kind beispielsweise, geschaukelt zu werden, so kann durch Unterbrechen dieses Vorganges dessen Initiative erwirkt werden.[718]

---

[715] vgl. HARTMANN/KALDE/JAKOBS/ROHMANN, 1988, S. 131
[716] vgl. HARTMANN/KALDE/JAKOBS/ROHMANN, 1988, S. 131 f.
[717] vgl. HARTMANN/KALDE/JAKOBS/ROHMANN, 1988, S. 132
[718] vgl. HARTMANN/KALDE/JAKOBS/ROHMANN, 1988, S. 132 f.

Anregung wechselseitiger Interaktionen durch das *Anbieten von Reizen über unterschiedliche Sinneskanäle:*

Autistische Kinder sind häufig nur über ganz bestimmte (wenige) Sinneskanäle zu erreichen. Diese Kanäle gilt es über das Anbieten verschiedener Sinnesreize zu ermitteln, um sie dann für weitere kommunikative oder handlungsorientierte Interaktionen zu nutzen.[719]

Anregung wechselseitiger Interaktionen durch die *Einleitung interessanter Aktionen (ohne direkte Beachtung des Kindes):*

Vor den Augen des Kindes werden Aktionen ausgeführt, die für dieses von Interesse sind. Sinnvoll ist es, hier die zuvor ermittelten Sinnesbahnen anzusprechen, über die das Kind besonders zugänglich ist. Es kann nun selbst entscheiden, ob es sich an der Aktion beteiligen möchte oder nicht. Zeigt es kein Interesse, so können auch hier Variationen in Tempo, Lautstärke etc. vorgenommen werden. Erfolgt wieder keine Reaktion, sollte man die Art der Aktion verändern.[720]

Anregung wechselseitiger Interaktionen durch *aktives Einschalten in kindliche Handlungsabläufe:*

Der Therapeut hat die Kontrolle über bestimmte Gegenstände (z.B. über die Spielzeugkiste), die das Kind gern für stereotype Handlungen benutzt. Will das Kind nun mit diesen stereotypen Tätigkeiten fortfahren, muß es sich zunächst mit dem Therapeuten auseinandersetzen. Es entsteht u.U. ein Wechselspiel des Gebens und Nehmens - bzw. zunächst des Wegnehmens -. Zunehmend bezieht dieses Wechselspiel immer mehr Handlungen, Gegenstände und Personen ein. Da autistische Kinder häufig ihre Tätigkeiten beenden, sobald sich jemand an diesen beteiligen will, ist es manchmal sinnvoller, selbst interessante Aktionen zu initiieren.[721]

Einwirken auf das Erregungsniveau des Kindes durch *Maßnahmen zu dessen Aktivierung:*

Da die meisten autistischen Kinder trotz äußerlicher Passivität und Ruhe innerlich in der Regel sehr angespannt und übererregt sind, sollten Maßnahmen zur Aktivierung nur vorsichtig eingesetzt werden. Jedes Anzeichen für Angst sollte sofort erkannt werden. Ganz schlaffe Kinder können durch Variation des Atemrhythmus beim Spiegeln aktiviert werden. Mit anderen Kindern kann man evtl. umherrennen oder einen kleinen Ringkampf veranstalten. Bei derartigen Kämpfen kommt es zu einer aktiven körperlichen Auseinandersetzung, die ebenfalls eine Form von Kommunikation darstellt. Die

---

[719] vgl. HARTMANN/KALDE/JAKOBS/ROHMANN, 1988, S. 133
[720] vgl. HARTMANN/KALDE/JAKOBS/ROHMANN, 1988, S. 133

Autoren sind der Ansicht, daß eben diese Form der menschlichen Interaktion für die Erfolge der Festhaltetherapie verantwortlich ist.[722]

Einwirken auf das Erregungsniveau des Kindes durch *Maßnahmen zu dessen Beruhigung, bevor andere therapeutische Interaktionen begonnen werden:*

Zur Beruhigung des Kindes empfiehlt es sich, daß der Therapeut seine Sprache reduziert und Handlungen verlangsamt. Bei großer Unruhe des Kindes können Methoden wie die Modifizierte Festhaltetherapie nach ROHMANN & HARTMANN - auf die ich nicht näher eingehen werde - oder die Körperzentrierte Interaktion nach ROHMANN et al. (siehe dazu unter 4.2.1.3) eingesetzt werden.[723]

Einwirken auf das Erregunsniveau des Kindes durch *Regulierungs-maßnahmen während laufender therapeutischer Interaktionen:*

Eine Aktivierung des Kindes kann durch die Beschleunigung laufender Aktionen, eine Beruhigung durch die Verlangsamung laufender Aktionen erreicht werden. Ein weiteres Mittel zur Beruhigung ist der Wechsel von der Symbolsprache zu den als beruhigend empfundenen „Urlauten" (z.B. Grunzen).[724]

Handlungsorientierte Verknüpfung von Neuheit und Bekanntheit:

Bei dieser Methode geht es darum, über den Aufbau und die Erweiterung von Spiel- und Handlungskompetenzen mit dem autistischen Kind zu einer Interaktion zu kommen. Neuheits- sowie Bekanntheitsgrad eines Spiels bzw. einer Handlung müssen in einer für das Kind überschaubaren sowie ausgewogenen Relation zueinander stehen. Eine Erweiterung der kindlichen Kompetenz soll somit über das Einbringen neuer Handlungsmuster erreicht werden. Dabei nimmt der Therapeut die Funktion eines Vermittlers ein. Von ihm werden häufig vorkommende kindliche Verhaltensmuster (bekannt) aufgegriffen und in den Umgang mit Gegenständen (neu) eingebaut. Ohne das Kind direkt zu beachten, werden ihm diese Handlungen vorgespielt. Dem Kind kommt somit die Rolle eines Beobachters zu. Es wird sich in den beobachteten Verhaltensmustern wiedererkennen und so viel leichter die neuen Spiel- und Handlungsmuster übernehmen können. Wichtig ist, daß die vorgetragenen Muster spannungsgeladen sind, um das kindliche Interesse zu wecken. Wenn das Kind nun die neuen Handlungsmuster übernimmt, läßt man es entweder mit ihnen allein, d.h. man wendet sich einer anderen Beschäftigung zu, oder man versucht, mit ihm in Interaktion zu treten. Wendet sich der Therapeut einer anderen Beschäftigung zu, so kann es sein, daß

---

[721] vgl. HARTMANN/KALDE/JAKOBS/ROHMANN,1988, S. 133 f.
[722] vgl. HARTMANN/KALDE/JAKOBS/ROHMANN, 1988, S. 134
[723] vgl. HARTMANN/KALDE/JAKOBS/ROHMANN, 1988, S. 134
[724] vgl. HARTMANN/KALDE/JAKOBS/ROHMANN, 1988, S. 134

das Kind sich für diese interessiert und sich ihr ebenfalls zuwendet, was auch akzeptiert wird.[725]

Alle oben beschriebenen Therapieelemente werden innerhab des Therapieablaufs individuell eingesetzt, was ein hohes Maß an Kreativität und Einfühlung vom Therapeuten verlangt. Trotzdem existiert auch ein grobes Raster, woran sich das Fortschreiten der Therapie orientiert. Insofern werden zunächst auch nur Grobziele formuliert. Grundsätzliches Ziel ist es, die kindlichen Möglichkeiten zur Vergrößerung und Verfeinerung des Austausches mit der Umwelt zu verbessern. Durch die Ausdehnung des kindlichen - bisher selbstbezogenen - Austausches auf Gegenstände und Personen entstehen immer längere Handlungs- und Interaktionsketten, und das Kind trifft zunehmend mehr eigene Entscheidungen bzw. ist mit immer mehr Kommunikationskanälen (Gestik; Mimik etc.) beteiligt. Dem Therapeuten kommt die Aufgabe zu, das Kind behutsam in Richtung auf das Grobziel zu steuern, unterwegs auch einmal kleine Hindernisse einzubauen und neue Situationen einzuführen. Immer steht jedoch das Wohlbefinden des Kindes an erster Stelle, wobei Phasen der Erregung und des Unbehagens Bestandteil jeder Therapie sind.[726]

Der grobe Therapieverlauf läßt sich in die drei folgenden Phasen mit ihren jeweiligen Elementen einteilen:

Erste Therapiephase (umfasst: Kontaktaufnahme; Beobachtung; Diagnostik):

Während der Kontaktaufnahme soll der Therapeut seine Sprache weitestgehend reduzieren und die Verhaltensweisen des Kindes spiegeln. Reagiert das Kind auf Nähe und direktes Spiegeln mit Abwehr, empfiehlt es sich, zum indirekten Spiegeln überzugehen und die Distanz zum Kind zu erhöhen. Auch interessante Interaktionen können dann aus dieser Distanz angeboten werden, ohne daß sich das autistische Kind bedrängt fühlt. Ist nun ein erster Kontakt zustande gekommen, können verschiedene Interaktionsformen und Situationen erprobt werden, um festzustellen, wie man das Kind am besten erreichen kann (z.B. Ermitteln der vom Kind bevorzugten Sinneskanäle).[727]

Zweite Therapiephase (umfasst: handlungsorientiertes Vorgehen):

In dieser Phase sollen neue und bekannte Elemente aus dem Leben (und Erleben) des Kindes miteinander verknüpft werden. Somit wird sie als Beginn der eigentlichen therapeutischen Arbeit angesehen und ist zeitlich auch relativ umfangreich. Die kindlichen Spiel- und Handlungsmöglichkeiten werden zunehmend erweitert und bilden

---

[725] vgl. HARTMANN/KALDE/JAKOBS/ROHMANN, 1988, S. 134 f.
[726] vgl. HARTMANN/KALDE/JAKOBS/ROHMANN, 1988, S. 136
[727] vgl. HARTMANN/KALDE/JAKOBS/ROHMANN, 1988, S. 136

auch die Grundlage für die schrittweise Erhöhung kommunikativer Anforderungen. Eine Überleitung zur nächsten Therapiephase findet statt.

Dritte Therapiephase (umfasst: kommunikations- und sprachorientiertes Vorgehen): In dieser letzten Phase wird verstärkt Kommunikation eingesetzt und gefordert. Parallel dazu wird weiterhin die Spiel- und Handlungskompetenz verbessert. Sprache findet einen Einsatz als Element zur aktiven Aktions- und Interaktionssteuerung. Sie wird in alle Abläufe und Aufgaben eingebunden.[728]

HARTMANN (1990) schildert verschiedene Situationen des Erstkontaktes mit autistischen Kindern und deren Eltern, in denen das Element des direkten und indirekten Spiegelns zum Einsatz kommt. Eines der Beispiele zum direkten Spiegeln will ich hier kurz vorstellen:

> „Lasse, ein 10-jähriger autistischer Junge, läuft beim Wiedervorstellungstermin unruhig im Raum hin und her, schreit hin und wieder kurz und klopft an die Wände. Die Eltern berichten, zu Hause würde er oft aggressiv, vereinzelt auch autoaggressiv. Ich fordere die Eltern und die jüngere Schwester auf, mit mir zusammen im Zimmer umherzurennen, an die Wand zu klopfen und zu schreien. Wir alle sind über die Reaktion von Lasse erstaunt: Er bleibt zum ersten Mal ruhig in einer Ecke und schaut dem Geschehen interessiert zu. Die gestresste und erschöpfte Mutter berichtet jedoch beim nächsten Gespräch, es sei ihr nicht möglich gewesen, zu Hause laut und lebendig zu sein. Ich erlebe die Eltern als resigniert in der Ecke stehend, weit entfernt von ihrem autistischen Sohn, der die fehlende Lebendigkeit selbst produziert und die bestehende Distanz mit Schreien und Klopfen überbrückt, bzw. so den ihn umgebenden leeren Raum ausfüllt."[729]

Im März 1985 behandelten HARTMANN und seine Mitarbeiter vom Zentrum für Autismusforschung und Entwicklungstherapie in Viersen (Nordrhein-Westfalen) erstmals in dreiwöchigen Mutter-Kind-Intensivtherapien Kinder mit Frühkindlichem Autismus und ähnlichen Störungen allein mit der AIT oder in Kombination mit der Modifizierten Festhaltetherapie (MFT) bzw. der Körperzentrierten Interaktion (KI). Noch während der Therapie - nach zwei Wochen - wurden Mutter und Therapeut um eine Veränderungseinschätzung in dreiundzwanzig zuvor definierten Bereichen (Kontaktverhalten; Sprache; Selbständigkeit; Aggressivität; Autoaggressivität; Zwänge und Stereotypien; Spielverhalten etc.) gebeten. Im Mittel 3,3 Monate nach der Entlassung fand eine erneute Befragung der Eltern statt. Insgesamt wurden einundzwanzig Kinder (zehn mit Frühkindlichem Autismus; neun mit einer atypischen massiven Entwicklungsstörung; einer mit einer Residualform eines Frühkindlichen Autismus) behandelt, davon zehn nur mit der AIT und elf mit der AIT in Kombination mit MFT bzw. KI. Die Veränderung in den dreiundzwanzig Bereichen konnte jeweils folgendermaßen bewertet werden: Verbesserung; keine Änderung; Verschlechterung.

---

[728] vgl. HARTMANN/KALDE/JAKOBS/ROHMANN, 1988, S. 137

Abbildung 4.4 gibt das jeweilige Mittel der Anzahl von Bereichen an, in denen Veränderungen angegeben wurden.

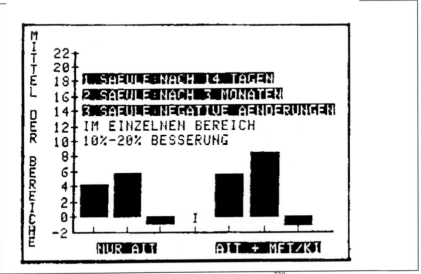

Abb. 4.4 Therapieerfolg aus dreiundzwanzig Bereichen[730]

Demnach wurde durch die Kombination der AIT mit MFT bzw. KI in mehr Bereichen - in sechs - eine Verbesserung erreicht, als durch die Therapie mit der AIT allein - nur in vier Bereichen -. Bei der Nachuntersuchung nach ein bis fünf Monaten - im Mittel nach 3,3 Monaten - wurden nochmals Verbesserungen in weiteren Bereichen angegeben. Beide Gruppen zeigten jetzt Verbesserungen in zwei zusätzlichen Bereichen. Die negativen Veränderungen waren in beiden Gruppen etwa gleich gering. Sie beschränkten sich auf einen der dreiundzwanzig Bereiche.

Heute zählt die AIT zu den am häufigsten angewendeten Therapiemethoden der bundesdeutschen Autismus-Ambulanzen. Mit fünfzehn von einundzwanzig Nennungen steht sie an zweiter Stelle einer Vielzahl eingesetzter Therapien. Dies dürfte zum einen daran liegen, daß sie sich als eine Methode versteht, die versucht, zunächst einmal eine symmetrische Interaktion zwischen dem Kind und dem Therapeuten (bzw. der Bezugsperson) herzustellen. Erst wenn eine Interaktion mit dem Kind zustandegekommen ist, ergibt sich die Möglichkeit zum Einsatz zusätzlicher Therapieangebote. Ein weiterer Grund für den verstärkten Einsatz der AIT ist sicherlich die Tatsache, daß sie sich

---

[729] HARTMANN, 1990, S. 88
[730] aus: HARTMANN, 1986, S. 245

178

„- wie die Erfahrungen des Zentrums für Autismusforschung und Entwicklungstherapie in Viersen zeigen - im Rahmen eines Gesamtkonzeptes [...] bewährt hat."[731]

Intesessanterweise ergab sich bei der Fragebogenauswertung, daß gerade in Viersen, wo die Aufmerksamkeits-Interaktions-Therapie und die Körperzentrierte Interaktion vor gut zehn Jahren entwickelt worden sind, beide Methoden als „überholt" betrachtet werden. Sie werden dort „so nicht mehr praktiziert"[732].

4.2.1.2 Gestützte Kommunikation (CROSSLEY)

Die Methode der „Gestützten Kommunikation" („facilitated communication"; FC) geht auf die australische Pädagogin Rosemary CROSSLEY zurück. Gleich zu Anfang möchte ich darauf hinweisen, daß es sich bei der FC-Methode nicht im eigentlichen Sinne um eine Therapie, sondern um ein Mittel zur Verbesserung der Kommunikation autistischer Menschen handelt. R. CROSSLEY arbeitet bereits seit Ende der siebziger Jahre mit FC. Ihre ersten Erfolge mit dieser Methode hatte sie bei spastisch gelähmten Menschen. Später dehnte sie die Anwendung auch auf andere Behindertengruppen aus. Die Anwendung bei Menschen mit Autismus erfolgt seit 1986. In Deutschland wurde die Methode Ende 1989 durch Professor Douglas BIKLEN von der Univertität Syracuse, New York erstmals vorgestellt. Im Mai 1991 berichtete Annegret SCHUBERT, eine Mitarbeiterin BIKLENs, ausführlich auf einer Tagung in Berlin über die Erfahrungen, die CROSSLEY und BIKLEN mit dieser Methode gemacht haben.[733]

Ziel der FC ist es, Menschen, die bisher kaum oder gar nicht sprechen konnten, durch das Stützen einer Hand, eines Armes, Ellenbogens oder der Schulter dazu zu verhelfen, daß sie mit dem Zeigefinger auf Buchstaben deuten. Die Auswahl der Buchstaben kann entweder aus einer Buchstabentabelle oder mittels einer Schreibmaschine bzw. eines Computers erfolgen. Die folgenden Punkt sind bei der Durchführung der FC-Methode zu beachten:

a) **Körperliche Stütze:** Der Facilitator stützt/hält die Person, hilft ihr aber nicht bei der Auswahl der Buchstaben.

b) **Anfangshilfe:** Die Anfangshilfe beschränkt sich darauf, den Schreiber vor der Auswahl falscher Buchstaben zu bewahren. [Hier sehe ich einen gewissen Widerspruch zur ersten Aussage. Schließlich muß der Facilitator vorausahnen können, was der Schreiber sagen (schreiben) will; Anm. d. Verf.]

DZIKOWSKI, 1991, S. 68
Originalzitat: Fragebogen Viersen

c) **Konzentration:** Der Stützende ignoriert alle Verhaltensweisen des Schreibers, die von der eigentlichen Aufgabe ablenken können. Damit verhilft er ihm, sich zu konzentrieren.

d) **Fähigkeiten nicht hinterfragen:** Das Vertrauen der schreibenden Person in sich selbst soll dadurch gefördert werden, daß man ihre Leistungen so akzeptiert, wie sie sind.

e) **Set-work:** Zu Anfang sollen Aufgaben mit vorgegebenen Antworten („multiple choice") im Vordergrund stehen. Wenn die Person flüssiger schreiben kann, können Gespräche geführt werden.

f) **Nachlassen der Stütze:** Die Stütze wird nach und nach soweit reduziert, bis die Person völlig selbständig schreibt. Es ist allerdings von Person zu Person verschieden, wann die Stütze vermindert werden kann.

g) **KandidatInnen:** Es gibt keine genauen Auswahlgrenzen bezüglich des Klientels. Die Methode eignet sich für Menschen mit den verschiedensten Behinderungen. Auch an die Lese-, Schreib- und Zeigefähigkeit der Person werden keine besonderen Anforderungen gestellt.[734]

Liest man diese Durchführungshinweise, so wird einem zugleich der Eindruck vermittelt, bei FC handele es sich um eine Methode, die einfach zu handhaben und für jeden autistisch oder anderweitig behinderten Menschen anwendbar ist. Michael KLONOVSKY, Herausgeber des Buches „Ich will kein Inmich mehr sein" von Birger SELLIN, weist jedoch in einem Artikel in der Zeitschrift „PSYCHOLOGIE HEUTE" darauf hin, daß die FC-Methode nur bei einem Teil autistischer Menschen funktioniert. Die Schreibversuche dieser Menschen bewegen sich, je nach deren Begabung, auf unterschiedlichstem Niveau.[735] Immer wieder bezweifeln Skeptiker, daß der autistische Mensch in der Lage sein soll, die Buchstaben selbst auszuwählen. Bei vielen wird davon ausgegangen, daß sie weder lesen noch schreiben können, da sie aufgrund ihrer Symptomatik (Ängste; Verhaltensweisen etc.) bestenfalls Unterricht auf Vor- oder Sonderschulniveau erhalten haben. Beginnen diese Menschen nun, sich schriftlich zu äußern, wird häufig die Echtheit dieser Äußerungen bezweifelt. Andererseits wissen wir aber, daß einige autistische Menschen offensichtlich über autodidaktische Fähigkeiten sowie über ein fotografisches Gedächtnis verfügen. So schreib Birger SELLIN am 26.12.1990, vier Monate nach seinen ersten Schreibversuchen mit der FC-Methode folgendes:

---

[734] vgl. JUDT, 1991, S. 2 f.
[735] vgl. KLONOVSKY, 1994, S. 11

„[...] tatsache ist ich konnte mit fast fünf jahren auch schon schreiben und sogar rechnen aber es hat niemand gemerkt weil ich so chaotisch war aber das war ich einfach
aus angst vor den menschen gerade weil ich unfähig war zu reden fiel mir das lesen so
leicht darum suchte ich aus den sagen wir wichtigen büchern alles was ich finden
konnte [...]"[736]

Am 17.03.1992 schrieb er:

„wußtest du auch
daß ich fest etwas behalte
sogar wichtige sachverhalte
wenn ich etwas nur einmal gelesen habe
sogenannte schwierige daten kann ich auf einen blick erlernen
ein außerordentliches talent
aber absolut sinnlos und nutzlos diese ohne sinn und verstand
birger tut alles wissen mitten in den haufen von chaotischen gelesenem
dichterunsinn
und dichtet sich weiteren unsinn
daraus so das quatschgebirge in potenz entstehen"[737]

SELLIN ist sicherlich in die Gruppe der autistischen Menschen mit Sonderbegabungen
einzuordnen. Ein großes Problem ist jedoch, daß die Leistungen dieser Menschen in
völligem Widerspruch zu ihrem äußeren Erscheinungsbild stehen. Ihre Bewegungen
und die Laute, die sie ausstoßen, machen es so schwer, ihnen diese Begabungen auch
wirklich zuzutrauen.

JUDT (1991) weist darauf hin, daß einige Personen beim Buchstabieren die Tastatur
kaum ansehen. Daß die Buchstaben jedoch wirklich von dem behinderten Menschen
und nicht von dessen Facilitator ausgewählt wurden, läßt sich anhand folgender Indizi-
en beweisen:

a) Es werden Fakten berichtet, von denen der Facilitator nichts wissen kann, die aber
   durch Dritte bestätigt werden.

b) Die Schreibweise ist phonetisch, d.h. die Person schreibt, wie sie spricht und ver-
   wechselt dementsprechend z.B. „f" und „v". Diese Schreibweise bleibt auch erhalten, wenn der Facilitator gewechselt wird.

c) Das Ausmaß der benötigten Stütze variiert von Person zu Person, d.h. bei einigen
   muß die Hand gestützt werden, bei anderen genügt es, wenn der Facilitator eine
   Hand auf die Schulter des Schreibenden legt.

d) Auch wenn die stützende Person die gleiche bleibt, variiert die Fähigkeit des
   Schreibenden, sich durch FC auszudrücken. Würde demnach der Facilitator die
   Buchstaben auswählen, gäbe es diese „Tagesform" beim Schreibenden nicht.

---

[736] SELLIN, 1993, S. 30
[737] SELLIN, 1993, S. 88

e) Aus dem Geschriebenen ergeben sich Hinweise auf den Charakter des Schreibers. Eine eigentümliche Wortwahl und ein verschrobener Sprachstil bleibt auch dann erhalten, wenn der Facilitator wechselt.

f) Der Schreibende nutzt FC, um den Stützenden zu beschimpfen.[738]

Als eindeutigster und damit überzeugendster Beweis kann eine Person gelten, die völlig ohne Stütze schreibt. Dies ist letztlich auch das Ziel der FC.

Ein eindeutiger Beweis für oder gegen FC ist bis heute nicht erbracht. Es wird diskutiert, ob der Erfolg der Methode evtl. auf dem „Quija-Brett-Phänomen" beruht. Demnach beeinflußt der Facilitator die Kommunikation absichtlich oder unabsichtlich mit feinsten Körperbewegungen. Eine Studie über die CROSSLEY-Methode brachte widersprüchliche Ergebnisse.[739]

Wenn man davon ausgeht, daß wirklich der autistische Mensch schreibt und nicht der Stützende, dann bietet FC meines Erachtens den betroffenen Menschen eine Möglichkeit, ihre Meinungen, Wünsche und Probleme auszudrücken. Diese Chance sollte man ihnen nicht aufgrund übertriebender Skepsis verweigern.

Wie meine Befragung ergab, wird die Gestützte Kommunikation in der BRD in vierzehn von einundzwanzig Autismus-Ambulanzen als mögliche Kommunikationshilfe in Betracht gezogen.

B. ARNDT, therapeutische Leiterin der Ambulanz in Bottrop, berichtet in einem 1994 in der Zeitschrift „autismus" erschienenen Artikel über die Erfahrungen mit FC und weist darauf hin, daß in ihrem Fall die befürchteten Auseinandersetzungen um die Wirksamkeit der Methode weitgehend ausgeblieben seien.[740]

4.2.1.3 Körperzentrierte Interaktion (ROHMANN et al.)

Da besonders bei geistig schwerstbehinderten autistischen Kindern der Körper oft das einzige Kommunikationsmittel ist, werden Methoden, die die sonst üblichen visuellen, auditiven oder verbalen Kommunikationskanäle nutzen, zu Anfang wenig Erfolg haben. Ein Interaktion mit dem Kind kann somit nur zustande kommen, wenn man die von ihm genutzten Kommunikationskanäle - kinästhetische (propriozeptive) und taktile Dimension - aktiviert. Das therapeutische Modell der Körperzentrierten Interaktion (KI) bedient sich verschiedenster Interventionsmaßnahmen mit dem Ziel, über den Körper gemeinsam zur Interaktion zu finden. Können diese zunächst basalen Interakti-

---

[738] vgl. JUDT, 1991, S. 3; KLONOVSKY, 1994, S. 11
[739] vgl. JUDT, 1991, S. 4
[740] vgl. ARNDT, 1994, S. 3 f.

ons- und Kommunikationsprozesse innerhalb der Therapie zunehmend ausgebaut werden, hat dies letztlich positive Auswirkungen auf das autistische Verhalten. Auch physische Begebenheiten, wie z.b. das Erregungsniveau, können durch die KI beeinflusst werden. Ziel ist es, dadurch die Lernbereitschaft zu erhöhen. Die KI basiert auf Elementen aus der Musik-Körpererfahrungstherapie und der Aufmerksamkeits-Interaktions-Therapie. Wie die Ergebnisse des Einsatzes dieser Therapieform bei zweihundert autistischen Kindern und Jugendlichen zeigen konnten, kam es in der Regel innerhalb von drei bis sechs Wochen zu deutlichen Verbesserungen im stereotypen und im Kontakt-Verhalten. Weiterhin dient die Methode bei der Behandlung von Autoaggressionen als Basistherapie.[741]

Für das therapeutische Vorgehen wird keine direkte zeitliche Reihenfolge beschrieben. Der Prozeß orientiert sich vielmehr am Verhalten des Kindes. Da dessen Verhalten in der Regel während der Behandlung bestimmte Phasen durchläuft, orientieren sich die folgenden Interventionen eben an diesem Verhalten. Es werden allgemein acht Behandlungsphasen unterschieden, die sich jedoch nicht so eindeutig, wie sie nachfolgend beschrieben werden, voneinander abgrenzen lassen.[742]

Zu Beginn steht immer eine **vorbereitende Phase**. In einem ausführlichen Vorgespräch mit der im späteren Verlauf die Behandlung übernehmenden Bezugsperson (z.B. der Mutter) sollen zunächst Widerstände gegen bzw. Ängste vor der Therapie abgebaut werden, da diese den Verlauf negativ beeinflussen können. Häufiges Gesprächsthema bietet die gezwungene/erzwungene Haltesituation, die u.a. als Grundlage für den Aufbau von Interaktionen dient. Die Mütter haben in der Regel Bedenken, das Kind könne seelischen Schaden nehmen bzw. man würde seinen Willen brechen.[743] ROHMANN et al. gehen jedoch davon aus, daß autoaggressive Kinder mehr oder weniger bewußt Mechanismen entwickelt haben, um ihre Umwelt zu dirigieren. Sie konfrontieren sie mit selbstverletzendem Verhalten und provozieren damit deren Eingreifen. Durch dieses Eingreifen in Form eines Verbots wird das autoaggressive Verhalten jedoch positiv verstärkt, was letztlich eine Erhöhung der Autoaggressivitätsfrequenz (Häufigkeit autoaggressiven Verhaltens) zur Folge hat. Dieser Lernprozeß wird nach SKINNER auch als operante Konditionierung bezeichnet. Die Bezugsperson muß nun immer häufiger eingreifen und gerät immer stärker in Abhängigkeit zum Kind. Das autoaggressive Kind erfährt zunehmende Fremdbestimmtheit.

---

[741] vgl. ROHMANN/KALDE/HARTMANN/JAKOBS, 1988, S. 139
[742] vgl. ROHMANN/KALDE/HARTMANN/JAKOBS, 1988, S. 140
[743] Derartige Bedenken wurden und werden auch immer wieder in den Diskussionen um die Festhaltetherapie geäußert und sollten m.E. auch sehr ernst genommen werden.

„Durchdenkt man dieses Beispiel, so fällt es einem schwer, den Begriff „Willen" sowohl auf den einen als auch auf den anderen Interaktionspartner anzuwenden."[744] Einzig das autoaggressive Verhalten scheint nach Ansicht der Autoren über einen „Willen" zu verfügen.

Die eigentliche Therapie der Körperzentrierten Interaktion auf der Basis der Musik-Körpererfahrungstherapie und der Aufmerksamkeits-Interaktions-Therapie (kurz: K.M.A.) beginnt damit, daß der Therapeut mit stark verlangsamten Bewegungen und beruhigenden Lautäußerungen den Oberkörper des Kindes entkleidet. Die Halteposition während der Therapie und deren Dauer ist vergleichbar mit der bei der Musik-Körpererfahrungstherapie.[745]

Bei der Musik-Körpererfahrungstherapie liegt das Kind mit dem Rücken und mit flach am Körper anliegenden Armen auf einer Matratze. Der Therapeut kniet über dem Kind und fixiert mit seinen Knien dessen Arme. Es ist darauf zu achten, daß das Kind frei atmen kann und daß es, wenn es seine Liegeposition verändert, wieder in die Ausgangslage zurückgeführt wird. Die Dauer der Therapie beträgt täglich zwischen zwanzig und sechzig Minuten. Je mehr die Therapie voranschreitet, um so kürzer werden die Sitzungen, da das Kind immer schneller bereit sein wird, sich zu entspannen.[746]

Bei der K.M.A. unterscheidet sich die Halteposition insofern etwas von der der Musik-Körpererfahrungstherapie, als bei ersterer auch die Seitenlage und das Sitzen des Klienten möglich ist. Auf die sitzende Position wird dann zurückgegriffen, wenn der Klient schon jugendlich oder erwachsen ist. Vor allem die Gesichtspunkte der sexuellen Reife und der Körperkraft spielen hier eine entscheidende Rolle. Bei dieser Position sitzt der Therapeut hinter dem Klienten und hat diesen praktisch zwischen seinen ausgestreckten Beinen. Ferner umfaßt er von hinten die Handgelenke des Jugendlichen bzw. Erwachsenen und kann so dessen Arme führen. Ein Nachteil dieser Position ist der fehlende Blickkontakt.[747]

Nachfolgend werde ich die einzelnen Therapiephasen näher beschreiben:

1. Phase: Widerstand

Zu Beginn jeder Sitzung wird das Kind Widerstand gegen die erzwungene Halteposition leisten, der sich verschieden äußern kann. Unter Umständen wird es nötig sein, mit dem Kind in einen Kampf einzutreten, der jedoch als eine Art Kommunikation - Aus-

---

[744] ROHMANN/KALDE/HARTMANN/JAKOBS, 1988, S. 141
[745] vgl. ROHMANN/KALDE/HARTMANN/JAKOBS, 1988, S. 140
[746] vgl. SCHLÜTER, 1988, S. 107 f.
[747] vgl. RHOMANN/KALDE/HARTMANN/JAKOBS, 1988, S. 147 f.

tausch von Kraft und Gegenkraft - betrachtet wird. Während des Kampfes ist das primär autistische Kind gezwungen, seine Aufmerksamkeit nach außen zu richten.

Je nach Qualität des Widerstandes, der physischer oder verbaler Art sein kann, ergeben
sich für den Therapeuten mögliche Reaktionsweisen. Folgende Formen des kindlichen
Widerstandes werden unterschieden:[748]

a) *Anspannung des Oberkörpers und/oder der Arme:* Reagiert das Kind auf stark ver-
langsamtes, zartes Streicheln des Oberkörpers/der Arme mit Anspannung und Abwehr - was häufig bei autistischen Kindern der Fall ist -, wechselt der Therapeut
über zu starkem Rubbeln, Kneten und Massieren dieser Regionen bzw. einzelner
Muskeln. Alternativ dazu kann das Kind durch übertrieben mimische Äußerungen
auch zum Anspannen dieser Körperregionen aufgefordert werden.

b) *Verzerrte oder angespannte Gesichtsphysiognomie:* Der Therapeut reagiert, indem
er die angespannte Mimik des Kindes übertrieben imitiert und evtl. noch lautlich
mit „oh ja" oder Aufforderungen, die Wut zu zeigen, begleitet. Auch eine Änderung der Distanz zum Kind kann dazu führen, daß dieses sich entspannt.

c) *Treten mit den Beinen:* Der Therapeut kann sich mit seinem Gesäß auf die Ober-
schenkel des Kindes setzen. Da dies in der sitzenden Position nicht möglich ist,
kann auch eine dritte Person gebeten werden, die Beine festzuhalten. Kurzzeitig
kann das Treten jedoch auch zugelassen werden.

d) *Aufbäumen des Oberkörpers oder Kopfschlagen:* Der Therapeut nimmt die Schultern des Kindes in beide Hände und drückt es sanft auf die Matte zurück oder bewegt den Oberkörper verlangsamt in der vom Kind gewählten Richtung. Somit
wird der kindlichen Reaktion eine neue Qualität gegeben. Wahlweise kann auch der
Kopf des Kindes gestreichelt werden.

e) *Spucken oder Beißen:* Dieses Verhalten soll entweder ignoriert werden, oder man
fordert das Kind zum Spucken auf. Auch das Ausweichen bzw. eine Distanzände-
rung ist möglich.

f) *Schreien:* Der Therapeut imitiert das kindliche Geschrei, fügt jedoch einige Veränderungen in Tonart und Lautstärke ein. Auch die kindliche Mimik kann in veränderter Form gespiegelt werden. Beruhigt sich das Kind nicht, so wird es verbal aufgefordert, wütend zu sein. Eine weitere Alternative ist es, den Namen des Kindes
mit suggestiv-monotoner Stimme und stark verlangsamt zu wiederholen.

g) *Jammern (evtl. mit verbalen Äußerungen wie „Mama"):* Der Therapeut wiederholt
in fragender Form die kindlichen Laute und Worte; imitiert dessen Mimik in über-

---

[748] vgl. ROHMANN/KALDE/HARTMANN/JAKOBS, 1988, S. 142 f.

triebener Art; wiederholt den Namen des Kindes in der zuvor genannten Weise oder fordert dieses zum Wütendsein auf. Auf keinen Fall dürfen dem Kind Fragen nach dem Grund seines Jammerns gestellt werden.

h) *Schimpfen des Kindes:* Entweder paradoxes, verbales Auffordern des Kindes zum Schimpfen oder Beruhigung durch Laute wie „Aahh" oder „jaaah" oder „ooh".

Es wird von den Autoren darauf hingewiesen, daß die vorgestellten Reaktionsweisen des Therapeuten lediglich Hilfestellungen sind und daß jede später die Behandlung übernehmende Bezugsperson ihren eigenen Weg finden muß. Trotzdem sollten aber die gewählten Reaktionsweisen mit dem zuständigen Therapeuten, der weiterhin als Supervisor zur Verfügung steht, besprochen werden. Es schleichen sich schnell Fehler ein, die evtl. das Verhalten des Kindes noch unterstützen.[749]

2. Phase: Erste Beruhigung

In dieser Phase zeigt das Kind nur noch geringen Widerstand. Somit kann damit begonnen werden, eine erste symmetrische Kommunikation einzuleiten. Dazu bedient man sich am günstigsten der vom jeweiligen Kind genutzten Kommunikationskanäle:[750]

a) *Der Kommunikationskanal Körper:* Bei behinderten, autoaggressiven Kindern stehen in der Regel Kommunikationen auf taktiler und kinästhetischer Ebene im Vordergrund. Durch die Stimulierung bestimmter Körperregionen soll die kindliche Aufmerksamkeit auf diese gelenkt und somit ein Gefühl für Körperempfindungen erreicht werden. Ausgangspunkt dieser Stimulierung ist immer der nackte Oberkörper des Kindes. Mit langsamen Bewegungen wird die nackte Haut von den Schultern bis hinab zum Bauch berührt, sowie nachfolgend Gesicht, Hals, Haar und Kopfhaut gestreichelt. Dabei gilt es, drei Reaktionsebenen des Kindes genauer zu erforschen:

a_1) Bei welcher Berührungsintensität (leichtes Streicheln; Rubbeln; Kneten) zeigt das Kind positive Reaktionen wie Lächeln oder positive Lautäußerungen?

a_2) Bei der Berührung welcher Körperregionen reagiert das Kind besonders stark?

a_3) Welches Tempo bzw. welcher Rhythmus der Stimulation ist dem Kind am angenehmsten?

---

[749] vgl. ROHMANN/KALDE/HARTMANN/JAKOBS, 1988, S. 143
[750] vgl. ROHMANN/KALDE/HARTMANN/JAKOBS, 1988, S. 143 ff.

b) *Die Kommunikationskanäle Blickkontakt und Mimik:* Blickkontakt und Mimik gehören zu den höher strukturierten Kommunikationskanälen. Sie sind eine Folge der veränderten Körperwahrnehmung des Kindes. Werden diese Reaktionen - besonders die Mimik - nun vom Behandler in verschiedenen Variationen gespiegelt, kann eine differenzierte Interaktion zwischen ihm und dem Kind aufgebaut werden. Die Folge ist in der Regel eine Abnahme der Stereotypien und/oder der autoaggressiven Handlungen. Auch auf den Behandler wirken sich die langsamen Bewegungen beruhigend aus.[751]

3. Phase: Distanz und Nähe

Über eine Variation der Distanz zwischen den Gesichtern des Therapeuten und des Kindes kann festgestellt werden, wann dieses die größte Aufmerksamkeit zeigt. Auf sehr enge körperliche Beziehungen reagieren autistische Kinder i. d. R. mit Ablehnung. Trotzdem bildet die Nähe einen wichtigen Bestandteil der K.M.A., denn nur über sie lernt das Kind den Körper des Behandlers in seiner Gesamtheit kennen und akzeptieren. Damit ist bei den Autoren die Hoffnung verbunden, daß dieses Kind auch „Rückschlüsse auf seine eigene körperliche Persönlichkeit"[752] zieht.

4. Phase: Körperführung

Bei der K.M.A. ist das autistische Kind aufgrund der erzwungenen Haltesituation stark in seinen Bewegungsmöglichkeiten eingeschränkt. Die häufigste Reaktion des Kindes ist das Schlagen des Kopfes auf die Matratze. Therapeutisch werden diese Bewegungen aufgefangen, indem der Behandler sie zwar akzeptiert, ihnen aber durch Verlangsamung - langsames Führen des Kopfes und Oberkörpers mit den Händen - eine andere Qualität gibt. Nach und nach entläßt er den Kopf des Kindes aus seinen Händen und gibt diesem damit die Möglichkeit, eine Selbststeuerung der eigenen Bewegungsabläufe aufzubauen.[753]

5. Phase: Suggestion

Suggestive Elemente wie Begleitmusik sind dazu geeignet, das Kind aufmerksam zu machen, es aber auch zu entspannen. Die Musik sollte so ausgewählt sein, daß man sie in Worte fassen kann, denn der Therapeut flüstert dem Kind mit verlangsamter, monotoner Sprechmelodie die verbalisierten Musiksequenzen ins Ohr. Ergänzt werden diese Verbalisationen durch entspannende Formeln. Beispiel: „Meeresrauschen!" (=Verbalisierung des Gehörten); „ruhig" oder „wir sind ganz ruhig, ruhig ..."

---

[751] vgl. ROHMANN/KALDE/HARTMANN/JAKOBS, 1988, S. 145
[752] ROHMANN/KALDE/HARTMANN/JAKOBS, 1988, S. 146
[753] vgl. ROHMANN/KALDE/HARTMANN/JAKOBS, 1988, S. 146

(=entspannende Formel). Teilweise wiederholen Kinder diese Sätze auch in Situationen außerhalb der Therapie.[754]

6. Phase: Selbststimulation

Scheint das Kind über längere Zeit beruhigt, werden seine Hände und Arme losgelassen. Kommt es jetzt zu stereotypen oder autoaggressiven Handlungen, werden die Hände erneut aufgenommen. Zwar wird den Bewegungen des Kindes Folge geleistet, doch werden die Hände immer wieder ohne Zwang und verlangsamt zum Oberkörper zurückgeführt. Dort streicheln sie in verlangsamter Form das Kind. Empfindet dies zunehmend den angenehmen Charakter der Selbststimulation, so lernt es auch, diesen Bewegungsablauf selbst zu koordinieren. Reagiert das Kind auch nach mehreren Sitzungen auf das Loslassen der Arme noch länger als zehn Minuten mit Unruhe und Schreien - was anfangs normal ist -, sollte nochmals in der Grundposition begonnen und zu einem späterenZeitpunkt ein weiterer Versuch des Loslassens unternommen werden. Diese Art der Selbststimulation ist eines der wichtigsten Elemente der K.M.A.[755]

Die bisher beschriebenen Phasen beziehen sich auf die Behandlung autistischer und/oder autoaggressiver Kinder. Die Phasen acht und neun hingegen betreffen nur autoaggressive Kinder und werden daher von den Autoren zwar genannt, aber nicht näher beschrieben.

7. Phase: Schutz durch den Körper des Therapeuten

8. Phase: Konfrontation mit der Autoaggression

a) Steuerung der Autoaggressionsintensität.

b) Anbieten von Hilfestellungen zum Selbstschutz.

Je nach dem Grad der geistigen Behinderung, die mit dem Autismus des Kindes einhergeht, kann die Körperzentrierte Interaktion in abgewandelter Form eingesetzt werden:

a) *Körperzentrierte Interaktion auf niedriger Kommunikationsebene*: Diese Methode wird dann eingesetzt, wenn der Patient schwer geistig behindert ist und über wenige bis keine Kommunikationsmechanismen verfügt. Somit werden Kommunikationskanäle der niedrigsten Stufe wie der Atemrhythmus und/oder die Vibration des Körpers genutzt.

---

[754] vgl. ROHMANN/KALDE/HARTMANN/JAKOBS, 1988, S. 146
[755] vgl. ROHMANN/KALDE HARTMANN/JAKOBS, 1988, S. 147

Über die - eventuell etwas übertriebene - Imitation des Atemrhythmus kann eine Interaktion mit dem Kind zustande kommen, denn dieses passt sich nach einer gewissen Zeit auch dem Rhythmus des Behandlers an. Durch Brummen oder Summen kann der Behandler eine Vibration seines Körpers erzeugen, die das Kind in der sitzenden Position über seinen Rücken wahrnehmen kann. Besonders eine lautes „ommmm" eignet sich gut, um eine starke Körpervibration zu erzeugen. Zusätzlich kann der Kopf als Resonanzboden genutzt werden, indem der Behandler sein Kinn auf den Kopf bzw. seine Wange an die des Patienten legt. Durch Verlangsamung sowie Veränderung der Lautstärke und Tonqualität kann eine Art Sprache aufgebaut werden. Bei einer Verbindung beider Kommunikationskanäle wird der Atemrhythmus mit entsprechenden Vibrationen gespiegelt und später auch variiert. Nochmals ausgebaut werden kann die Interaktion auf dieser Ebene, indem „Atmungs- und Vibartionsrhythmen auf eine körperstimulierende Ebene [...] übersetzt werden."[756]

So werden beispielsweise im Rhythmus der Atmung und/oder der Vibration die Arme des Patienten geführt bzw. er führt sie selbst. Praktisch könnte dies m. E. so aussehen, daß bei jedem Ausatmen durch ein langes „ommmm" eine Vibration erzeugt wird. Parallel dazu streichen die Hände des Patienten z.B. an seinen Beinen hinab. Ziel der Nutzung basaler Kommunikationsmechanismen ist es, die Aufmerksamkeit des Klienten zu erreichen und erste symmetrische Handlungen aufzubauen.

b) *Körperzentrierte Interaktion auf höherer Stufe:* Bei Patienten mit einer geringer ausgeprägten geistigen Behinderung bzw. bei solchen, die die zuvor beschriebene Behandlungsstufe mit Erfolg durchlaufen haben, können zusätzliche Kommunikationskanäle wie Mimik, Gestik, Blickkontakt, Laute und Sprache eingesetzt werden. Mit zunehmender Qualität und Quantität der Kommunikation bzw. Interaktion nehmen autoaggressive Verhaltensweisen ab.[757]

Ist nun auf diese Weise eine erste Interaktion entstanden, kann diese nochmals erweitert werden, indem man sich die natürlichen Reflexe des Kindes zunutze macht. Diese Reflexe haben die Funktion, den Körper zu schützen. Kitzelt man z.B. ein Kind im Bauchbereich, so wird dieses die Beine anziehen oder den Oberkörper wegrollen. Diese Reaktion macht sich der Therapeut zunutze und gibt ihr eine spielerische Qualität, indem er beim nächsten Mal seine übertrieben verlangsamten Handbewegungen in Richtung Bauch des Kindes verbal mit einem „uuuund... jetzt" oder „oooooo... hahh" etc. unterstreicht. Das Kind wird bald schon allein auf die verbalen Äußerungen des

---

[756] vgl. ROHMANN/KALDE/HARTMANN/JAKOBS, 1988, S. 148
[757] vgl. ROHMANN/KALDE/HARTMANN/JAKOBS, 1988, S. 149

Therapeuten mit Lachen, Abwehren seiner Hände oder mit dem Wegdrehen des eigenen Körpers reagieren. Eine gemeinsame spielerische Sequenz ist entstanden.[758]

Die Körperzentrierte Interaktion auf der Basis der Musik-Körpererfahrungstherapie und der Aufmerksamkeits-Interaktions-Therapie (K.M.A.) bietet vielfältige Variationsmöglichkeiten und damit Gelegenheit, individuell auf die Problematik jedes Kindes einzugehen. Einige Elemente erinnern an andere Therapiemethoden (Festhaltetherapie; progressive Muskelentspannung nach JACOBSON etc.). Gerade die gezwungene Haltesituation hat ja schon in der Diskussion um die Festhaltetherapie immer wieder die Kritik bzw. die Bedenken vieler Menschen auf sich gezogen. Glücklicherweise unterscheidet sich die Dauer der Therapiesitzungen - zwanzig bis sechzig Minuten bei der K.M.A. gegenüber bis zu vier Stunden bei der Festhaltetherapie nach PREKOP - voneinander. Auch andere Elemente, auf die ich nicht näher eingehen werde, wurden verändert, so daß der Haltesituation bei der K.M.A. im wesentlichen der brutale Zwangscharakter genommen ist, dem sie noch bei der Festhaltetherapie unterlag. Im Gegensatz zur Festhaltetherapie, die laut DZIKOWSKI[759] heute als „abgehakt" bezeichnet werden kann, findet die Körperzentrierte Interaktion eine relativ breite Anwendung.

Wie meine Fragebogenauswertung ergab, wird sie in zwölf von einundzwanzig Autismus-Ambulanzen als ein mögliches therapeutisches Mittel eingesetzt.

4.2.1.4 Differentielle Beziehungstherapie (JANETZKE)

Die Beschreibung dieses mit elf Nennungen doch recht häufig in der ambulanten Behandlung autistischer Menschen verwendeten Ansatzes wird etwas weniger umfangreich und ausführlich als die bisherigen ausfallen, da mir als Quellen nur zwei sehr kurze Zeitungs- bzw. Buchartikel zur Verfügung standen. Diese werden lediglich dazu ausreichen, den Ansatz grob zu skizzieren.

Die Differentielle Beziehungstherapie wurde von dem Psychologen und Leiter des Hamburger Autismus Instituts Hartmut R. P. JANETZKE entwickelt. Es handelt sich dabei um eine „integrative Methode, die auf einer umfassenden ätiologisch vorurteilsfreien Förderdiagnostik aufbaut"[760]. Diese Förderdiagnostik erfasst zunächst die individuellen Besonderheiten jedes Betroffenen - deshalb differentielle Therapie -[761], geht aber dann davon aus, daß dem Beziehungsaspekt im Rahmen der autistischen Störung immer eine besondere Schlüsselrolle zufällt.[762] Begründet wird diese Annahme folgen-

---

[758] vgl. ROHMANN/KALDE/HARTMANN/JAKOBS, 1988, S. 150
[759] vgl. DZIKOWSKI, 1991, S. 68
[760] JANETZKE, 1989, S. 12
[761] vgl. JANETZKE, 1997, S. 65
[762] vgl. JANETZKE, 1989, S. 12

dermaßen: Dem Autismus liegt immer eine Verarbeitungsschwäche des ZNS zugrunde, deren Ätiologie individuell verschieden ist. Folge dieser Verarbeitungsstörung ist immer eine Kommunikations- und Beziehungsstörung. Da sich aber emotionale, geistige und sprachliche Fähigkeiten nur in der Interaktion mit der sozialen Umwelt entwickeln können, kommt es bei autistischen Menschen zu einem Stillstand in der Gesamtentwicklung. Therapeutische Beziehungsangebote haben nun zum Ziel, die aufgrund der Wahrnehmungsverarbeitungsstörung beim autistischen Kind vorhandene Überforderung im Umgang mit Menschen zu kompensieren.[763] Grundvoraussetzung der Beziehungstherapie ist es, das jeweilige Kind ernst zu nehmen, es als Persönlichkeit zu respektieren und es dies alles auch unabhängig von den erzielten Fortschritten spüren zu lassen. Die Devise heißt: „nicht fordern, sondern tatsächlich fördern"[764].

Die Therapie beginnt damit, daß ein Austausch des Kindes mit seiner sozialen Umwelt in Gang gesetzt wird. Dies geschieht in der Form, daß der Therapeut sich dem Kind als „gut funktionierendes Objekt" anbietet oder durch sein Zutun zu einem unentbehrlichen Element der stereotypen Beschäftigungen des Kindes wird. Das Kind soll die Erfahrung machen, daß es doch mehr Spaß macht, sich mit einem Menschen statt mit einem Gegenstand zu beschäftigen. Nach und nach bringt dann der Therapeut neue Handlungselemente in die gemeinsame Beschäftigung ein. Löst sich das Kind nun allmählich von seiner Bindung an Gegenstände und wendet sich mehr sozialen Partnern zu, so kann individuell entschieden werden, welche weiteren methodenübergreifenden Behandlungsziele erreicht werden sollen. Dem Kind wird somit auf der Basis einer belastbaren Beziehung die Möglichkeit geboten, so viele neue Kenntnisse und Fähigkeiten zu erwerben, wie es zu verarbeiten in der Lage ist. Wichtigste Ziele sind die Entwicklung von Selbständigkeit, aber auch die einer gewissen Anpassungsbereitschaft als Voraussetzung für die so wichtige soziale Eingliederung.[765]

JANETZKE weist abschließend darauf hin, daß nicht zu erwarten ist, daß alle Kinder, Jugendlichen und Erwachsenen im Zuge dieser Therapie gleich große Entwicklungsfortschritte manchen. Die Erfolge bei Kindern sind eindeutig größer als die bei Jugendlichen und Erwachsenen.[766]

Eine Therapie gilt dann als erfolgreich abgeschlossen, wenn es gelungen ist, „Potentiale zu aktivieren, eine vermehrte Öffnung gegenüber der Umwelt, Kommunikations-

---

[763] vgl. JANETZKE, 1997, S. 65 f.
[764] JANETZKE, 1989, S. 12
[765] vgl. JANETZKE, 1997, S. 66 f.
[766] vgl. JANETZKE, 1997, S. 67

freude und Kommunikationsfähigkeit zu erreichen, die Bedingungen für das Kind in Schule und Elternhaus zu verbessern."[767]

4.2.1.5 Gebärdensprach"therapie" (DUKER)

Die manuale Zeichensprache wurde in der Mitte des achtzehnten Jahrhunderts von dem französischen Priester Charles Michel de l'Epée entwickelt. L'Epée hatte bei tauben Menschen beobachtet, wie diese sich untereinander mit Handzeichen verständigten. Diese Zeichen griff er auf, entwickelte noch weitere und kam so zu einer nonverbalen Form der Kommunikation mit diesen Menschen.

Seit den siebziger Jahren werden Gebärden in der Erziehung geistig behinderter und autistischer Personen eingesetzt. Man unterscheidet gewöhnlich zwischen „Zeiche" und „Gebärden". Zeichen werden in der Regel immer in Kombination mit anderen Zeichen verwendet, bzw. sind nur so zur Informationsvermittlung geeignet. Bei Gebärden hingegen genügt meist eine einzelne Hand- oder Armbewegung, um einen Wunsch/ein Bedürfnis zu formulieren. Da nichtsprechende behinderte Personen dazu neigen, ihr eigenes informelles Zeichensystem zur Verständigung zu entwickeln, kann sich der Unterricht einer manualen Form der Kommunikation diese natürliche Tendenz zunutze machen.[768]

Für welche Personen kommt nun die Gebärdensprache als Kommunikationsmittel in Betracht?

Grundsätzlich soll die Entscheidung, Gebärden zu lehren, von folgenden Gesichtspunkten abhängig sein:[769]

1. *Die Person leidet an einer Hörstörung:* Wichtig ist es, organisch bedingte Hörstörungen von solchen zu unterscheiden, die eher mit einer gestörten Aufmerksamkeit bzw. Wahrnehmungsverarbeitung einher- gehen.

2. *Die Person leidet an einer spezifisch neurologischen Beeinträchtigung:* Hier kommen neurologische Schäden in den Hirnarealen in Betracht, die für die Erzeugung und das Verständnis von Sprache zuständig sind. Ein derartiger Schaden kann angenommen werden, wenn nur die Sprachentwicklung verzögert ist.

3. *Mehrfache erfolglose Versuche in den letzten Jahren, der Person das Sprechen beizubringen:* Zeigt die Person aber trotzdem ein uneingeschränktes Sprachverständ-

---

[767] JANETZKE, 1989, S. 13
[768] vgl. DUKER, 1991, S. 10 f.
[769] vgl. DUKER, 1991, S. 18 ff.

nis, ist dies eine Indikation für ein Gebärdentraining. Auch zur Echolalie neigende autistische Kinder sind geeignet.

4. *Die Person zeigt eine Bereitschaft zur Kommunikation, ohne aber zu sprechen:* Zeigt die Person gewohnheitsgemäß auf Gegenstände und begleitet dieses Deuten mit Lauten, so ist dies ein Hinweis auf ein starkes Bedürfnis nach Kommunikation.

5. *Die Person spricht zwar, doch bleibt ihre Sprache unvollständig und/oder unbegreiflich:* Kann ein Sprachtraining hier keine Besserung bieten, sollte die Gebärdensprache gelehrt werden. Es besteht die Möglichkeit, daß auch die Sprache dadurch besser wird, bzw. daß sie ganz verschwindet, wenn sich die Person mit manualen Zeichen besser verständlich machen kann. In diesem Zusammenhang weist Duker darauf hin, daß Gebärden bei jungen Kindern eine mögliche Entwicklung der Sprache beeinträchtigen können. Andererseits sei jedoch die Gefahr, daß Training zu spät zu beginnen, viel größer als die, es zu früh zu beginnen.[770]

Wonach richtet sich die Auswahl der zu lehrenden Gebärden?

Da die üblichen manualen Zeichensysteme auch den Gesichtsausdruck der Person mit einbeziehen, eignen sie sich weniger für den Einsatz bei geistig Behinderten und noch weniger bei autistischen Menschen. Weiterhin befassen sich diese Systeme nicht mit der Frage, wie man die Zeichen der betreffenden Person beibringen soll und wie man zu einem spontanen, situationsübergreifenden Gebrauch anregen kann.

DUKER nennt nun die Bedingungen, die bei der Auswahl der Gebärden und der Zusammenstellung eines Lehrplans berücksichtigt werden sollen.[771]

1. *Die Gebärden sollten individuell ausgewählt werden:* Die Auswahl der Gebärden sollte sich nach deren praktischer Relevanz richten.

2. *Die soziale Umgebung der Person sollte in der Lage sein, die Gebärden zu erraten:* Das Ratevermögen verschiedener Gebärden unterscheidet sich u.U. sehr stark voneinander. So hat z.B. die Gebärde „Zähne putzen" - sich mit dem gestreckten Zeigefinger über die Zähne reiben - ein sehr hohes Ratevermögen, da sie in hohem Maße mit der Handlung übereinstimmt. Um das Ratevermögen einer Gebärde zu schätzen, kann man sie verschiedenen Personen vorführen, die keine manualen Zeichensysteme kennen.

3. *Es sollten Gebärden ausgewählt werden, die eine regelmäßige Verwendung finden:* Somit sollten keine Gebärden für Ereignisse wie „Geburtstag", „Weihnachten" etc. ausgewählt werden, da diese zu selten stattfinden. Weiterhin sollten möglichst kei-

---

[770] vgl. DUKER, 1991, S. 20
[771] vgl. DUKER, 1991, S. 21 ff.

ne Gebärden für „krank fühlen", „glücklich/traurig sein" etc. ausgewählt werden, da diese Zustände beschreiben, die in der aktuellen Lernsituation schlecht herbeigeführt werden können. Anders sieht es mit Gebärden zu körperlichen Empfindungen wie „Ich friere", „Mir ist warm" oder „Ich möchte zur Toilette" aus. Diese Empfindungen können in der Lernsituation „erzeugt" werden, indem der Lehrer das Fenster öffnet, die Heizung aufdreht bzw. dem Schüler zu viel zu trinken gibt, so daß dieser mehrmals zur Toilette muß.

Weiterhin ist bei der Auswahl der Gebärden darauf zu achten, daß der Schüler die motorischen Anforderungen, die die Gebärde an ihn richtet, auch erfüllen kann. DU-KER weist jedoch auch darauf hin, daß nicht jede Gebärde alle Anforderungen erfüllen kann, die an sie gerichtet werden.[772]

Die folgenden motorischen Erfordernisse sollte eine Gebärde weitestgehend erfüllen:[773]

1. *In die Gebärde sollte immer eine Berührung einbezogen sein:* Gebärden, bei denen ein Körperteil oder Gegenstand berührt wird, werden besser erlernt und bleiben länger im Gedächtnis als solche, die frei in der Luft ausgeführt werden.

2. *Symmetrische Gebärden sind zu bevorzugen:* Gebärden, die spiegelbildliche Bewegungen erfordern, werden schneller erlernt und weniger schnell vergessen. DUKER führt hier als Beispiel einen Vergleich der symmetrischen Gebärde „Ich möchte radfahren" und der asymmetrischen Gebärde „Ich möchte Perlen aufziehen" an (siehe dazu Abb. 4.5 auf der folgenden Seite).

Meines Erachtens ist der große Unterschied im Ratevermögen von RV = 89 bei der Gebärde „Ich möchte radfahren" (d.h. 89% der Personen, die keine manualen Zeichensysteme kennen, haben die Gebärde richtig erraten) zu RV = 8 bei „Ich möchte Perlen aufziehen" nicht unbedingt auf die Symmetrie bzw. Asymmetrie zurückzuführen, sondern eher darauf, daß die erste Gebärde die Handlung einfach besser symbolisiert.

---

[772] vgl. DUKER, 1991, S. 25
[773] vgl. DUKER, 1991, S. 30 ff.

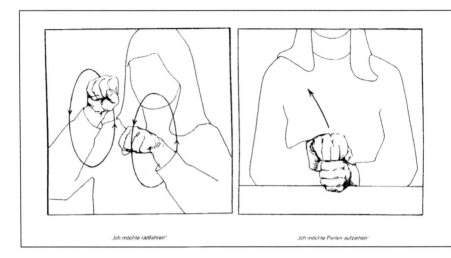

"Ich möchte radfahren"   "Ich möchte Perlen aufziehen"

Abb. 4.5 Eine symmetrische und eine asymmetrische Gebärde[774]

3. *Die Gebärden sollen formbar sein:* Gerade zu Beginn des Gebärdentrainings wird der Lehrer häufig die Bewegungen des Schülers korrigieren müssen. Eine Korrektur an einer geschlossenen Faust oder flachen Hand ist leichter, als z.b. an zwei sich überkreuzenden Zeigefingern. Allerdings ist es nicht möglich, ausschließlich einfach modellierbare Gebärden zu lehren. Man kann jedoch zu Anfang des Trainings solche Gebärden auswählen.

4. *Die Gebärden sollten dem motorischen Entwicklungsstand der Person angepasst sein:* Lehrt man eine Person Gebärden, die sie aufgrund ihrer motorischen Fähigkeiten nicht richtig ausführen kann, so schränkt man damit deren „Zuhörerschaft" ein.

5. *Die Gebärden sollten sich deutlich voneinander unterscheiden lassen:* In einer Trainungseinheit sollten mindestens zwei Gebärden vorkommen. Gleichen sich die Gebärden aus einem Set zu sehr, so verzögert dies den Lernprozeß unnötig. Doch auch Ähnlichkeiten zwischen Gebärden sind besonders dann nicht vermeidbar, wenn immer mehr hinzukommen.

6. *Es sollten zunächst Gebärden ausgewählt werden, die sich auf Handlungen beziehen:* Erst später können solche dazukommen, die sich auf körperliche Empfindungen beziehen.

---

[774] aus: DUKER, 1991, S. 28 und 29

7. Die Gebärden sollten mit dem Sprachverständnis des Schülers übereinstimmen: Gebärden, die mit bekannten Wörtern übereinstimmen, werden schneller erlernt und weniger schnell vergessen als solche Gebärden, die der Person unbekannte Wörter einschließen.

Abschließend bemerkt DUKER, daß jede Gebärde nur zwei oder drei der o.g. Bedingungen erfüllen kann. Bei der Auswahl der Gebärden sollte deshalb darauf geachtet werden, ein Gleichgewicht zwischen den genannten Bedingungen zu finden.[775]

Die von DUKER in seinem Trainingsprogramm zusammengestellten Gebärden stammen zum einen aus der ASL (American Sign Language), zum anderen aus der AMERIND (American Indian Hand Talk). Weiterhin wurden viele Gebärden unter Berücksichtigung der o.g. Bedingungen zusätzlich entwickelt. Es wird zwischen Gebärden für den Trainer (Lehrer; Eltern; Personal) und solchen für den Schüler unterschieden.

Die Gebärden für den Trainer (siehe Abb. 4.6) beziehen sich im allgemeinen auf Forderungen bzw. Fragen an den Schüler.

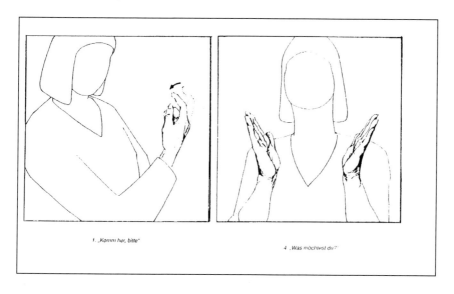

1. „Komm her, bitte"

4. „Was möchtest du?"

Abb. 4.6 Gebärden für den Trainer[776]

---

[775] vgl. DUKER, 1991, S. 33
[776] aus: DUKER, 1991, S. 84 und 87

Die Gebärden für den Schüler (siehe Abb. 4.7) sollen ihn dazu befähigen, seine Wünsche und Bedürfnisse zu verdeutlichen.

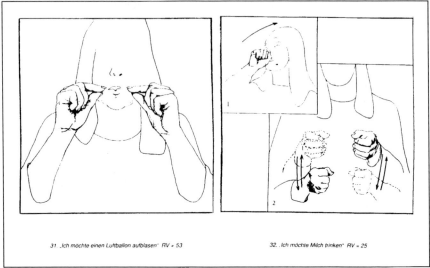

31. „Ich möchte einen Luftballon aufblasen" RV = 53   32. „Ich möchte Milch trinken" RV = 25

Abb. 4.7 Gebärden für den Schüler[777]

Wie werden nun den Schüler die Gebärden gelehrt?

Wurde nun für eine Person ein individuell auf ihre Bedürfnisse abgestimmtes Gebärdenset zusammengestellt, so kann mit dem Unterricht begonnen werden. Dieser sollte möglichst an jedem Wochentag und in einem Raum stattfinden, der keine anderen Ablenkungen bietet. In einer vorbereitenden Phase lernt der Schüler zunächst, seine Arme in eine bestimmte Richtung zu bewegen, seine Hände in einer vorgegebenen Stellung erst kurz und dann etwas länger zu halten. Der Trainer lenkt in dieser Phase die Bewegungen des Schülers. Dieser braucht somit lediglich passiv der Bewegung zu folgen. Während diese körperliche Begleitung in der vorbereitenden Phase noch sinnvoll ist, beeinträchtigt sie in einer fortgeschrittenen Phase jedoch die Beherrschung der Gebärde. Ein zu frühes Abbrechen der körperlichen Begleitung kann allerdings dazu führen, daß die Handstellung ungenau wird. Erst wenn Schüler und Trainer die Stellungen und Bewegungen der Arme und Hände gut lenken können, kann mit dem eigentlichen Training begonnen werden.[778]

In dem nachfolgend aufgeführten Flußdiagramm (siehe Abb. 4.8) ist das Trainingsprogramm schematisch dargestellt.

---

[777] aus: DUKER, 1991, S. 122 und 123
[778] vgl. DUKER, 1991, S. 35 f.

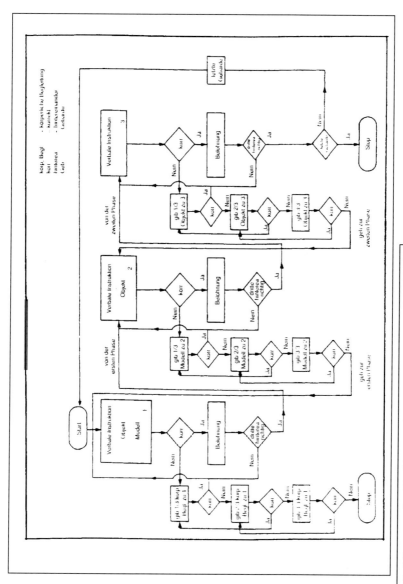

Abb. 4.8 Flußdiagramm des Verfahrens, wie Gebärden unterrichtet werden.[1]

Eine Handlung (Demonstration oder Belohnung) ist darin als *Rechteck* dargestellt. Nach jedem Rechteck folgt eine *Raute*. Diese symbolisiert jeweils die Frage, die sich der Trainer selbst stellt, z.b.: „War die Antwort des Schülers korrekt?"

Aus der Beantwortung dieser Frage können sich jeweils zwei Konsequenzen ergeben:

1. Das Ziel wurde nicht erreicht, dann sollte zum vorhergehenden Schritt zurückgekehrt oder mehr Hilfe angeboten werden.

2. Das Ziel wurde erreicht, und somit kann zum nächst höheren Schritt übergegangen bzw. die Aufgabe sogar beendet werden.

Der Trainer wählt zunächst eine Gebärde, die dazugehörige verbale Instruktion sowie den Gegestand bzw. ein Bild, welches den Gegenstand zeigt, aus. Demonstriert der Trainer nun die Gebärde, so wird dies als „Modell der Gebärde" bezeichnet. Zunächst wird der Schüler noch gebeten, seine Hände auf den Tisch, in seinen Schoß oder auf die Knie des ihm direkt gegenübersitzenden Trainers zu legen. Ist Blickkontakt zwischen beiden Personen entstanden, so demonstriert der Trainer das Modell und zeigt entweder gleichzeitig - sofern er für die Gebärde nur eine Hand benötigt - oder direkt im Anschluß auf den Gegenstand/das Bild und benennt diesen/dieses.[779]

> „Hat man z.B. die Gebärde für „Ich möchte trinken" gewählt, dann berührt man mit der geschlossenen Faust den Mund und neigt den Kopf leicht nach hinten, während man zur gleichen Zeit auf ein Glas oder eine Tasse mit einem Getränk zeigt und „trinken" sagt."[780]

DUKER berichtet, daß autistische Personen kaum am Modell einer Gebärde lernen und oft lange körperliche Begleitung benötigen.[781]

Hat der Schüler die Gebärde richtig ausgeführt, so erhält er eine Belohnung. Es wird empfohlen, solche Belohnungen zu wählen, die in direktem Zusammenhang mit der Gebärde stehen. D.h., wenn die Gebärde „Ich möchte trinken" richtig ausgeführt wurde, erhält der Schüler einen Schluck zu trinken. Ist der Bewegung des Schülers bereits im Ansatz anzumerken, daß sie in einer falschen Gebärde endet, so soll diese Bewegung durch den Trainer sofort körperlich unterbrochen werden.[782]

Führt der Schüler in der **ersten Phase** des Trainings (siehe Abb. 4.8 ganz links) eine Gebärde falsch oder gar nicht aus, so wiederholt der Lehrer die gesamte Instruktion und bietet gleichzeitig ein Drittel körperliche Begleitung. D.h., er berührt den Arm des Schülers und bewegt ihn etwas in die gewünschte Richtung. Tritt auch nach dieser Unterstützung keine bzw. eine falsche Gebärde auf, so wird in Verbindung mit dem

---

[779] vgl. DUKER, 1991, S. 37 ff.
[780] DUKER, 1991, S. 39
[781] vgl. DUKER, 1991, S. 39
[782] vgl. DUKER, 1991, S. 41

Wiederholen der Instruktion auf zwei Drittel körperliche Begleitung - der Arm des Schülers wird in die passende Stellung gebracht - erhöht. Im letzten Schritt - drei Drittel körperliche Begleitung - unterstützt man den Schüler bei der Ausführung der gesamtem Gebärde. Sofern während des Einsatzes der körperlichen Begleitung eine korrekte Ausführung der Gebärde durch den Schüler eintritt, so wird im nächsten Schritt die körperliche Unterstützung wieder um ein Drittel reduziert. Ein Abbrechen des Trainings wird empfohlen, wenn trotz aller Hilfsangebote keine richtige Reaktion erfolgt. Eventuell sind dann alternative Kommunikationstypen für diesen Schüler angebrachter.[783]

Es ist sinnvoll, noch in der ersten Trainingsphase eine zweite Gebärde hinzuzufügen, indem man die verbale Instruktion gibt und währenddessen aber den Schüler körperlich daran hindert, auf diese Instruktion zu reagieren. Der Lernprozeß der zweiten Gebärde wird später erleichtert, wenn der Schüler zunächst lernt, nicht auf sie zu reagieren. Dieses Verfahren wird auch als **„Hemmungs- oder Untersagungstraining"** („Inhibitionstraining") bezeichnet.

Ist das Ziel der ersten Trainingsphase - der Schüler reagiert dreimal richtig auf die Instruktion und wird jeweils dafür belohnt - erreicht, so kann zur zweiten Phase übergegangen werden.[784]

Auch zu Beginn der **zweiten Phase** wird zunächst Blickkontakt hergestellt und der Schüler aufgefordert, die Hände in seinen Schoß oder auf die Knie des Trainers zu legen. Jetzt zeigt der Trainer auf den Gegenstand/das Bild und benennt diesen/dieses. Es handelt sich um die gleiche Gebärde wie in der ersten Phase, doch der Trainer führt sie jetzt nicht mehr vor. Richtige Reaktionen des Schülers werden auch in dieser zweiten Phase (siehe Abb. 4.8 in der Mitte) sofort belohnt. Erfolgt innerhalb von zehn Sekunden keine oder eine falsche Reaktion, wird auch hier wieder zunächst ein Drittel Unterstützung geboten. Diese Unterstützung ist jetzt jedoch nicht körperlicher Art. Der Trainer macht vielmehr selbst die Gebärde modellhaft vor. Dies wird im ersten Schritt als „gib 1/3 Modell zu 2" bezeichnet und meint, daß der Trainer auf den Gegenstand/das Bild zeigt, die verbale Instruktion gibt und seine Hände ein wenig in Richtung der zugehörigen Gebärde bewegt. Dieser Prozeß wird analog der ersten Phase fortgesetzt. Bei „gib 3/3 Modell zu 2" befindet man sich eigentlich schon wieder in der ersten Phase. Hat der Schüler allerdings dreimal hintereinander eine richtige Reaktion gezeigt, so kann zu Phase drei übergegangen werden.[785]

---

[783] vgl. DUKER, 1991, S. 41 f.
[784] vgl. DUKER, 1991, S. 42
[785] vgl. DUKER, 1991, S. 42 f.

In der **dritten Phase** (siehe Abb. 4.8 ganz rechts) wird nun auch der Gegenstand/das Bild weggelassen, d.h. der Schüler soll nun allein auf die verbale Instruktion reagieren. Besteht die Gefahr, daß der Schüler eine Gebärde nicht auf andere gleichartige Bezugsobjekte übertragen kann, so sollten unterschiedliche Gegenstände für eine Gebärde verwendet werden. Bleiben wir bei dem Beispiel der Gebärde „Ich möchte trinken", so kommen als gleichartige Bezugsobjekte eine Tasse, ein Glas und ein Becher in Betracht. Die dritte Phase wird von Personen mit Hörstörungen und solchen mit Informationsverarbeitungsstörungen nicht erreicht, da hier lediglich verbale Instruktionen gegeben werden. Trotzdem sollte jedoch bei diesen Personen - bezogen auf die beiden ersten Phasen - die verbale Instruktion nicht weggelassen werden, denn es gilt als nachgewiesen, daß sich das Sprachverständnis zur Echolalie neigender autistischer Kinder deutlich verbessert, wenn die verbale Anweisung immer in Verbindung mit den beiden übrigen Handlungen - „Modell der Gebärde" und „auf den Gegenstand/das Bild deuten" - gegeben wird. Der Ablauf der dritten Phase unterscheidet sich nur insofern von den beiden vorhergehenden, als daß auf eine falsche Reaktion des Schülers folgende Hilfestellung folgt: Der Trainer gibt zunächst „1/3 Objekt zu 3", d.h. er zeigt bei der nächsten verbalen Instruktion im Abstand von dreißig Zentimetern auf den wieder hervorgeholten Gegenstand bzw. das Bild und benennt diesen/dieses. Erfolgt nach zehn Sekunden keine oder eine falsche Reaktion, dann benötigt der Schüler weitere Hilfe. Die Hilfe „gib 2/3 Objekt zu 3" besteht darin, daß der Trainer den Gegenstand eine Sekunde lang berührt bzw. bei „gib 3/3 Objekt zu 3" in seine Hände nimmt. Mit der Entscheidung des Trainers, den Gegenstand in seine Hand zu nehmen, kehrt er automatisch zur zweiten Phase zurück. Erfolgt jedoch dreimal hintereinander eine richtige Reaktion, so ist das Training dieser ersten Gebärde beendet.[786]

> „Der Schüler hat dann gelernt, (1) eine Gebärde als Antwort auf eine verbale Instruktion direkt auszuführen, oder zumindest nachdem der Trainer auf den Gegenstand/das Bild gezeigt hat, und (2) seine Reaktion auf eine zweite Instruktion, die sich auf die zweite Gebärde bezieht, zurückzuhalten."[787]

Im weiteren Verlauf können jetzt zusätzliche Gebärden in das Training aufgenommen werden. Als nächstes zu erlernende Gebärde empfiehlt sich die bereits für das „Inhibitions-Training" verwendete. Grundsätzlich sollte sich die Auswahl weiterer Gebärden nach den o.g. Kriterien (Symmetrie; Formbarkeit; Unterscheidbarkeit etc.) richten. Jede neue Gebärde durchläuft ebenso alle drei Trainingsphasen. Bereits gelernte Gebärden sollen möglichst regelmäßig in einem Verhältnis von 3 : 1 wiederholt werden, um zu überprüfen, ob sie noch gekonnt werden. Hat der Schüler größere Probleme beim Erlernen der zweiten (neuen) Gebärde, so empfiehlt DUKER, ihn die Gebärde mehr-

---

[786] vgl. DUKER, 1991, S. 43 f.
[787] DUKER, 1991, S. 45 f.

mals hintereinander - mindestens zehnmal - mit körperlicher Begleitung des Trainers ausführen zu lassen.[788]

Besonders geistig behinderte und autistische Kinder neigen dazu, auf Instruktionen impulsiv zu reagieren, was die Fehlerquote stark beeinflusst. Durch die „Antwort-Verzögerung", d.h. durch Festhalten der Hände des Kindes für etwa drei Sekunden, nachdem eine Instruktion gegeben wurde, kann diese Fehlerquote effektiv reduziert werden. Nachteil dieser Methode ist der Körperkontakt zwischen Trainer und Schüler. Besonders autistische Kinder haben Probleme, diesen Körperkontakt zuzulassen.

Hat nun der Schüler gelernt, auf eine verbale Instruktion bzw. auf Gegenstände oder Bilder mit Gebärden zu reagieren, ist es die Aufgabe des Trainers, die Assoziation des Schülers bezüglich einer Instruktion und der dazugehörigen kommunikativen Gebärde ständig zu überprüfen. Werden bereits gelernte Gebärden überprüft, so durchlaufen sie die gleichen Trainingsphasen, wie bei ihrem ersten Erlernen. Der Unterschied besteht darin, daß die jeweilige Gebärde erst dann belohnt wird, wenn sie als Reaktion auf die Instruktion des Trainers allein (dritte Phase) erfolgt.[789] Hat der Schüler durch das beschriebene Training ein gewisses Repertoire an Gebärden erlernt, muß er dahin geführt werden, diese auch spontan zu verwenden. Dieses Ziel wird dadurch erreicht, daß man ihn auffordert, auf die Frage: „Was möchtest Du?" entsprechend seinem Wunsch/Bedürfnis zu antworten. Antwortet der Schüler auf diese Frage immer mit der gleichen Gebärde, so ist die spontane Verwendung der bekannten Gebärden noch behindert. Das endgültige Lernziel ist jedoch erst erreicht, wenn der Schüler die Gebärden auch dann spontan einsetzt, wenn ihm die Frage „Was möchtest Du?" nicht mehr gestellt wurde.[790]

Eine weitere Trainingsphase soll diese spontane Verwendung von Gebärden fördern. Diese Trainingsphase, in der auch zwei oder mehr Schüler parallel unterrichtet werden können, gilt als abgeschlossen, wenn:

a) der Schüler auf die Frage „Was möchtest Du?" mit einer Gebärde antwortet,

b) er auf die Aufforderung des Trainers „Zeig es mir" auf den entsprechenden Gegenstand zeigt bzw. die Aktivität ausführt,

c) der Schüler verschiedene Gebärden verwendet.

Das nächste Ziel wird nun sein, den Schüler auf ein Kommunikationsniveau zu bringen, auf dem er mit anderen Personen Fragen und Ideen austauschen kann. Seine Rolle würde somit von der des „Bittenden" auf die des „Zuhörenden", „Bezeichnenden" und

---

[788] vgl. DUKER, 1991, S. 46
[789] vgl. DUKER, 1991, S. 50

„Darstellenden" erweitert.[791] Da der Trainer den größten Einfluß auf das Zuhören des Schülers hat, wird er ihn dies zuerst lehren. Zu diesem Zweck äußert der Trainer *verbal* die Bitte, der Schüler möge ihm einen bestimmten Gegenstand zeigen. Bei Personen mit organischen Hörstörungen oder auditiven Informationsverarbeitungs-störungen sollte die verbale Bitte mit einer Gebärde gepaart sein. Der Schüler wird anfangs Schwierigkeiten haben, diesen Rollenwechsel zu realisieren. Um eine richtige Reaktion zu erwirken, kann der Trainer am Anfang parallel zum Aussprechen der Bitte bzw. zur Gebärde auf den gewünschten Gegenstand deuten. Eventuell wird er den Schüler auch daran hindern müssen, die Gebärde zu imitieren. In dieser Trainingsphase sollen Schüler und Trainer ständig die Rollen wechseln, d.h. einmal bittet der Schüler um einen Gegenstand/eine Aktivität, und ein anderes Mal muß er die Bitte des Trainers erfüllen. Dieser Rollenwechsel gilt als Hauptmerkmal jedes kommunikativen Ereignisses und bildet somit die Grundlage dieser Trainingsphase.

DUKER weist abschließend darauf hin, daß es durch dieses Training gelungen sei, mit einigen geistig behinderten Schülern den Schritt in eine kommunikative Welt zu gehen, ohne daß zusätzliche Trainingsschritte neben den aufgeführten notwendig wurden. Bei anderen sei es jedoch nicht gelungen, sie bis zu diesem Kommunikationsniveau zu bringen.[792]

Das von Pieter DUKER in den Niederlanden entwickelte Trainingsprogramm zur Vermittlung der Gebärdensprache an geistig behinderte und autistische Menschen ist sehr komplex und teilweise schwer nachzuvollziehen. Es fällt einem schwer, im Nachhinein z.B. zwischen „Hemmungs- bzw. Untersagungstraining"; „Antwort-Verzögerung" etc. zu unterscheiden. Das gesamte Training erfordert m.E. vom Trainer ein hohes Maß an Konzentration und Aufmerksamkeit. Er muß jederzeit den gesamten Trainingsverlauf im Kopf haben, diesem folgen und darf trotzdem die persönlichen Belange des Schülers nicht aus dem Auge verlieren.

Problematisch finde ich die Aussage DUKERs bezüglich des relativ begrenzten Vokabulars in einem Umfang von etwas über einhundert Gebärden. Er geht davon aus, daß diese Gebärden „sicher den Wünschen und Bedürfnissen schwer geistig Behinderter"[793] entsprechen. Ich frage mich, was ihn da so sicher macht. Vielleicht haben diese Menschen ja Bedürfnisse, von denen wir nichts ahnen. Auch die Aussage, die Welt geistig behinderter Personen bestehe wahrscheinlich hauptsächlich aus Handlungen[794] und somit sei es ratsam, zuerst Gebärden zu lehren, die sich auf Handlungen beziehen,

---

[790] vgl. DUKER, 1991, S. 51
[791] vgl. DUKER, 1991, S. 63
[792] vgl. DUKER, 1991, S. 63 ff.
[793] DUKER, 1991, S. 15

fällt in diesen Bereich. Meines Erachtens wird mit solchen Aussagen geistig behinderten Menschen die Fähigkeit abgesprochen, körperliche Empfindungen realisieren bzw. ausdrücken zu können.

Ein weiteres Problem sehe ich in der Tatsache, daß DUKER keinen Hinweis darauf gibt, wie der so wichtige Blickkontakt besonders mit autistischen Menschen erreicht werden kann. Wahrscheinlich geht er, ohne dies jedoch zu erwähnen, davon aus, daß Gebärdensprache erst dann vermittelt werden kann, wenn die häufig bei autistischen Kindern zu beobachtenden qualitativen Beeinträchtigungen der zwischenmenschlichen Beziehungen (z.B. beeinträchtigtes Nachahmungs-verhalten; Blickabwendung; taktile Abwehr) bereits mit Hilfe anderer Methoden weitestgehend abgebaut wurden.

Trotz dieser Kritikpunkte bietet die Gebärdensprache sicherlich eine vielversprechende Alternative zur verbalen Kommunikation. Da man davon ausgeht, daß viele Verhaltensauffälligkeiten behinderter, nichtsprechender Menschen wie Autoaggression, Stereotypien, Rituale und Zwänge auf deren Mangel an Kommunikationsfähigkeit zurückgeführt werden können, bietet die Gebärdensprache vielleicht zumindest einigen von ihnen eine Möglichkeit, zu einem humaneren Leben zu finden. Die Fähigkeit, seine Bedürfnisse und Wünsche ausdrücken und Kontakte zu anderen Menschen aufbauen zu können, erspart den Behinderten sicherlich eine Vielzahl von Frustrationen.

Es sei noch darauf hingewiesen, daß es weitere Formen der Gebärdensprache gibt. Diese Konzepte haben alle das Ziel, autistischen oder anderweitig behinderten Menschen eine Möglichkeit an die Hand zu geben, ihre Wünsche und Bedürfnisse zu äußern. Ein positiver Nebeneffekt dieser neu erworbenen Kommunikationsfähigkeit ist eine Steigerung des Selbstwertgefühls und die Erlangung eines gewissen Grades an Selbständigkeit.

Die Gebärdensprach"therapie" steht neben der Musiktherapie an sechster Stelle der in der BRD bei der ambulanten Behandlung autistischer Menschen eingesetzten Methoden. Sie findet in zehn von einundzwanzig Ambulanzen ihre Anwendung.

4.2.1.6 Musiktherapie (BENENZON)

Die Tatsache, daß autistische Kinder häufig eine enge Beziehung zur Musik haben, macht sich die Musiktherapie zunutze. Die Musik bietet den Vorteil, daß sie nicht nur akustische, sondern auch kinästhetische sowie taktile Reize in Form von tiefen oder lauten Tönen aussendet. Weiterhin beinhaltet sie eine optische Komponente, denn das

---

[794] vgl. DUKER, 1991, S. 32

Hervorbringen der Musik erfolgt mittels eines wahrnehmbaren Instruments. Eine Verbindung zur Sprache ergibt sich über den Gesang.[795]

Als Begründer einer auf die besonderen Belange autistischer Kinder ausgerichteten Musiktherapie gilt der argentinische Kinderpsychiater und Musiktherapeut Rolando O. BENENZON.[796]

Bevor ich jedoch auf diesen speziellen musiktherapeutischen Ansatz eingehe, möchte ich zunächst einige seiner generellen Aussagen zur Musiktherapie zusammenfassen.

BENENZON geht davon aus, daß die Musiktherapie, als ein Helfer der Medizin, gleichberechtigt neben anderen therapeutischen Techniken wie Krankengymnastik, Beschäftigungstherapie etc. steht. Sie kann bei der Heilung unterstützen, aber auch Erkrankungen vorbeugen. Oft dient sie als unterstützendes Element bei dem Versuch, bei dem Patienten - z.B. dem autistischen Kind - eine erste Annäherung zu erreichen.[797]

Zahlreiche Untersuchungen weisen darauf hin, daß Klänge und Musik physische wie psychische Auswirkungen auf den Menschen - ebenso auf Pflanzen und Tiere - haben. Zu den physischen bzw. biologischen Auswirkungen zählen z.B. eine Erhöhung oder Verringerung der Muskelenergie in Abhängigkeit vom Rhythmus, eine Veränderung der Atmung, Veränderungen des Pulsschlags und im endokrinen System sowie Stoffwechselveränderungen etc.[798]

BENENZON betont besonders den tiefenpsychologischen Aspekt der Musiktherapie. Er geht davon aus, daß von dem Augenblick an, da sich das befruchtete Ei in der Gebärmutter eingenistet hat, das heranwachsende Wesen über zahlreiche Geräusche und Vibrationen in direktem Kontakt mit seiner Mutter steht. Es nimmt deren Atmung, Herzschlag, Darmgeräusche etc. wahr und wird in zunehmendem Maße nicht nur physisch, sondern auch psychisch von diesen abhängig.

> „Jegliche Änderung in der Versorgung mit frischem Blut durch die Nabelschnur erzeugt ein Stadium von Streß oder Alarm im Fötus. Lebens- oder Todesinstinkt stehen in direkter Beziehung zu den Herzschlägen, die den Blutstrom von der Mutter zum Fötus hin durch die Nabelschnur treibt."[799]

Die Tatsache, daß der Mensch eine sehr enge Beziehung zum Rhythmus hat, führt BENENZON auf den beschriebenen intrauterinen Klangkontakt des Fötus zurück. Musik erinnert an die enge Beziehung zur Mutter während der pränatalen Phase. Somit

---

[795] vgl. KEHRER, 1989, S. 132
[796] vgl. JANETZKE, 1997, S. 71
[797] vgl. BENENZON, 1983, S. 13 f.
[798] vgl. BENENZON, 1983, S. 22
[799] BENENZON, 1983, S. 23

wird das Musizieren als unbewußter Versuch des Menschen betrachtet, die sensorischen Erfahrungen seiner pränatalen Existenz zu wiederholen. Klänge, die mit dieser Phase in Verbindung gebracht werden, wie z.b. der Herzschlag, bewirken nachweislich Regressionen auf die frühste Entwicklungsstufe.[800]

Die Musiktherapie basiert auf den beiden *Grundprinzipien* des ISO sowie des intermediären Objektes. Beim *ISO-Prinzip* wird aufgrund von Beobachtungen davon ausgegangen, daß depressive Patienten eher über die Darbietung traurig klingender Musik erreichbar sind. Manische Patienten hingegen fühlen sich stärker von heiterer, schneller Musik angesprochen. Das ISO-Prinzip (Gleichheits-Prinzip) macht sich diese Erkenntnis folgendermaßen zunutze:

„Um einen Kommunikationskanal zwischen dem Therapeuten und dem Patienten herstellen zu können, muß das mentale Tempo des Patienten mit den Klängen oder der Musik übereinstimmen, die vom Therapeuten ausgeht."[801] Gelingt es dem Therapeuten, das ISO des Patienten zu entdecken, so ist dessen Kommunikationskanal weit geöffnet.

Das *intermediäre Objekt* ist ein therapeutisch wirkendes Kommunikations-instrument, welches beim Patienten keine Angst und damit auch keine Abwehr erzeugt. BENENZON berichtet, daß es BERMUDEZ gelang, mit Hilfe einer Marionette eine Verbindung zu seinen Patienten herzustellen und diese damit aus der Isolation herauszuholen. Die Patienten reagierten also eher, wenn Mitteilungen nicht von einem Menschen, sondern von einem intermediären Objekt - einem Gegenstand, der mitteilte - ausgingen. Nach BENENZON sind Musikinstrumente und ihre Klänge geeignete intermediäre Objekte.[802]

Zwei wesentliche *technische Voraussetzungen* bilden die Grundlage des musiktherapeutischen Vorgehens. Das *Musiktherapie-Zimmer* sollte von Außengeräuschen weitgehend isoliert sein. Ist dies nicht vollständig zu erreichen, sollten diese Geräusche (Vogelgesang; Straßenlärm; Wind; Donner etc.) mit in die musiktherapeutische Sitzung einbezogen werden. Das Zimmer sollte hell und ausreichend belüftet sein. Eine Raumgröße von fünf mal fünf Metern wird empfohlen. Ein zu großes Zimmer hat einen zu geringen Kontakt des Patienten mit dem Therapeuten zur Folge. Ein zu kleines Zimmer macht Ortswechsel und Bewegungen unmöglich. Die Wände sollten in gedämpften Farben gestrichen und frei von schmückenden Gegenständen sein, um Ablenkungen zu vermeiden. Ein Holzfußboden ermöglicht es, Vibrationen zu fühlen. Die Materialien sollten in zwei Einbauschränken aufbewahrt werden, um hervorstehende

---

[800] vgl. BENENZON, 1983, S. 26 ff.
[801] BENENZON, 1983, S. 38

Kanten zu vermeiden. Weiterhin gehören ein großer Tisch sowie einige Stühle zur Einrichtung. Die Mitte des Zimmers sollte frei bleiben.[803] Das *Instrumentarium* umfaßt die klassischen Instrumente, die Orff-Instrumente (Trommeln; Triangeln; Schellen etc), den eigenen Körper mit seiner Stimme und den Körperklängen (z.b. Zungenschnalzen) sowie Instrumente, die der Patient oder der Therapeut selbst herstellen kann bzw. gefunden hat. So kann beispielsweise auch eine halbvolle Streichholzschachtel als Instrument dienen.[804]

Die Musiktherapie bietet bei autistischen Kindern die Möglichkeit zu einer ersten (nonverbalen) Annäherung zu kommen, indem Kommunikationskanäle geöffnet werden. BENENZON geht davon aus, „daß es sich beim Autismus um einepathologische Verlängerung des vorgeburtlichen Seelenzustandes handelt."[805]

Dementsprechend müsse mit dem Kind gearbeitet werden, als sei es noch nicht geboren. Es sollen Umweltsituationen und Reize geschaffen werden, die das Kind an diesen pränatalen Zustand erinnern. Dieses Vorgehen unterscheidet sich von der sonst üblichen Art, eine musiktherapeutische Sitzung einzuleiten.[806]

Normalerweise beginnen diese Sitzungen mit dem sog. „warming-up", einer Phase, in der die Teilnehmer ihre augenblickliche Befindlichkeit oder ihre Bedürfnisse äußern. Infolge dieses Aufwärmens kommt es beim Patienten zur Entladung von Spannungen. Diese Spannungsabfuhr bezeichnet BENENZON als Katharsis (seelische Reinigung). Schon während dieser ersten Phase entwickelt sich beim Therapeuten fast unmerklich die zweite Phase, in der er den nonverbalen Bereich des Patienten beobachtet und eine Hypothese darüber aufstellt, welches mentale Tempo dem Patienten momentan innewohnt. Der Therapeut wird nun entsprechend des ISO-Prinzips die Klänge und Musik diesem mentalen Tempo anpasssen, um darüber einen Kommunikationskanal zu erschließen. In der dritten Phase kann es dann zwischen Therapeut und Patient zu einem Klangdialog kommen. Während dieses Dialoges „werden dynamische Strukturen der Psyche des Patienten und Wechselbeziehungen wieder hergestellt, und es kommt zu angenehmen Erfahrungen."[807] Neue unbewußte Verhaltensweisen des Patienten treten hervor. Hat der Therapeut eine klare Vorstellung vom ISO des Patienten, dann kann sich dieser Klangdialog auch schon gleich zu Beginn der Behandlung ergeben. Es ist aber auch möglich, daß es gar nicht zu diesem Austausch kommt.[808]

---

[802] vgl. BENENZON, 1993, S. 42 f.
[803] vgl. BENEBZON, 1983, S. 47 f.
[804] vgl. BENENZON, 1983, S. 49 ff.
[805] BENENZON, 1983, S. 130
[806] vgl. BENENZON, 1983, S. 130
[807] BENENZON, 1983, S. 77
[808] vgl. BENENZON, 1983, S. 74 ff.

Der hier beschriebene Ablauf einer üblichen musiktherapeutischen Sitzung bedarf bei der Behandlung autistischer Kinder einer Abwandlung, da es mit Schwierigkeiten verbunden ist, das ISO und das intermediäre Objekt des Kindes ausfindig zu machen. Der Therapeut hat jedoch die Möglichkeit, mit Hilfe eines musiktherapeutischen Fragebogens, den die Eltern beantworten, Informationen über klangliche und musikalische Ereignisse zu sammeln, die die kindliche Entwicklung begleitet haben. Diese Daten werden bei der Behandlung des Kindes genutzt. Die Behandlung untergliedert sich nach BENENZON in drei Arbeitsphasen:

1. Phase: Regression

Um Kommunikationskanäle zu öffnen und defensive Zentren aufzubrechen, wird das autistische Kind Klängen ausgesetzt, die seinem regressiven (vorgeburtlichen) Zustand entsprechen. Hier kommen drei verschiedene Klangreihen zur Anwendung:

a) Klänge mit stark regressivem Inhalt, wie Herzschlag; Atemgeräusche; Plätschern mit Wasser etc.

b) Strukturierte Klänge, wie z.b. Teile einer Symphonie.

c) Elektronische Klänge.

2. Phase: Kommunikation

Ist es dem Therapeuten in der ersten Phase gelungen, beim Kind einen Kommunikationskanal zu öffnen, wird er diesen nun nutzen, um mit dem Kind in Kontakt zu treten. Dazu bedient er sich eines Instrumentes, als intermediäres Objekt. Dieses Instrument wiederholt den Klang, der in der ersten Phase offensichtlich auf das Kind eingewirkt hat.

3. Phase: Integration

In dieser Phase nimmt das Kind Kontakt zu seiner Umwelt auf. Der Therapeut hat diesen Kontakt bereits in der vorherigen Phase über das intermediäre Objekt einseitig eingeleitet. Jetzt öffnet sich der Kommunikationskanal des Kindes auch in umgekehrter Richtung, d.h. das Kind antwortet auf eingehende Reize. Diese kindlichen Äußerungen können nun wiederum vom Therapeuten nachgeahmt (gespiegelt) werden, um eine Interaktion in Gang zu setzen bzw. aufrechtzuerhalten.[809]

Abschließend beschreibt BENENZON einige Beispiele, wie eine musiktherapeutische Sitzung praktisch aussehen kann. Eines der Beispiele soll hier kurz dargestellt werden:

Während einer Sitzung wurden einem autistischen Mädchen, welches zuvor weder auf Klänge noch auf Klangveränderungen reagiert hatte, Atemgeräusche vorgespielt.

---

[809] vgl. BENENZON, 1983, S. 130 ff.

Plötzlich reagierte das Kind, indem es eine ängstliche Haltung einnahm und heftig ein-
und ausatmete (Phase der Regression). Nun benutzte die Musiktherapeutin eine Flöte
als intermediäres Objekt, indem sie durch diese hindurchatmete (Phase der Kommunikation). Später nahm das Mädchen selbst die Flöte und benutzte sie auf die gleiche
Weise wie die Therapeutin, bis schließlich langsam Töne entstanden (Phase der Integration).

> „Jetzt konnten andere Techniken im Heilungsprozeß eingesetzt werden, die sich die
> Kommunikationskanäle zunutze machten, die durch die Musiktherapie geöffnet wur-
> den. Von da an begann langsam die Rehabilitation voranzuschreiten, und über die
> vom Musiktherapeuten geöffneten Kanäle konnten auch andere Therapien hinzuge-
> nommen werden."[810]

KEHRER (1989) weist darauf hin, daß empirische Untersuchungen über die globale
Wirksamkeit dieser Therapieform fehlen, und es somit schwer fällt, über diese zu ur-
teilen.[811] Auch bei BENENZON konnte ich keine Hinweise auf eine von ihm durchgeführte Studie über die Wirksamkeit der Musiktherapie bei Autismus finden. Auch seine
ätiologische Theorie, daß es sich beim Autismus um eine „pathologische Verlängerung
des vorgeburtlichen Seelenzustandes handelt"[812], begründet er nicht weiter.

Bezüglich des therapeutischen Vorgehens ist mir aufgefallen, daß einige Elemente an
andere Therapieformen erinnern. So versucht auch die TOMATIS-Therapie (siehe
3.3.2) durch die Darbietung von Klängen, die das Kind an seine intrauterine Zeit erinnern, zunächst dessen Regression zu erreichen, um es dann nochmals auf die Welt
kommen zu lassen. Weiterhin erinnert die Nachahmung der kindlichen Äußerungen
durch den Therapeuten während der Phase der Integration an die Technik des Spiegelns während der Aufmerksamkeits-Interaktions-Therapie (siehe 4.2.1.1). Auch dort
hatte diese Technik das Ziel, eine Interaktion in Gang zu setzen. Größere Erwartungen
sollte man an die Musiktherapie m. E. auch nicht stellen. Sie ist sicherlich ein mögliches Mittel, um über akustische und taktile sowie kinästhetische Stimulation auf die
Wahrnehmungsverarbeitungsstörungen autistischer Kinder und über den klanglichen
Austausch auf deren nonverbale Kommunikation einzuwirken. Ob sie allerdings die
tiefenpsychologische Wirkung hat, die sie für sich in Anspruch nimmt, muß bezweifelt
werden, solange keine eindeutigen Beweise vorliegen.

Trotz ihrer geringen wissenschaftlichen Untermauerung, was den Bereich der Behandlung autistischer Kinder angeht, findet die Musiktherapie immerhin noch in zehn
der einundzwanzig bundesdeutschen Autismus-Ambulanzen ihren Einsatz.

---

[810] BENENZON, 1983, S. 138
[811] vgl. KEHRER, 1989, S. 133
[812] BENENZON, 1983, S. 130

4.2.1.7 Weitere kommunikationsfördernde Ansätze

Die **Basale Kommunikation** (3) nach W. MALL ist kein Förderansatz im engeren Sinne. Sie versucht vielmehr, zwischen dem behinderten Menschen - Zielgruppen sind Menschen mit autistischem Verhalten und solche mit einer schweren geistigen Behinderung - und seinen Bezugspersonen eine Situation der Begegnung zu schaffen. Somit kann sie als eine Methode verstanden werden, die eine nachfolgende sinnvolle Förderung erst möglich macht. Der Begriff „basal" kennzeichnet die Voraussetzungslosigkeit auf Seiten des Behinderten, d.h. es sind keine Vorbedingungen für das Zustandekommen einer Kommunikation zu erfüllen.[813]

Die Methode geht von der Annahme aus, daß die Kommunikationskanäle einer Bezugsperson (Blickkontakt; Sprache; Mimik; Gestik) nicht mit denen des schwer geistig Behinderten (Atemrhythmus; Lautäußerungen; Berührung; Bewegung) übereinstimmen. Da der Atemrhythmus eines unserer elementarsten Ausdrucksmittel ist, setzt die Basale Kommunikation bei ihm an. In ihm drückt sich, als Nahtstelle zwischen Körper und Seele, der momentane Zustand des Menschen - seine Grundstimmung - aus. Über den Atemrhythmus soll ein Austausch mit dem Partner erreicht werden. Die weiterhin genutzten Kanäle entsprechen denen, die auch eine Mutter im Austausch mit ihrem Säugling nutzt (Lautäußerungen; Berührungen; Bewegungen). Die Bezugsperson sitzt mit ausgestreckten Beinen auf einer Matte und hat den Partner - behinderten Menschen - vor sich, umschließt dessen Oberkörper mit seinen Armen und hält die Hand des Partners. Nun fühlt er sich in dessen Atemrhythmus ein, spiegelt evtl. dessen Lautäußerungen, streichelt beim Ausatmen bestimmte Körperteile oder wiegt ihn im Athemrhythmus sanft hin und her. Eine Sitzung sollte zwischen zehn und zwanzig Minuten dauern. Zwei Sitzungen pro Tag sollten erfolgen.[814] Schon nach wenigen Wochen mit regelmäßigen Sitzungen können nach MALL folgende Veränderungen festgestellt werden: Rückgang von Problemverhalten; größere Offenheit für soziale Kontakte; Interesse an der Umwelt; größere Toleranz in Belastungssituationen; Entspannung mit Verbesserungen in der Motorik und der Gleichgewichtskontrolle etc. Läßt jedoch die Regelmäßigkeit der Sitzungen nach, treten die früheren Verhaltensweisen wieder gehäuft auf.[815]

Die **Kommunikative Sprachtherapie (1)** wurde von dem Psychologen Volker HELBIG aus der Problematik heraus entwickelt, daß Sprachtherapien auf verhaltenstherapeutischer Grundlage bei autistischen Kindern nur geringe Erfolge brachten. Die Kinder zeigten keine Bereitschaft, das Gelernte spontan zu variieren bzw. einzusetzen.

---

[813] vgl. MALL, 1984, S. 1 ff.
[814] vgl. MALL, 1984, S. 5 ff.
[815] vgl. MALL, 1984, S. 14 f.

Hauptproblem war jedoch das bestehende Desinteresse an den Sprachübungen, welches sich im Verlauf der Behandlung in strikte Verweigerung wandelte.[816]

Im Unterschied zur verhaltenstherapeutisch orientierten Sprachtherapie wird hier der Inhalt der Therapiestunde nicht mehr strikt von Therapeuten bestimmt, sondern richtet sich nach den Bedürfnissen und Interessen des Kindes. Der Therapeut tritt dann von außen in das vom Kind geschaffene System - z.b. in eine Spielsituation - ein, wird damit jedoch dessen Abwehr erzeugen. Die Mißfallensäußerungen des Kindes (mißmutige Laute; Wegdrücken des Therapeuten etc.) werden nun von diesem aufgenommen und verbalisiert. So sagt der Therapeut z.b. „geh weg" oder „hör auf", wenn das Kind ihn wegdrückt. Er verleiht somit der momentanen inneren Gemüts- und Bedürfnislage des Kindes einen sprachlichen Ausdruck. „Die einzige Anforderung an das Kind besteht darin, daß es diese Worte oder Sätze wiederholt, so gut es das vermag."[817] Sobald es das getan hat, reagiert der Therapeut auf diese Forderung, indem er sich z.B. zurückzieht. Das Kind erkennt somit, daß seine sprachliche Äußerung etwas bewirkt. Voraussetzung ist jedoch, daß der Therapeut die Bedürfnisse des Kindes richtig eingeschätzt und so verbalisiert hat, daß dadurch das Sprachverständnis des Kindes nicht überfordert wird.

Neben Fortschritten im sprachlichen Bereich zeigen die Kinder infolge des Einsatzes dieser Methode häufig auch eine höhere Bereitschaft zur Kommunikation, ein besseres Eingehen auf den Therapeuten im Spiel und einen besseren Blickkontakt. HELBIG weist abschließend darauf hin, daß die Kommunikative Sprachtherapie nicht als einizige Behandlungsmethode bei einem autistischen Kind eingesetzt werden soll.[818]

Auf die **Festhaltetherapie (2)** soll zum einen wegen ihrer geringen praktischen Relevanz in den Ambulanzen der BRD und zum anderen deshalb nicht mehr eingegangen werden, weil sie bereits in Abschnitt 3.3.1 kurz beschrieben wurde.

Der Ansatz der **non-direktiven Spieltherapie (9)** wurde von Virginia AXLINE entwickelt. Er überträgt das klientenzentrierte Therapiemodell nach Carl ROGERS auf die therapeutische Situation mit Kindern. AXLINE war Schülerin bei ROGERS und dementsprechend mit den Grunddimensionen, die seinen Therapieansatz ausmachen, vertraut. Diese Grunddimensionen sind: Empathie (= einfühlendes Verstehen); positive Wertschätzung (= uneingeschränktes Akzeptieren) und Selbskongruenz (= Echtheit).

Nach AXLINE (1972) geht die Spieltherapie davon aus, daß das Spiel ein natürliches Mittel ist, mit dem sich das Kind selbst darstellen kann. Es gibt ihm die Gelegenheit,

---

[816] vgl. HELBIG, 1988, S. 49 ff.
[817] HELBIG, 1988, S. 56
[818] vgl. HELBIG, 1988, S. 56 ff.

Gefühle und Konflikte darzustellen und im Spiel zu bewältigen. Bei der non-direktiven Spieltherapie überläßt der Therapeut dem Kind die Verantwortung und Führung.

Das therapeutische Handeln orientiert sich an acht *Grundprinzipien*:[819]

1. Aufnahme einer warmen und freundlichen Beziehung zum Kind und daraus folgend die Herstellung eines guten Kontakts.

2. Annahme des Kindes so, wie es ist.

3. Gewährenlassen des Kindes, damit dieses all seinen Gefühlen freien Lauf lassen und diese ungehemmt ausdrücken kann.

4. Wachsamkeit, um die Gefühle des Kindes zu erkennen und zu reflektieren. Durch das Reflektieren des Therapeuten gewinnt das Kind einen Eindruck von seinem eigenen Verhalten.

5. Achtung der kindlichen Fähigkeiten, mit Schwierigkeiten selbst fertig zu werden.

6. Keine Versuche, die Handlungen oder Gespräche des Kindes zu beeinflussen. Das Kind zeigt den Weg und der Therapeut folgt ihm.

7. Keine Versuche, den Ablauf der Therapie zu beschleunigen.

8. Der Therapeut setzt nur Grenzen, wenn dies unbedingt notwendig ist. Er verdeutlicht damit dem Kind dessen Mitverantwortung an der Beziehung zwischen beiden.

Diese Grundprinzipien lassen den engen Zusammenhang zu der ursprünglichen nicht-direktiven Beratungsvorlage nach ROGERS erkennen. An die Stelle des Mediums Sprache ist hier das Spiel getreten. Ein Unterschied besteht in dem Hinweis darauf, daß es notwendig sein kann, das kindliche Verhalten durch das Setzen von Grenzen zu beeinflussen. Solche Begrenzungen gibt es in der nicht-direktiven Beratung erwachsener Klienten nicht.

Die non-direktive Spieltherapie gibt also dem Kind die Gelegenheit, mit Hilfe des Spiels seine Emotionen (Spannungen; Frustration; Unsicherheit; Angst; Aggression und Verwirrung) an die Oberfräche zu führen, sich ihnen zu stellen, sie beherrschen oder aufgeben zu lernen. Ist auf diesem Wege eine physische Druckentlastung erreicht, kann das Kind beginnen, seine Fähigkeiten zu entdecken. Es entwickelt eine eigene Persönlichkeit, denkt und entscheidet eigenständig.[820]

Die **Tanztherapie (3)** wurde von den Psychologinnen/Psychoanalytikerinnen und Tanztherapeutinnen Janet ADLER, Beth KALISH-WEISS und Elain SIEGEL für die Autismusbehandlung modifiziert. Es wird davon ausgegangen, daß sich der autistische

[819] vgl. AXLINE, 1972, S. 73
[820] vgl. AXLINE, 1972, S. 20 f.

Mensch trotz seiner Zurückgezogenheit in einem ständigen Austausch mit seiner sozialen Umwelt befindet. Er wirkt auf die Umwelt ein und diese wirkt auf ihn. Somit bieten sich auch hier trotz bestehender Kommunikationsschwierigkeiten auch Kommunikationsmöglichkeiten. Weiterhin wird davon ausgegangen, daß die Art des Kindes sich zu bewegen ausdrückt, in welcher Entwicklungsstufe es sich befindet, welche Erfahrungen es gerade macht bzw. schon gemacht hat. Eine weitere Grundannahme ist, daß körperliche und psychische Vorgänge eine funktionelle Einheit bilden, d.h. körperliche Einflußnahme wirkt sich auch im psychischen Bereich aus.[821]

Die autismusspezifische Tanztherapie will nun die mangelnden Sprach- und Ausdrucksmöglichkeiten autistischer Menschen dadurch ersetzen, daß sie Bewegungen und Rituale spiegelt. Durch dieses Spiegeln soll eine wortlose Kommunikation zwischen Therapeut und Klient entstehen. Durch eine behutsame Veränderung der Ausgangsbewegung durch den Therapeuten soll nun auch beim Klienten eine Variation und Erweiterung der Kommunikation erreicht werden. Damit lassen sich auch die körperliche und psychische Beweglichkeit sowie die Kommunikations- und Lebensfreude und das oft begrenzte Interessenspektrum beeinflussen. Über Atemübungen besteht die Möglichkeit, auf die Sprachentwicklung einzuwirken. Spannungen, Stimmungen und aggressive Gefühle können ebenfalls über Bewegung ausagiert werden. Die Tanztherapie bietet somit vielfältige Möglichkeiten, die Sprach- und Beziehungsprobleme autistischer Menschen zu bearbeiten.[822]

Das **Therapeutische Reiten (4)** auch „Hippotherapie" oder „Heilpädagogisches Reiten" genannt, ist besonders bedeutsam für die Förderung antriebsgehemmter und bewegungsarmer Kinder. Reiten wirkt nicht nur kreislaufstabilisierend und stoffwechselstimulierend, sondern regt auch die Eigenwahrnehmung an.

Speziell bei der Behandlung autistischer Menschen setzt man auf die angstmindernde Wirkung des Therapiepferdes, das durch seine Art, nichts zu bemängeln und nichts zu erwarten, der autistischen Persönlichkeit des Klienten entgegenkommt.[823]

Der Ansatz der **klientenzentrierten Gesprächsführung (5)** nach ROGERS wurde im Rahmen der non-direktiven Spieltherapie bereits erwähnt. Nach ROGERS ist der Mensch ursprünglich ein gutes, soziales und mit sich selbst im Einklang stehendes Wesen. Unter bestimmten günstigen Entwicklungsbedingungen ist dieser in der Lage, bestehende Ängste und Konflikte zu verstehen und entwickelt dann das Bedürfnis, diese zu bewältigen.[824] Zentraler Bestandteil der Therapie ist es, diese günstigen Entwick-

[821] vgl. JANETZKE, 1997, S. 69 f.
[822] vgl. JANETZKE, 1997, S. 70 f.
[823] vgl. JANETZKE, 1997, S. 73
[824] vgl. LEIBING/RÜGER, 1994a, S. 331

lungsbedingungen in Form eines Beziehungsangebotes des Therapeuten an den Klienten zu schaffen. Das Gesamt der therapeutischen Intervention beruht auf den folgenden Grundhaltungen des Therapeuten:[825]

1. **Empathie** (einfühlendes Verstehen): Der Therapeut soll sich in die Situation des Klienten hineinversetzen, ohne sich jedoch völlig mit ihm zu identifizieren. Dazu bedient er sich der Technik der 'Verbalisation persönlich-emotionaler Erlebnisinhalte' des Klienten, d.h. er greift dessen Emotionen auf und spricht sie an.

2. **Positive Wertschätzung:** Bedingungslose Akzeptanz und Wertschätzung des Klienten durch den Therapeuten. Darunter ist jedoch nicht zu verstehen, daß der Therapeut auch unerwünschte Verhaltensweisen des Klienten gedankenlos hinnimmt.

3. **Echtheit** (Selbstkongruenz): Der Therapeut soll dem Klienten keine Rolle vorspielen, d.h. er soll beispielsweise keine Empathie zum Ausdruck bringen, wenn er sie nicht auch wirklich empfindet.

Mit den beschriebenen Grundhaltungen des Therapeuten ermöglicht dieser - vereinfacht ausgedrückt - seinem Klienten, sein auf der Basis einer verzerrten Realität entwickeltes Selbstkonzept zu überdenken und zu bearbeiten.

Unter der Rubrik „**verschiedene analytische Verfahren**" habe ich solche Therapieansätze zusammengefasst, die Verhaltensauffälligkeiten aus tiefenpsychologischer Sicht betrachten.

Bei der **psychoanalytischen Autismustherapie (2)**, deren Begründer M. MAHLER und B. BETTELHEIM sind, geht es darum, dem Kind die Möglichkeit zu geben, traumatische Erfahrungen nochmals zu durchleben und dadurch zu verstehen (siehe dazu unter Abschnitt 3.3.4 und 3.3.6).

Die **psychoanalytische Sozialarbeit (1)** betrachtet die Psychoanalyse als unverzichtbare theoretische Grundlage ihrer Arbeit. Für jeden Klienten wird - entsprechend seiner individuellen Problemlage - ein geeignetes Setting „erfunden".

> „Unsere ambulanten psychoanalytisch-sozialtherapeutischen Betreuungen reichen von Setting-Konstruktionen klassischer Art im Sinne eines Zwei-personen-Settings in Bindung an einzelne Stunden, über Mehrpersonen-Settings, die mehrere Stunden am Tag beinhalten, bis hin zur Arbeit mobiler Dienste in Familien, auf der „Straße" und in Institutionen."[826]

Die **analytische Kunsttherapie (3)** basiert auf dem Grundgedanken, daß der kreative Umgang mit Materialien beim Kind unbewußt Konflikte reduziert bzw. aufheben

---

[825] vgl. LEIBING/RÜGER, 1994a, S. 340 ff.
[826] INFORMATIONSBLATT des „Vereins für psychoanalytische Sozialarbeit e.V. Rottenburg", 1994, S. 9 f.

kann. Beim Malen, Zeichnen, Kritzeln, Schmieren, Papierfalten, bei der Arbeit mit Ton oder dem gestalterischen Umgang mit Sand hat das Kind die Möglichkeit, Wünsche, Konflikte, Probleme, Phantasien, belastende oder auch beflügelnde Gefühle auszudrücken sowie Affekte abzureagieren. In der Folge kommt es zu innerer Reinigung, zu einer psychischen Neustrukturierung etc. Wichtige Voraussetzung ist eine warmherzige, akzeptierende und vertrauensvolle Beziehung zwischen dem Kind/Jugendlichen und dem Therapeuten. Methodisch geht der Therapeut so vor, daß er die in der kreativen Darstellung des Kindes erkennbare Symbolik entschlüsselt, dem Kind die Inhalte bewußt macht und den therapeutischen Prozeß entsprechend der entschlüsselten Problematik steuert.[827]

4.2.2. Lernbereich Hygiene/Bekleidung/Nahrung

4.2.2.1 Verhaltensorientierte Autismustherapie (LOVAAS)

Der amerikanische Psychologe Ivar LOVAAS setzte als erster in den sechziger Jahren verhaltenstherapeutische Methoden in der Behandlung autistischen Verhaltens ein.[828]

Die Verhaltenstherapie hat ihre Ursprung im amerikanischen Behaviorismus, einer der Grundpositionen (Sichtweisen) der Psychologie, die davon ausgeht, daß das menschliche Wesen ein Produkt der es umgebenden Umwelt ist. Lernen und Verhalten orientieren sich demnach an den Bedingungen der Umwelt. J.B. WATSON (1878 - 1958) gilt als Begründer des Behaviorismus. Er übertrug die von dem russischen Physiologen I.P. PAWLOW (1849 - 1936) an Tieren - speziell Hunden - gewonnenen Forschungsergebnisse zur „klassischen Konditionierung" auf das menschliche Lernen. Das Modell der klassischen Konditionierung geht davon aus, „ daß ein ursprünglich neutraler Reiz durch zeitliche Koppelung mit einem ungelernten reflexauslösenden (unkonditionierten) Reiz zu einem erlernten (konditionierten) Reiz wird. Dieser ist nun ebenfalls und allein in der Lage, den Reflex auszulösen."[829]

Nach dem Vorbild WATSONs unternahmen die beiden amerikanischen Lernpsychologen E. THORNDIKE (1874 - 1949) und B.F. SKINNER (geb. 1904) meist an Ratten und Tauben weitere Untersuchungen. SKINNER übertrug die gefundenen Gesetzmäßigkeiten zur „operanten Konditionierung" auf den Menschen. Demnach kann menschliches Verhalten verändert werden, indem erwünschtes Verhalten belohnt - positiv verstärkt - und unerwünschtes Verhalten bestraft bzw. ignoriert wird - negative

---

[827] vgl. MYSCHKER, 1989, S. 660 f.
[828] vgl. JANETZKE, 1997, S. 59
[829] LEIBING/RÜGER, 1994b, S. 315

Verstärkung -. Dieses Lernparadigma wird im allgemeinen auch als „Lernen am Erfolg" oder „Lernen durch Versuch und Irrtum (trial and error)" bezeichnet.[830]

Bei der Behandlung autistischer Kinder nach verhaltenstherapeutischen Grundsätzen standen anfangs Versuche im Vordergrund, exzessive Verhaltensweisen zu beseitigen bzw. erwünschtes Verhalten aufzubauen. Doch erst mit der Zunahme des Wissens über die Gültigkeit lerntheoretischer Gesetzmäßigkeiten bei autistischen Kindern war es möglich, die Verhaltenstherapie an deren Belange anzupassen.

Diese störungsspezifische Anpassung der Verhaltenstherapie an das autistische Syndrom ist Ivar LOVAAS zu verdanken. Laut JANETZKE (1997) geht LOVAAS von folgenden Grundannahmen aus:[831]

1. Dem Autismus liegt eine Störung in der Perzeption (Wahrnehmung) und der Kognition (Verarbeitung des Wahrgenommenen) zugrunde.

2. Für die erfolgreiche Behandlung des Autismus, die in einem Abbau unerwünschten bzw. im Aufbau erwünschten Verhaltens resultiert, ist es nicht wichtig, seine Ursache zu kennen.

3. Jeder kann die lerntheoretischen Prinzipien der Belohnung und Bestrafung erwerben, danach vorgehen und damit meßbare Erfolge bewirken.

Am Anfang jedes therapeutischen Vorgehens steht immer eine genaue Analyse des beobachtbaren Verhaltens. Die so gewonnenen Daten bilden die Grundlage für die Festlegung individueller Therapieziele und dienen zugleich als Bezugsebene (sog. base line) für zukünftige Erfolgskontrollen.[832]

Das zuvor festgelegte Zielverhalten wird über viele Einzelschritte und mit Hilfe der Prinzipien der „operanten Konditionierung" angestrebt. Jedes Verhalten, welches dazu beiträgt, dem Zielverhalten näher zu kommen, erhält eine individuell auf die Person abgestimmte Belohnung (Reinforcement). Falsche Reaktionen hingegen sollen durch Nichtbeachtung oder Bestrafung gelöscht werden. Bei der Nichtbeachtung wird die soziale Verstärkung entzogen, indem der Therapeut - bzw. jede anwesende Person - wegschaut oder das Kind sogar allein läßt: ihm ein sog. „time out" verschafft.[833]

Durch Hilfestellungen (Promptings) führt der Therapeut seinen Klienten behutsam in Richtung des Zielverhaltens. Dieser Prozeß wird auch als „Shaping" oder Verhaltens(aus)formung bezeichnet. Während dieses Prozesses gibt der Therapeut nur knappe verbale Anweisungen, um das in der Wahrnehmung bzw. Wahrnehmungsverarbeitung

[830] LEIBING/RÜGER, 1994b, S. 315
[831] vgl. JANETZKE, 1997, S. 60
[832] vgl. KEHRER, 1989, S. 127

gestörte Kind nicht zu überfordern. Die mit Hilfe des Shapings aufgebauten Verhaltensweisen müssen nun noch zu einer Verhaltenskette verbunden werden.[834] Verhaltensketten entstehen, wenn eine Reaktion den Stimulus für die nächste Reaktion bildet.[835] Sind derartige Verbindungen zwischen Verhaltensweisen entstanden, kann mit dem Ausschleichen (Fading) der Hilfestellung begonnen werden. Bezog sich die Hilfestellung z.b. darauf, ein Kind mit Echolalie beim Erlernen eines benennenden Vokabulars dahingehend zu unterstützen, daß ein bestimmtes Wort zunächst vom Therapeuten vorgesagt wird, so spricht dieser das Wort beim Fading zunehmend unvollständiger aus. Somit ist das Kind beim Aussprechen des Wortes immer mehr auf sich gestellt.[836]

JANETZKE (1997) weist darauf hin, daß eine Generalisierung des Gelernten auf Situationen außerhalb der Therapiesituation schwer allein durch verhaltenstherapeutische Methoden erreicht werden kann. Entgegenwirken kann man diesem Problem, indem z.b. bei der Vermittlung sprachlicher Fertigkeiten das Gewicht nicht allein auf das Sprechen selbst, sondern auch auf die damit verbundene Freude an der sprachlichen Äußerung gelegt wird.

> „Eine ganz isolierte Anwendung lerntheoretischer Erkenntnisse fördert Aggressionen, wenn Lernfortschritte und >>unauffälliges<< Verhalten für wichtiger gehalten werden als die wirkliche Beziehungs- und Lebensfreude des Kindes."[837]

Nach KEHRER (1989) werden verhaltenstherapeutische Ansätze von den meisten Autismusexperten für in der Praxis sehr wirkungsvoll gehalten. Sie gehen davon aus, daß häufiges Üben im kindlichen Gehirn Kompensationsmechanismen in Gang setzen kann. Ausgeglichen wird die geringe Funktionalität diverser Hirnbahnen und/oder -zentren.[838]

Besonders in der Behandlung selbstverletzenden Verhaltens hat sich eine Kombination verschiedener Einzelmethoden - aversive Maßnahmen in Verbindung mit mehreren positiven Verstärkern - bewährt. Ausgehend von der Annahme einer biochemischen Grundlage derartiger Verhaltensexzesse, wird zusätzlich eine dementsprechende Pharmakotherapie empfohlen. Bei Selbststimulation empfiehlt LOVAAS ebenfalls den Einsatz aversiver Methoden in Kombination mit bereits erlernten alternativen Reaktionsmustern.[839] Als aversive Stimuli kommen ein lautes „Nein" oder ein Klaps in Fra-

---

[833] vgl. KEHRER, 1989, S. 129
[834] vgl. JANETZKE, 1997, S. 60
[835] vgl. KANFER/PHILLIPS, 1975, S. 85
[836] vgl. KANFER/PHILLIPS, 1975, S. 330 f.
[837] JANETZKE, 1997, S. 61
[838] vgl. KEHRER, 1989, S. 126
[839] vgl. SCHMIDT, 1991, S. 36 f.

ge. Auch Elektroschocks wurden von LOVAAS et al. (1965)[840] eingesetzt, um beispielsweise das soziale Verhalten von zwei autistischen Kindern zu vermehren. Diese Kinder befanden sich zusammen mit dem Versuchsleiter in einem Raum, dessen Boden mit einem Elektroschockrost ausgestattet war. Man forderte sie auf, sich dem Versuchsleiter zu nähern. Taten sie das nicht, wurden ihnen so lange Schocks verabreicht, bis eine Annäherung stattfand. Die Kinder lernten somit eine Vermeidungsreaktion (Annäherung an den Versuchsleiter), welche erst nach neun Monaten ohne Elektroschocks wieder gelöscht wurde. Ein erneuter Schock reichte hingegen aus, um die Annäherung wieder herzustellen. Auch in anderen Räumen genügte bereits eine Schockerfahrung, um das Annäherungsverhalten auszulösen.[841]

KEHRER (1989) merkt an, daß man unerwünschtes Verhalten wie Selbststimulation, Autoaggression, Wutausbrüche etc. auch abbauen kann, indem man Handlungen verstärkt, die mit dem Störverhalten nicht vereinbar sind.[842]

Dieses „bestärken unvereinbarer Reaktionen" findet besonders dann seine Anwendung, wenn sich Verstärker der Kontrolle bzw. des Einflusses des Therapeuten entziehen. So nimmt LOVAAS bezüglich der Selbststimulation an, daß diese selbst als Verstärker fungiert, indem sie dem Kind positive Erlebnisse [Entspannung; Triebabfuhr; Sicherheit etc.; Anm. d. Verf.] verschafft. Konkurrierendes Verhalten, d.h. solches, was nicht mit der Selbststimulation vereinbar ist, wird nun positiv verstärkt und vermehrt. Damit wird wiederum die Möglichkeit zur Ausübung unerwünschten Verhaltens reduziert.[843]

Bezogen auf den Lernbereich Hygiene/Bekleidung/Nahrung werden unter Zuhilfenahme der beschriebenen verhaltenstherapeutischen Techniken -Reinforcement; Prompting; Fading etc. - das selbständige An- und Ausziehen, Körperpflege und Toilettenbenutzung, selbständiges Essen, die Zubereitung von Nahrungsmitteln und viele andere Fertigkeiten geübt.[844]

Meines Erachtens ist die Methode des „Bestärkens unvereinbarer Reaktionen" aus Gründen der Humanität nach Möglichkeit der Anwendung aversiver Reize - besonders der Anwendung von Elektroschocks - vorzuziehen. KEHRER (1989) weist glücklicherweise darauf hin, daß man sich zu der schmerzhaften Elektroschockbehandlung heute sicher nur in solchen Fällen entschließen wird, in denen alle anderen Behandlungsmethoden fehlgeschlagen seien. Trotzdem hält er sie für nicht so inhuman, wie

---

[840] LOVAAS, O. I./SCHAEFFER, B./SIMMONS, J. Q. (1965): Building sozial behavior in autistic children by use of electric shock. In: J. Exp. Res. Pers., 1, S. 99 - 109.
[841] vgl. KANFER/PHILLIPS, 1975, S. 387
[842] vgl. KEHRER, 1989, S. 127
[843] vgl. KANFER/PHILLIPS, 1975, S. 317
[844] vgl. DZIKOWSKI, 1992, S. 41

sie scheint. Seiner (geringen) Erfahrung nach sind die betroffenen Kinder dann am zufriedensten, wenn sie an die Elektroden des Elektroschockgerätes angeschlossen sind. Sie strecken sogar freiwillig ihre Hände aus, um angeschlossen zu werden. Mit dieser Behandlungsform stellen sich, so KEHRER, in der Regel in kurzer Zeit Erfolge ein. Allerdings sei es schwierig, die Behandlung wieder zu beenden.[845]

Mir scheint es etwas zweifelhaft, ob diese Methode nach Beendigung einer längeren Phase solcher Schockbehandlungen das unerwünschte Verhalten - die Selbststimulation - auch wirklich gelöscht hat. Wenn diese Kinder so zufrieden mit der Behandlung sind, hat dies für mich den Anschein, als ersetze die Schockbehandlung lediglich die Selbststimulation. Das Kind muß sich nicht mehr selbst stimulieren, weil die Maschine dies übernimmt. Durch KEHRERs Aussage, daß es schwierig sei, diese Therapie zu beenden, sehe ich meine Auffassung noch bestätigt. Jede Beendigung wird wahrscheinlich dazu führen, daß das Kind in die Selbststimulation zurückfällt.

Mir scheint es am sinnvollsten, die Elektroschockbehandlung, wenn überhaupt, dann zu dem Zwecke einzusetzen, um exzessive Selbststimulation dahingehend zu beeinflussen, daß das Kind dabei keinen Schaden nimmt. Man hat also eine Kontrolle über die Art und damit über die Schädlichkeit der Reize, die für das Kind beispielsweise mit einem Lustgewinn verbunden sind.

Verhaltenstherapeutische Techniken - welcher Art auch immer - werden in der BRD in vierzehn von einundzwanzig Autismus-Ambulanzen eingesetzt.

4.2.3 Bereich des schulischen Lernens

4.2.3.1 „Bremer Projekt"

Das „Bremer Projekt" ist eine unter der Trägerschaft des Elternvereins „Hilfe für das autistische Kind" entstandene Elterninitiative, die es sich u.a. zur Aufgabe gemacht hat, ein neues Konzept für die schulische Förderung autistischer Kinder zu entwickeln. Entstanden ist dieses Projekt, weil man festgestellt hatte, daß der überwiegende Teil autistischer Kinder in Sonderschulen für geistig Behinderte (praktisch Bildbare) untergebracht war, obwohl man dort nicht auf ihre spezielle Problematik vorbereitet war. In diesen Schulen wurden die Kinder grob nach ihrem Alter in Klassen von minimal sechs bis maximal fünfzehn Schülern zusammengefasst. Für alle Schüler einer Klasse galt der gleiche Lehrplan. Einzelunterricht oder individuelle Lehrpläne waren nicht vorgesehen. Weiterhin waren die Lehrer an der Schule für praktisch Bildbare laut CORDES (1987) nicht genügend über die verschiedenen behinderungsspezifischen

---

[845] vgl. KEHRER, 1989, S. 160

Verhaltens-auffälligkeiten und Lernbedingungen ihrer Schüler informiert. Es gab und gibt keine speziellen Lehrer für autistische Kinder, wie es sie beispielsweise für Kinder mit den verschiedensten Sinnesbehinderungen gibt. Weiterhin ist, so CORDES, die Kooperation mit den Eltern nicht gewährleistet, wenn die Klassen zu groß und damit die zeitliche Beanspruchung des Lehrers zu intensiv ist. Die Folge ist, daß autistische Kinder von einem Unterricht unter diesen Bedingungen kaum profitieren. Somit entschied man sich Anfang der siebziger Jahre dafür, ein neues Konzept für die schulische Förderung autistischer Kinder auf der Grundlage eines Modellversuchs zu entwikkeln.[846]

Insgesamt wurden drei Modellversuche gestartet. Im *ersten Versuch (1972 - 1975)* erhielten zwölf autistische Kinder zusätzlich zu ihrem üblichen Sonderschulunterricht wöchentlich acht Stunden Einzel- oder Kleingruppenunterricht nach lerntheoretischen Prinzipien. Diesen Unterricht führten Lehrer und Eltern unter Supervision einer Diplom-Psychologin durch. In einem *zweiten Modellversuch (1976 - 1978)* wurden neun autistische Kinder von einem Team aus Lehrern und Psychologen nach den gleichen lerntheoretischen Prinzipien unterrichtet. Für jeden Schüler wurde ein an seine Lernmöglichkeiten und Defizite angepasstes Lern- und Verhaltensprogramm mit den Lernfeldern Kommunikation, Wahrnehmung, Sozialverhalten, Selbständigkeit, Umwelt, Motorik, Rechnen, Schreiben und Lesen, Musik und Kunst zusammengestellt. Um eine Generalisierung des in der Schule Gelernten auf die häusliche und lebenspraktische Situation zu erreichen, fand der Unterricht alle zwei Wochen zuhause statt. Während des *dritten Modellversuchs (1979 - 1982)* wurden die bis zu diesem Zeitpunkt entwikkelten Programme an verschiedenen anderen autistischen Kindern hinsichtlich ihres Nutzens überprüft und schließlich zu einem Curriculum zusammengefasst.[847]

Die folgenden sieben Elemente sind laut CORDES für die schulische Förderung autistischer Kinder von besonderer Bedeutung:

1. *Eine kind- und defizitspezifische Lernplanung:* Da autistische Kinder unterschiedliche Defizite und Fähigkeiten in der Verarbeitung eingehender Informationen haben, ist es unerläßlich, durch verschiedene diagnostische Maßnahmen zunächst zu ermitteln, welche Informationen vom Kind verarbeitet werden können. Weiterhin gilt es herauszufinden, welche Wahrnehmungskanäle das Kind vorwiegend nutzt und welche Sinnesmodalitäten gestört sind. Auch vorhandene Potentiale müssen aufgedeckt werden, um möglichst daran anzuknüpfen. Die gewonnenen Informationen dienen als Grundlage für die Erstellung eines auf die Defizite und Bedürfnisse das Kindes abgestimmten Lernplans. Die Lernplanerstellung soll in Zusam-

---

[846] vgl. CORDES, 1987, S. 140 f.

menarbeit mit den Eltern erfolgen. Für die allgemeinen Lernziele werden dann konkrete Lernprogramme erstellt, deren Durchführung durch therapiebegleitende Diagnostik überwacht wird. Alle zehn Wochen erfolgt eine Lernzielbesprechung, um Hinweise für das weitere Vorgehen zu erhalten. Die Eltern nehmen auch an diesen Besprechungen als gleichberechtigte Partner teil.

2. *Einzelunterricht:* Gerade zu Beginn der Förderung und bei Kindern mit niedrigem Funktionsniveau muß die Möglichkeit des Einzelunterrichts gegeben sein. In diesem Setting kann die Reizvielfalt auf ein Minimum reduziert, können relevante Stimuli jedoch besonders hervorgehoben werden. Auch hat der Lehrer die Möglichkeit, Hilfen in Form von Verstärkern gezielter einzusetzen, zu kontrollieren und wieder auszuschleichen, wenn er meint, die Zeit dafür sei gekommen. Während der Modellversuche konnte ermittelt werden, daß autistische Kinder in einer Stunde Einzelunterricht mehr Lernfortschritte machen, als in fünf bis sechs Stunden Großgruppenunterricht.[848]

3. *Strukturierung der Lernsituation:* Fast alle autistischen Schüler haben Schwierigkeiten, die an sie gestellten Anforderungen zu verstehen. Aufforderungen und Materialangebote werden häufig ignoriert oder sogar mit Aggression, Autoaggression etc. beantwortet. Bevor die Durchführung der Lernprogramme begonnen werden kann, muß somit sichergestellt sein, daß der Schüler zu seinem Lehrer Blickkontakt aufnimmt, für die Zeit des Arbeitsauftrags sitzen bleibt und aufmerksam ist, störende Verhaltensmuster unterbricht und Aufforderungen wie „gib!" oder „zeig!" befolgt. Weiterhin ist darauf zu achten, daß die Lernumgebung reizarm gestaltet ist, daß z.B. auch nur das momentan benötigte Material auf dem Tisch liegt. Therapeut und Kind sollen sich auf sehr engem Raum gegenübersitzen und der Therapeut soll seine Sprache und Gestik kontrolliert einsetzen.[849]

4. *Lernprogramme und Lernerfolgskontrolle:* In den auf der Grundlage eines Lernplans entwickelten Lernprogrammen sind das angestrebte Zielverhalten, der Lerngegenstand, Hinweise für die Durchführung von Lernerfolgskontrollen sowie Angaben über das Leistungs-/Fehlerkriterium enthalten. Das Fehler- bzw. Leistungskriterium wird bei einem Minimum von achtzig Prozent festgelegt, d.h. erst wenn achtzig (bis einhundert) Prozent der Reaktionen des Schülers richtig waren, wird eine Aufgabe als gelernt bewertet.[850]

---

[847] vgl. CORDES, 1987, S. 141
[848] vgl. CORDES, 1987, S. 142 f.
[849] vgl. CORDES, 1987, S. 143
[850] vgl. CORDES, 1987, S. 143 f.

5. *Methoden zur Verhaltensmodifikation:* Alle Mitarbeiter wurden vor Beginn des Unterrichts in die für die Arbeit mit autistischen Kindern wichtigsten verhaltenstherapeutischen Methoden eingearbeitet.[851]

6. *Kooperation zwischen den Mitarbeitern:* Die Zusammenarbeit zwischen Lehrern und Psychologen wird als wichtig erachtet, da jeder, seiner Qualifikation entsprechend, wichtige Informationen liefern kann. Die Lehrer informieren über fachdidaktische und fachmethodische Fragen sowie über Unterrichtsinhalte. Die Psychologen sind für Fragen der Verhaltensanalyse, Lerntheorie und Verhaltensmodifikation zuständig. In wöchentlich stattfindenden Kindbesprechungen soll dieser interdisziplinäre Austausch erfolgen. Regelmäßige Supervision bei Problemen mit der Programmdurchführung gilt als unerläßlich. Um den Personalschlüssel zu verbessern, wird der Einsatz von Zivildienstleistenden empfohlen. Diese sind selbstverständlich in die verwendeten Methoden einzuarbeiten.[852]

7. *Zusammenarbeit mit den Eltern:* Die Eltern sollen dazu verpflichtet werden, an einem Elterntraining teilzunehmen, regelmäßig zu hospitieren und den zuständigen Therapeuten über Ereignisse im häuslichen Kontext zu informieren. Weiterhin ist ihre Mitarbeit immer dann gefragt, wenn es darum geht, für das häusliche Leben wichtige Programme auf die heimische Situation zu generalisieren. Die Eltern sollen auch ein Recht darauf haben, an Lernplankonferenzen als gleichberechtigte Partner teilzunehmen.[853]

Laut CORDES konnte nachgewiesen werden, daß mit dem vom „Bremer Projekt" entwickelten Konzept zur schulischen Förderung autistischer Kinder mit verschiedenen Funktionsniveaus bei diesen in vielen Verhaltensbereichen Lernfortschritte erzielt werden konnten. Somit können verhaltenstherapeutische Methoden auch in diesem Lernbereich sinnvoll eingesetzt werden. Auch eine Übertragung des Modells auf staatliche Schulen ist unter bestimmten Voraussetzungen - spezielle Lehrerausbildung für autistische Kinder; Klassen mit einer Schüler-Lehrer-Relation von 3:1; enge Kooperation mit den Eltern - möglich.

Die Sonderklasse des „Bremer Projekts" wurde vom Land Bremen als staatliche Schule für achtzehn autistische Kinder übernommen.[854]

In Deutschland gibt es laut KEHRER (1989) jedoch nur wenige Spezialschulen für autistische Kinder.[855] Laut BUNDESVERBAND „Hilfe für das autistische Kind"

---

[851] vgl. CORDES, 1987, S. 144
[852] vgl. CORDES, 1987, S. 145
[853] vgl. CORDES, 1987, S. 145
[854] vgl. CORDES, 1987, S. 146
[855] vgl. KEHRER, 1989, S. 108

(1996) findet eine spezielle, ganztägige schulische Betreuung autistischer Kinder derzeit in drei Städten der BRD (Berlin, Hannover, Bremen) statt.[856]

---

[856] vgl. BUNDESVERBAND, 1996, S. 17

5. SCHLUSSBETRACHTUNG

„Es war und ist noch wie eine Wanderung auf einen unbekannten Berg: Der Weg muss gesucht werden. Hat man einen Weg gefunden, so kann man ihm einige Zeit folgen - bis zur nächsten Anhöhe. Dort ruht man sich aus, blickt um sich, orientiert sich. Was hat man zurückgelegt? Wo ist der nächste Abschnitt? Wie geht es weiter?

Wir sind noch nicht auf der höchsten Bergspitze angekommen - noch nicht dort, von wo man alles überblicken kann. Wir müssen auch weiterhin den Weg suchen."

Félicie AFFOLTER[857]

Auch wenn Félicie AFFOLTER ihre Gedanken auf die Forschungsbemühungen und -ergebnisse zur kindlichen Wahrnehmungsverarbeitung bezieht, so treffen sie doch ebenso auf die wissenschaftliche Erforschung des autistischen Syndroms zu. Auch in diesem Bereich sind selbst nach über fünfzig Jahren intensiver Forschung längst nicht alle Fragen geklärt.

Lediglich über die Symptomatik scheint im nationalen wie internationalen Vergleich Einigkeit zu bestehen. Trotzdem unterscheiden sich autistische Menschen aufgrund der unterschiedlichen Kombination und Ausprägung der Symptome unter Umständen stark voneinander. Und so verschieden das Erscheinungsbild, so unterschiedlich sind auch die möglichen Ursachen der Behinderung. Während bei einigen Kindern die Symptomatik erst infolge einer schwerwiegenden Erkrankung und eines damit verbundenen Krankenhausaufenthaltes hervortrat, zeigten andere Kinder schon bald nach der Geburt ungewöhnliche Verhaltensweisen. Wieder andere Kinder zeigten jedoch trotz einer schwerwiegenden Erkrankung und eines Krankenhausaufenthaltes in der frühen Kindheit keine autistische Symptomatik.

Fest steht, daß es keine für alle autistischen Menschen gleiche Ursache für die Entstehung dieses Störungsbildes gibt. Es wird vielmehr eine multifaktorielle Verursachung angenommen, bei der im Einzelfall der eine oder andere Faktor den Ausschlag für die Entstehung gibt. Theorien, die den Eltern die alleinige Schuld an der Entstehung des Autismus geben, gelten heute als widerlegt. Es besteht kein direkter Zusammenhang zwischen dem elterlichen Verhalten und der Entstehung des autistischen Syndroms. Wohl aber beeinflussen die Eltern durch den Umgang mit ihrem autistischen (wahrnehmungsgestörten) Kind dessen Verhalten. Somit kann der familiären Situation eventuell die Bedeutung einer verschlimmernden Komponente zukommen.

In Anbetracht der Tatsache, daß über die Ursachen des Autismus keine Einigkeit besteht, sind auch die Behandlungsansätze sehr unterschiedlich. Viele Theorien gehen von einer gestörten Wahrnehmungs- und/oder Informationsverarbeitung aus, wobei wieder unterschiedliche Ansichten über deren Entstehung bestehen. Ausgehend von dieser Verarbeitungsstörung bilden therapeutische Konzepte, die auf diese einwirken sollen, die Basis der Autismus-Therapie. Darauf aufbauend kommen Ansätze zur Anwendung, die die Kommunikationsförderung, die Selbständigkeit und die schulische Bildung zum Ziel haben. Da jedes Kind Störungen in individuell verschiedenen Bereichen aufweist, ist es unbedingt erforderlich, die Therapie an eben diesen kindspezifischen Störungen bzw. Potentialen auszurichten. Allerdings ist nicht jede Therapie für jedes autistische Kind geeignet. Somit fällt es auch schwer, diese Therapien einer Bewertung zu unterziehen. Ihre Erfolge hängen zu einem großen Teil vom einzelnen Kind und von der Kombination mit anderen Methoden ab. So ist mir aufgefallen, daß bei einigen therapeutischen Interventionen vorausgesetzt wird, daß das autistische Kind bereits Blick- oder Körperkontakt zuläßt bzw. zur Imitation bereit ist.

Auch die Technik des „Spiegelns" der kindlichen Verhaltensweisen findet sich in vielen der kommunikationsfördernden Ansätze. Nur über diese Technik scheint die Einleitung einer Interaktion zwischen dem autistischen Kind und dem Therapeuten möglich zu sein.

Sicherlich hat jede Methode ihre Vor- und Nachteile, doch für jeden der von mir intensiver bearbeiteten Therapieansätze spricht seine gehäufte Anwendung in der ambulanten Behandlung autistischer Menschen.

Im Hinblick auf das Ziel einer allumfassenden Bearbeitung des Themas ist diese Arbeit um einiges umfangreicher geworden als ursprünglich geplant. Mir war es jedoch wichtig, beispielsweise die vorgestellten Verursachungstheorien und Behandlungsmöglichkeiten auch unter dem Gesichtspunkt ihrer Entstehung zu betrachten. Unter diesen Umständen mußte ich feststellen, daß das „Phänomen" Autismus neben der Pädagogik in viele andere Wissenschaftsbereiche, wie die Medizin - besonders die Pädiatrie und Psychiatrie -, die Physiologie und Biochemie, die Psychologie und die Sozialwissenschaften greift.

Somit spiegelt die vorliegende Arbeit die umfangreichen Forschungsbemühungen auf diesem Gebiet wider.

---

[857] AFFOLTER, 1987, S. 6

6. ANHANG

Anhang A:

Merkmals- und Symptomkatalog zur Erkennung des autistischen Syndroms (aus: KEHRER, 1988b, S. 44)

Probleme der Wahrnehmung

(1) Ungewöhnliche Reaktionen auf Laute/Geräusche (z. B. Nichtreagieren auf sehr laute Töne oder Sprache; Faszination durch Raschel-, Rauschtöne, Musik etc.; unerklärliche Angstreaktionen, überschießende Reaktionen auf bestimmte Töne).

(2) Das jeweilige Kind bevorzugt typische, spezifische Geräusche (z. B. Wasserrauschen; Geräusche von Haushaltsmaschinen, Motoren; Scheppern; Klopftöne, Musik); es verhält sich oft auch wie taub.

(3) Ungewöhnliche Reaktionen auf optische Reize (z.b. Nichtreagieren auf auffällige Reize oder Gesten; Faszination durch Glitzern, Flimmern, Lichtreflexe, gleichmäßige Objektbewegungen, Drehbewegungen runder Gegenstände, Blättern in Büchern etc.)

(4) Das jeweilige Kind bevorzugt typische, spezifische optische Reize (Beispiel siehe (3)).

(5) Vermeidung des Blickkontakts (Vorbeisehen bei Ausrichtung des Gesichts auf Personen, Schließen oder Zuhalten der Augen).

(6) Wahrnehmung von Personen durch (schein-bares) Vorbeisehen - kein Fixieren („schweifender" Blick).

(7) Tendenz, nur kurze Blicke auf Personen/Dinge zu werfen.

(8) Paradoxe Reaktionen auf Sinnesreize (z.B. Augen bedecken bei Geräuschen, Ohren zuhalten bei Lichtreizen).

(9) Stereotypes Bewegen von Körperteilen (z.B. Händen, Fingern) und Gegenständen (z.B. Lappen, Fäden) im (seitlichen) Blickfeld. Häufiges und langdauerndes Kratzen auf allen möglichen Oberflächen.

(10) Bevorzugung - für jedes Kind typischer - komplizierter optischer Strukturen (z.B. Puzzle, verschiedene Muster, Tapeten).

(11) Bevorzugung des Geruchssinnes (z.B. Schnüffeln an Personen/Dingen), des Geschmackssinnes (z.B. Lecken an Gegenständen) gegenüber dem Gesichts- und Gehörsinn).

(12) Unempfindlichkeit gegenüber Schmerz-, Kälte-, Hitze-, oder unangenehmen Geschmacksreizen.

(13) Ungewöhnliche Reaktionen auf Berührungen (z.b. Ablehnung sanfter Berührungen, Umarmungen, Küsse); Bevorzugung heftiger, manchmal schmerzhafter Reize.

(14) Neigung, sich selbst Schmerzen zuzufügen (z.b. Kopf gegen harte Gegenstände schlagen, Augen/Ohren bohren, sich beißen, heftig kratzen).

(15) Erkennen von auf dem Kopf stehenden Bildern und Schrift.

Probleme der Sprache

(1) Kein Sprechen, stattdessen Ziehen, Reißen oder Hinführen des Kommunikationspartners bei Willensäußerungen; auch fehlendes Sprachverständnis.

(2) Verzögerte Sprachentwicklung. Zurückgehen schon erworbenen Sprachvermögens bis zum Verstummen (Sprachknick).

(3) Äußerungen mit ein bis zwei Wörtern, statt Satzbildung.

(4) Vorwiegender Gebrauch von Haupt- und Tätigkeitswörtern (Schwierigkeiten bei Benutzung von Für-, Verhältnis- und Bindewörtern; konkretistischer Sprachgebrauch).

(5) Schwierigkeiten bei der Anwendung örtlicher Präpositionen (auf, unter, vor etc.) und anderer örtlicher Begriffe (oben, unten, innen, außen etc.).

(6) Grammatisch nicht korrekter Satzbau.

(7) Wörtliches Wiederholen von Fragen und Äußerungen des Partners(unmittelbare Echolalie) und/oder ständige Wiederholungvon Fragen, Verboten und Äußerungen der Partner (verzögerte Echolalie und Interation).

(8) Vertauschen von Personalpronomen (du statt ich).

(9) Wenig oder kein spontanes Sprechen.

(10) Häufig nicht der Situation angemessenes Sprechen.

(11) Wenig oder kein kommunikatives Sprechen; Neigung zu Selbstgesprächen (gelegentlich mit verteilten Rollen).

(12) Bizarre Äußerungen, floskelhafte Sprache (wie Schriftsprache), Wortspiele, Wortverdrehungen, skurrile Neuschöpfungen(Neologismen), häufiges Schimpfen (das ales nur bei höherem Sprachniveau).

(13) Häufige Beschäftigung mit negativen Themen (Tod, Unfall, Krankheit etc.).

(14) Verwechslung von klang-/bedeutungsähnlichen Wörtern.

(15) Auffällige Sprachmelodie (hohes, leises, monotones, schnelles, verwaschenes oder singendes Sprechen).

(16) Artikulationsschwierigkeiten bei bestimmten Lautkombinationen oder wegen zu geringer Mund-/Zungenmotorik.

(17) Insgesamt höheres Sprachverständnis als aktive Sprachkompetenz.

(18) Bedeutungs-/Informationsentnahme über die Situation, in der gesprochen wird (weniger über die Sprache selbst).

(19) Schwierigkeiten im Verständnis von weniger gebräuchlichen Fragefürwörtern und komplexen Sätzen.

(20) Bedeutungsentnahme (Sinn) beim Verständnis von Sprachäußerungen vorwiegend über Haupt-,/Tätigkeitswörter (Schwierigkeiten im Verständnis von Für-, Verhältnis-, und Bindewörtern); Konkretistisches Sprachverständnis.

(21) Schwierigkeiten, Informationen/Bedeutungen aus Gesten, Mimik, Betonung, Ironie etc. zu entnehmen (Unfähigkeit, Konnotationen zu verstehen).

(22) Wenig personenorientiertes Sprechen mit Blickzuwendung.

(23) Fehlende oder das aktive Sprechen nicht unterstützende Gestik und Mimik (geringe Veränderungen beim emotionalen Ausdruck; manchmal „gegen-läufige" Mimik.

Probleme der Motorik, der Richtungsorientierung und autonomer Funktionen

(1) Anfangs zu geringes Erregungsniveau (Apathie, außergewöhnlich „ruhiges" Allgemeinverhalten), später oft zu hohe Erregung (Unruhe, Hyperkinesie).

(2) Hüpfen, Hin- und Herlaufen, mit den Armen schlenkern, stelzender Gang, sich um sich selbst drehen.

(3) Stereotype Hand-, Finger- und Kopfbewegungen, Sich-Wiegen, Schaukeln.

(4) Beklopfen, Betasten, Befingern von Gegenständen, evtl. Kreiseln mit diesen.

(5) Auslösung oder Zunahme der Stereotypien bei Unruhe.

228

(6)   Schwierigkeiten, komplexere Bewegungsabläufe zu imitieren (bei niedrigem Funktionsniveau auch einfache Bewegungen).

(7)   Leichtere Mängel in der Koordniationvon Bewegungen.

(8)   Unregelmäßiges und allgemein gestörtes Schlafmuster; Scheinbar wenig Schlafbedürdnis, schlechtes Durchschlafen, „leichter" Schlaf.

Weitere, zum Teil sekundäre Verhaltensprobleme

(1)   Indifferentes Verhalten bei Anwesenheit von Personen (als wenn sie nicht da wären).

(2)   Bekannte und unbekannte Personen werden wenig voneinander unterschieden.

(3)   Abnorme Kontaktversuche bzw. Ablehnung jeden Körperkontaktes.

(4)   Schwierigkeiten beim Kontakt mit Gleichaltrigen.

(5)   Ordnung der Umweltnach starren, kaum durchschaubaren Regeln (z.B. Ordnung im Zimmer, Bevorzugung bestimmter Kleidung, gleicher Spazierweg).

(6)   Immer gleichartige tägliche Rituale (bei Unterbrechung Aggressionen, Perseverationen).

(7)   Haften an Handlungen und Vorstellungen, ständiges Wiederholen (Perseverationen).

(8)   Unfähigkeit, Regel- und Rollenspiele durchzuführen.

(9)   Unfähigkeit, Handlungen anderer Personen vorauszusehen, in der Darstellung auszumalen und in dieser Art mit Gegenständen zu spielen.

(10)   Verständigungsschwierigkeiten bei Hand-lungen, die ein Verständnis von Sprache und Symbolen verlangen (z.B. Spiele, Hobbies, Unterhaltung, Beschäftigung mit Texten etc.).

(11)   Mangel an „Motivation", aktive Tätigkeiten durchzuführen (Verharren in Untätigkeit, bzw. stereotypen Manipulationen; allgemeiner Antriebsmangel).

(12)   Neigung, Handlungen, die gefordert werden, nicht auszuführen, obwohl sie im Verhaltensrepertoir vorhanden sind; manchmal wird sogart das Gegenteil getan (Negativismus).

(13)   Tendenz, unwichtigen, trivialen oder geringfügigen Aspekten von Dingen der Umgebung Aufmerksamkeit zuzuwenden, ohne die Bedeutung, den Sinnzusammenhang der Situation zu erkennen (z.B. Aufmerksamkeit für einen Ohrring, nicht für die Person, für ein Rad, nicht für das Fahrzeug, für den Schalter, nicht für den ganzen Apparat).

(14) Fehlende Furcht vor wirklicher Gefahr, aber Angst vor harmlosen Gegenständen und Situationen.

(15) Bevorzugung und Suche nach einfachen Empfindungsqualitäten durch Berührung, Geruch und Geschmack.

(16) Tendenz, im Gesamtverhalten „mechanisch", maschinenhaft zu erscheinen.

(17) Scheinbar unbegründetes Lachen.

(18) Gestörtes Eßverhalten: Mangelndes Kauen, eigentümliche Vorlieben, viel trinken.

(19) Öfters Temperaturschwenkungen, Schwitzen, Fieber.

(20) Starke allgemeine Befindensschwankungen

(21) Auftreten von hirnorganischen (epileptischen) Anfällen.

Spezielle Fähigkeiten (kontrastierend zu den Verhaltensdefiziten auf anderen Gebieten)

(1) Musikalische Fähigkeiten (z.b. absolutes Tongehör).

(2) Außergewöhnliche umschriebene Leistungen im Umgang mit Zahlen (z.b. sog. Kalendergedächtnis), evtl. auch ohne aktive Sprache.

(3) Umschriebene hervorragende Leistungen auf Spezialgebieten (Geographie, Chemie, Mathematik, Ornithologie etc.).

(4) Großes Geschick auf technischem Gebiet, aber auch bei komplizierten Puzzels.

(5) Außergewöhnliche Gedächtnisleistungen auf umschriebenen Gebieten (Örtlichkeiten, Zahlen, Daten, Texte, Musikstücke, evtl. mit -fremdsprachlichen - Texten).

(6) Manche Fähigkeiten sind plötzlich vorhanden, ohne daß man weiß, wie sie erworben wurden.

Anhang B: Anschreiben

Empfängeradresse

Gießen, im Juni 1997

Sehr geehrte Damen und Herren,

im Rahmen der Sonderpädagogik bereite ich mich zur Zeit auf die Anfertigung einer wissenschaftlichen Arbeit zum Thema: „Autismus - Erscheinungsbild, Verursachung und Behandlungsmöglichkeiten" vor.

Da es eine beinahe unüberschaubare Zahl von Therapieansätzen zum Autismus gibt, die teilweise sehr umstritten sind, erscheint es mir sinnvoll, mich an Einrichtungen zu wenden, die täglich in der Praxis einige dieser Therapien einsetzen. Mir geht es darum zu erfahren, welche Therapieansätze in solchen Einrichtungen eingesetzt werden, die sich speziell mit dem Autismussyndrom beschäftigen. Ferner soll es darum gehen zu ermitteln, wie Sie als „Praktiker" die Erfolgsaussichten dieser Therapien bezüglich der Entwicklungsförderung bewerten.

Schließlich würde mich noch interessieren, ob und welche Erfahrungen Sie beim Einsatz des „Snoezelen" in der Betreuung von Autisten haben. Ursprünglich ist „Snoezelen" eine aus Holland stammende Methode in der Arbeit mit schwerst geistig Behinderten, die darauf abzielt, den Betroffenen in einer ruhigen, angenehmen Atmosphäre, in sog. „Snoezel-Räumen", einzelne Sinneswahrnehmungen (z.b. ein Raum zum Hören) anzubieten, um schließlich eine Beruhigung und ein Zu-sich-selbst-finden zu bewirken. Da bei Autisten eine Störung in der Wahrnehmung und Wahrnehmungsverarbeitung angenommen wird, ist die selektive Darbietung von Sinneseindrücken durch „Snoezelen" vielleicht auch hier sinnvoll. Auch wenn Sie keine eigenen Erfahrungen mit dieser Methode haben, trotzdem aber eine „Einschätzung" hinsichtlich des möglichen Einsatzes vornehmen wollen, würde mich Ihre Meinung sehr interessieren.

Um eine möglichst umfassende Aussage über die zur Zeit in der Bundesrepublik Deutschland eingesetzten Behandlungsmethoden zur Autismustherapie treffen zu können, ist eine hohe Rücklaufquote anzustreben. Ihre Mitarbeit ist somit sehr wichtig! Ich würde mich freuen, wenn Sie sich 10 bis 15 Minuten Zeit nehmen könnten, um den beiliegenden vierseitigen Fragebogen auszufüllen. Sollten Sie Informationsmaterial über Ihre Einrichtung haben, würde ich mich über dessen Zusendung ebenfalls sehr freuen. Hiermit bedanke ich mich bei Ihnen und verbleibe

mit freundlichen Grüßen

Anlage

Anhang C: Fragebogen

Empfängeradresse:

....

....

....

1. Welchen Altersbereichen lassen sich die von Ihnen betreuten Personen zuordnen?

- nur Kinder   [ ]
- nur Jugendliche   [ ]
- Kinder und Jugendliche   [ ]
- Jugendliche und Erwachsene   [ ]
- alle Altersbereiche   [ ]

2. Betreuen Sie neben den autistischen Personen auch solche aus deren Umfeld (Eltern-, Angehörigenarbeit)?

ja   [ ]   nein   [ ]

3. Wieviele Personen mit Autismussyndrom betreuen Sie zur Zeit?

_____ Personen

4. Erfolgt die Betreuung dieser Personen ambulant, stationär, teilstationär?

- ambulant   [ ]
- stationär   [ ]
- teilstationär [ ]

5. Welche Berufsgruppen sind mit der Betreuung/Therapierung dieser Personen betraut? Bitte geben Sie konkrete Zahlen an, z. B. [2].

- Ärzte/Ärztinnen   [ ]
- PsychologInnen   [ ]
- SonderpädagogInnen   [ ]
- SprachheillehrerInnen   [ ]
- SozialpädagogInnen   [ ]
- ErgotherapeutInnen   [ ]
- ErzieherInnen   [ ]
- KrankengymnastInnen   [ ]
- LogopädInnen   [ ]
- Sonstige:
-------------------------------   [ ]
-------------------------------   [ ]

6. Welche der folgenden Behandlungsansätze zur Autismustherapie werden durch Ihre Einrichtung bereitgestellt bzw. angewandt?

- Sensorische Integration   [ ]
- Patterning (Musterentwicklung)   [ ]
- Führen   [ ]
- Aufmerksamkeits-Interaktions-Therapie   [ ]
- Körperzentrierte Interaktion   [ ]
- Verhaltensorientierte Autismustherapie   [ ]
- Psychoanalytische Autismustherapie   [ ]
- Differentielle Beziehungstherapie   [ ]
- Gebärdensprach"therapie"   [ ]
- Gestützte Kommunikation   [ ]
- Tanztherapie   [ ]
- Musiktherapie   [ ]
- Therapeutisches Reiten   [ ]
- Clowntherapie   [ ]

- Tiertherapie (Welche Tiere? ....)   [ ]
- Audiovokales Training   [ ]
- Kompensatorische Gehörschulung   [ ]
- Forced Holding (Festhaltetherapie)   [ ]
- Biochemische Ansätze wie:
  + Diät   [ ]
  + Vitamin- u. Mineralstofftherapie   [ ]
  + Medikamentöse Therapie   [ ]
- Sonstige:

----

7. Wie bewerten Sie die Erfolgsaussichten der von Ihnen eingesetzten Therapieme-thoden bezüglich der **Entwicklungsförderung?**

Erfolgsaus-sichten Therapie-methode	sehr gut	gut	weniger gut, jedoch hilfreich bei der Kontaktherstellung, Kommunikationsförderung Angstabau etc.
Sensorische Integration			
Patterning (Musterbildung)			
Führen			
Aufmerksamkeits-Interaktions-Therapie			
Körperzentrierte Interaktion			
Verhaltensorien-tierte Autismus-therapie			
Psychoanalytische Autismustherapie			
Differentielle Beziehungstherapie			

Gebärdensprach-„therapie"			
Gestützte Kommunikation			
Tanztherapie			
Musiktherapie			
Therapeutisches Reiten			
Clowntherapie			
Tiertherapie			
Audiovokales Training			
Kompensatorische Gehörschulung			
Forced Holding			
Diät			
Vitamin- u. Mineralstofftherapie			
Medikamentöse Therapie			

8. Haben Sie Erfahrungen mit „Snoezelen" in der Autismustherapie?

ja   [ ]   nein   [ ]

9. Wenn Sie Erfahrungen haben, wie bewerten Sie diese?

Vielen Dank für Ihre Mithilfe!

Anhang D: Adressenliste der angeschriebenen Einrichtungen

Baden-Württemberg
Therapiezentrum für autistische Kinder, Jugendliche und Erwachsene
In der Passage S6, 18
68161 Mannheim

Beratungs- und Therapiestelle des RV Hilfe für das autistische Kind
Nordbaden-Pfalz e.v.
Handschuhsheimer Landstrasse 90
69121 Heidelberg

Therapie- und Beratungsstelle für autistisch Behinderte
Haußmannstraße 6
70188 Stuttgart

Verein für psychoanalytische Sozialarbeit e.v. Rottenburg
Geschäftsstelle Neckargasse 9
72070 Tübingen

Bayern
Stadtmission Nürnberg e.V. „Stütz-Punkt"-Ambulanz
Hilfe für autistische junge Menschen und ihre Familien
Rothenburger Strasse 33b
90443 Nürnberg

Berlin
Hilfe für das autistische Kind, RV Berlin e.V.
Sponholzstrasse 26
12159 Berlin

Bremen
Ambulanz für autistische Kinder
Clamersdorfer Strasse 47
28757 Bremen

Hamburg
Hamburger Autismus Institut
Bebelallee 141
22297 Hamburg

Hessen
Autismus-Therapie-Institut
Westendstrasse 2b
63225 Langen
Autismus-Therapie-Institut
Wilhelmshöher Allee 206
34119 Kassel

Mecklenburg-Vorpommern
Kontakt- und Beratungsstelle für autistische Menschen
Lebenshilfe Neubrandenburg e.V.
Einsteinstrasse 2
17036 Neubrandenburg

Niedersachsen
Therapeutische Ambulanz und Beratunsstelle
für Menschen mit autistischer Behinderung
Am Leinekanal 4
37073 Göttingen

Therapiezentrum für autistische Kinder
Bemeroder Strasse 8
30559 Hannover

Therapiezentrum für autistische Kinder und Jugendliche
Bentinksweg 30
26721 Emden

Therapiezentrum für autistische Kinder und Jugendliche
Hüttenstrasse 4a
49716 Meppen

Therapiezentrum für autistische Kinder und Jugendliche
Goethering 15
49074 Osnabrück

DRK-Kreisverband: Ambulanz autistischer Kinder
Tecklenburger Land e.V.
Groner Allee 29
49477 Ibbenbüren

Ambulanz für autistische Menschen und deren Familien
des Vereins für Heilpädagogische Hilfe Bersenbrück e.V.
Am Holzplatz 2
49593 Bersenbrück

Nordrhein-Westfalen
Autismus-Therapie-Zentrum
Bleichstrasse 185
33607 Bielefeld

Ambulanz für autistische Kinder
Heiliger Weg 60
44135 Dortmund

Therapiezentrum „Hilfe für das autistische Kind e.V."
Am Rathaus 21
40721 Hilden

Therapeutische Ambulanz
Mellinghofer Strasse 328
45475 Mühlheim an der Ruhr

Ambulanz und Beratungsstelle für autistische
Kinder, Jugendliche und deren Eltern
Otto-Krahwehl-Str. 4
46236 Bottrop

Ambulanz für autistische Kinder
Burgring 57
47906 Kempen

Autismus-Ambulanz, DRK-Kreisverband Münster
Zumsandestrasse 27-29
48145 Münster

Therapeutische Ambulanz Hilfe für das autistische Kind
Boltensternstrasse 16, Haus P1
50735 Köln

Rheinische Landesklinik
Kinder- und Jugendpsychiatrie (Eltern-Kind-Station)
Horionstr. 14
41749 Viersen

Rheinland-Pfalz
Therapieambulanz für autistische Kinder, Jugendliche
und Erwachsene des RV Trier
Zur Lay 18
54317 Kasel

Beratungs- und Therapiestelle des RV Hilfe für das autistische
Kind Nordbaden-Pfalz e.V.
Fasanenstr. 19
67065 Ludwigshafen-Mundenheim

Saarland
Therapieambulanz „Hilfe für das autistische Kind"
Hauptstrasse 113
66740 Saarlouis 5

Sachsen
Therapieambulanz am sozialpädagogischen Zentrum
Weststrasse 8
09112 Chemnitz

Beratungsstelle + Ambulanz für Menschen mit autistischer Behinderung
Außenstelle des St. Marien Krankenhauses
Dornblüthstrasse 28
01277 Dresden

<u>Schleswig-Holstein</u>
Ambulanz und Beratungsstelle
Feldstrasse 92
24105 Kiel

7. LITERATUR

AFFOLTER, F. (1987): Wahrnehmung, Wirklichkeit und Sprache. Villingen-Schwenningen: Nackar-Verlag.

APA (American Psychiatric Accociation) (1996): Diagnostisches und statistisch-es Manual psychischer Störungen: DSM-IV. Dt. Bearbeitung von SASS, H. u.a. Göttingen u.a.: Hogrefe-Verlag.

ANTONS, Dr. V./SEEMANN, R. (1992): Heimunterbringung: Chancen und Bedenken. In: autismus, Heft 33, S. 8 - 9.

ARENS, Ch. (1988): Beobachtungsleitfaden zur Sensorischen Integration in der Frühförderung. In: ARENS, Ch./DZIKOWSKI, S. (Hrsg.): Autismus heute (Bd. 1). Aktuelle Entwicklungen in der Therapie autistischer Kinder. Dortmund: verlag modernes lernen. S. 9 - 18.

ARENS, Ch./DZIKOWSKI, S. (1988) (Hrsg.): Autismus heute (Bd. 1). Aktuelle Entwicklungen in der Therapie autistischer Kinder. Dortmund: verlag modernes lernen.

ARNDT, B. (1994): Erfahrungen mit der „Gestützten Kommunikation" in der Arbeit einer Autismusambulanz. In: autismus, Heft 37, S. 3 - 6.

ASPERGER, H. (1944): Die „Autistischen Psychopathen" im Kindesalter. In: Archiv für Psychiatrie und Nervenkrankheit, Bd. 117, S. 76 - 136.

AXLINE, V. M. (1972): Spieltherapie im nicht-direktiven Verfahren. München: E. Reinhardt.

AYRES, A. J. (1984): Bausteine der kindlichen Entwicklung: Die Bedeutung der Integration der Sinne für die Entwicklung des Kindes. Berlin u.a.: Springer-Verlag.

BAUDE, B. (1992): Leben mit einem autistischen Familienmitglied: Die Situation und Probleme der gesunden Geschwisterkinder. In: autismus, Heft 33, S. 12 - 14.

BAUM, J. (1978): Das Verhalten autistischer Kinder in der Dunkelheit. In: KEHRER, H. E. (Hrsg.): Kindlicher Autismus. Basel u.a.: S. Karger, S. 66 - 74.

BENENZON, R. O. (1983): Einführung in die Musiktherapie. München: Kösel.

BESEMS, T./van VUGT, G. (1988): Gestalttherapie mit geistig behinderten Menschen - Teil 1. In: Geistige Behinderung, 4, S. 1 - 24.

BETTELHEIM, B. (1977): Die Geburt des Selbst: Erfolgreiche Therapie autistischer Kinder. München: Kindler.

BLEULER, E. (1983[15]): Lehrbuch der Psychiatrie. Unveränderter Nachdruck der 15., von Manfred Bleuler bearbeiteten Auflage. Heidelberg: Springer-Verlag.

BÖNISCH, E. (1968): Erfahrungen mit Pyrithioxin bei hirngeschädigten Kindern mit autistischem Syndrom. In: Praxis der Kinderpsychologie, Nr. 8, S. 308 - 310.

BREHMER, Ch. (1994): Snoezelen - Freizeitangebot mit einer therapeutischen Wirkung für Behinderte und Nichtbehinderte. In: Zeitschrift für Heilpädagogik, 1, S. 28 - 31.

242

BREMER PROJEKT (1986) (Hrsg.): Früherkennung autistischer Kinder. Bremen.

BRENNER, Ch. (1972[2]): Grundzüge der Psychoanalyse. Frankfurt am Main: Fischer.

BUNDESVERBAND „Hilfe für das autistische Kind" (1979) (Hrsg.): Therapie und schulische Förderung autistischer Kinder in England, USA und Deutschland. Referate der 4. Bundestagung und des Kongresses in Frankfurt. Bremen/Hamburg.

BUNDESVERBAND „Hilfe für das autistische Kind" (1991) (Hrsg.): Soziale Rehabilitation autistischer Menschen - Möglichkeiten und Grenzen -. 7. Bundestagung des Bundesverbandes in Düsseldorf. Hamburg.

BUNDESVERBAND „Hilfe für das autistische Kind" (1996[4]) (Hrsg.): Denkschrift. Zur Situation autistischer Menschen in der BRD. Aktualisierte Neuauflage. Hamburg.

BUNDESVEREINIGUNG LEBENSHILFE für geistig Behinderte e.V. (1986[2]) (Hrsg.): Familienentlastende Dienste/26. Marburger Gesprächstage. Marburg/Lahn: Lebenshilfe-Verlag.

CORDES, H. (1987): Unterricht und Therapie für autistische Kinder nach lerntheoretischen Prinzipien. In: SPECK, Otto et al. (Hrsg.): Kindertherapie: interdisziplinäre Beiträge aus Forschung und Praxis. München u.a.: Reinhardt, S. 140 - 146.

DALFERTH, M. (1987): Behinderte Menschen mit Autismussyndrom: Probleme der Perzeption und der Affektivität - ein Beitrag zum Verständnis und zur Genese der Behinderung. Heidelberg: Edition Schindele.

DALFERTH, M. (1988): Visuelle Perzeption, Blickkontakt und Blickabwendung beim frühkindlichen Autismus. In: Praxis Kinderpsychologie Kinderpsychiatrie, 37. Jg., S. 69 - 78.

DALFERTH, M. (1990): Therapie im Alltag - Alltag als Therapie. In: DZIKOWSKI,S./ ARENS, Ch. (Hrsg.): Autismus heute (Bd. 2). Neue Aspekte der Förderung autistischer Kinder. Dortmund: verlag modernes lernen, S. 245 - 259.

DELACATO, C. H. (1975): Der unheimliche Fremdling. Das autistische Kind. Ein neuer Weg zur Behandlung. Freiburg: Hyperion-Verlag.

DE MYER, M. K. (1986): Familien mit autistischen Kindern. Probleme der Kinder und Sorgen der Eltern im Längsschnitt. Stuttgart: Enke-Verlag.

DOERING, W./DOERING, W. (1990a): Sensorische Integration - ein alltäglicher Vorgang. In DOERING, W./DOERING, W. (Hrsg.): Sensorische Integration. Anwendungsbereiche und Vergleiche mit anderen Födermethoden/Konzepten. Dortmund: borgmann, S. 11 - 25.

DOERING, W./DOERING, W. (1990b): Sensorische Integration. Anwendungsbereiche und Vergleiche mit anderen Fördermethoden/Konzepten. Dortmund: borgmann.

DOMAN, G. (1980): Was können Sie für ihr hirnverletztes Kind tun? Freiburg: Hyperion-Verlag.

DÖRR, K. (1992): Familienberatung und Therapie in der Ambulanz Bremen. In: autismus, Heft 33, S. 5 - 7.

DUKER, P. C. (1991): Gebärdensprache mit autistischen und geistig behinderten Menschen. Dortmund: verlag modernes lernen.

DZIKOWSKI, S. (1988): Entwicklungen in der Therapie sensorischer Integrationsstörungen bei autistischen Kindern. In: ARENS, Ch./DZIKOWSKI, S. (Hrsg.): Autismus heute (Bd. 1), Aktuelle Entwicklungen in der Therapie autistischer Kinder. Dortmund: verlag modernes lernen, S. 31 - 37.

DZIKOWSKI, S. (1990a): Meilensteine auf dem Weg nach Babylon. In: autismus, Heft 29, S. 22 - 23.

DZIKOWSKI, S. (1990b): Langzeitwirkungen Sensorischer Integrationstherapie: Eine Liebesgeschichte. In: DZIKOWSKI, S./ARENS, Ch. (Hrsg.): Autismus heute (Bd. 2). Neue Aspekte der Förderung autistischer Kinder. Dortmund: verlag modernes lernen, S. 31 - 47.

DZIKOWSKI, S. (1991): Die Behandlung das autistischen Syndroms: Therapieansätze - Strukturen, Ergebnisse, Kritik. In: BUNDESVERBAND „Hilfe für das autistische Kind" (Hrsg.): Soziale Rehabilitation autistischer Menschen - Möglichkeiten und Grenzen -. 7. Bundestagung des Bundesverbandes in Düsseldorf. Hamburg, S. 66 - 77.

DZIKOWSKI, S. (1992): Therapieformen in der ambulanten Behandlung autistischer Menschen. In: Behinderte, 15. Jg., Heft 1, S. 37 - 42 und 64 - 66.

DZIKOWSKI, S. (1996[2]): Ursachen des Autismus. Eine Dokumentation. Weinheim: Deutscher Studien-Verlag.

DZIKOWSKI, S./ARENS, Ch. (1990) (Hrsg.): Autismus heute (Bd. 2). Neue Aspekte der Förderung autistischer Kinder. Dortmund: verlag modernes lernen.

DZIKOWSKI, S./VOGEL, C. (1993[2]): Störungen der sensorische Integration bei autistischen Kindern. Probleme von Diagnose, Therapie und Erfolgskontrolle. Weinheim: Deutscher Studien-Verlag.

FATZER; G. (1987): Ganzheitliches Lernen. Humanistische Pädagogik und Organisationsentwicklung. Paderborn: Jungfermann-Verlag.

FEUSER, G. (1980): Autistische Kinder. Gesamtpersönlichkeit, Persönlichkeitsentwicklung, schulische Förderung. Solms-Oberbiel: Jarick.

FRITH, U. (1992): Autismus: Ein kognitionspsychologisches Puzzle. Heidelberg u.a.: Spektrum, Akad. Verlag.

FRÖHLICH; A. D. (1982a): Erzieherisches Handeln mit schwerst Mehrfachbehinderten. In: FRÖHLICH, A. D. (Hrsg.): Lernmöglichkeiten: Ansätze zu einer pädagogischen Förderung schwerst mehrfachbehinderter Kinder. Heidelberg: Schindele, S. 64 - 103.

FRÖHLICH, A. D. (1982b) (Hrsg.): Lernmöglichkeiten: Ansätze zu einer pädagogischen Förderung schwerst mehrfachbehinderter Kinder. Heidelberg: Schindele.

GONTARD, A. von (1989): Die Psychopathologie des Fragilen-X-Syndroms. In: Zeitschrift Kinder-Jugendpsychiatrie, 17, S. 91 - 97.

GOETZE, H./NEUKÄTER, H. (1989) (Hrsg.): Handbuch der Sonderpädagogik. Band 6. Pädagogik bei Verhaltensstörungen. Berlin: Ed. Marhold im Wiss.-Verl. Spiess.

GREISER, G. (1985): Bericht einer Mutter. In: autismus, Heft 19, S. 13 - 15.

HARTMANN, H. (1986): Autmerksamkeits-Interaktions-Therapie mit psychotischen Kindern. In: Praxis Kinderpsychologie Kinderpsychiatrie, 35. Jg., S. 242 - 247.

HARTMANN, H. (1990): Autmerksamkeits-Interaktions-Therapie bei aggressiven Kindern - mehr als eine Körpertherapie. In: DZIKOWSKI, S./ARENS, Ch. (Hrsg.): Autismus heute (Bd. 2). Neue Aspekte der Förderung autistischer Kinder. Dortmund: verlag modernes lernen, S. 87 - 101.

HARTMANN, H./ROHMANN, U. H. (1984): Eine Zwei-System-Theorie der Informationsverarbeitung und ihre Bedeutung für das autistische Syndrom und andere Psychosen. In: Praxis Kinderpsychologie Kinderpsychiatrie, 33. Jg., S. 272 - 281.

HARTMANN, H./ROHMANN, U. H. (1988): Die Zwei-Prozeß-Theorie der Informationsverarbeitung und ihre Bedeutung für Psychosen (Mehrleistungen). In: OEPEN, G. (Hrsg.): Psychiatrie des rechten und linken Gehirns. Köln: Deutscher Ärzte Verlag, S. 156 - 162.

HARTMANN, H./KALDE, M./JAKOBS, G./ROHMANN, U. (1988): Die Aufmerksamkeits-Interaktions-Therapie (AIT). In: ARENS, Ch./DZIKOWSKI, S. (Hrsg.): Autismus heute (Bd. 1). Aktuelle Entwicklungen in der Therapie autistischer Kinder. Dortmund: verlag modernes lernen, S. 129 - 137.

HEIGL-EVERS, A./HEIGL, F./OTT, J. (1994[2]) (Hrsg.): Lehrbuch der Psychotherapie. Stuttgart u.a.: Fischer.

HELBIG, V. (1988): Kommunikative Sprachtherapie. In: ARENS, Ch./DZIKOWSKI, S. (Hrsg.): Autismus heute (Bd. 1). Aktuelle Entwicklungen in der Therapie autistischer Kinder. Dortmund: verlag modernes lernen, S. 49 - 60.

HELBIG, V. (1990): Behandlung sensorisch-integrativer Dysfunktionen bei autistischen Menschen - Zwei Fallbeispiele. In: DZIKOWSKI, S./ARENS, Ch. (Hrsg.): Autismus heute (Bd. 2). Neue Aspekte der Förderung autistischer Kinder. Dortmund: verlag modernes lernen, S. 15 - 30.

HERMELIN, B. (1978): Wahrnehmung und Denken bei autistischen Kindern. In: KEHRER, H. E. (Hrsg.): Kindlicher Autismus. Basel u.a.: S. Karger, S. 45 - 54.

HERMELIN, B. (1987): Kommunikation bei autistischen Kindern (Gesichter, Gebärden, Geräusche): In: SPECK, Otto (Hrsg.): Kindertherapie: interdisziplinäre Beiträge aus Forschung und Praxis. München u.a.: Reinhardt, S. 123 - 132.

HOLLÄNDER, A./HEBBORN-BRASS, U. (1992): Familiale Entwicklungsbedingungen von autistischen Kindern vor Heimaufnahmen. In: Praxis Kinderpsychologie Kinderpsychiatrie, 41, S. 40 - 46.

HULSEGGE, J./VERHEUL, A. (1996[5]): Snoezelen - Eine andere Welt. BUNDESVEREINIGUNG LEBENSHILFE für geistig Behinderte e.V. (Hrsg.). Marburg/Lahn: Lebenshilfe-Verlag.

HUMPHREYS, A. (1987): Genetik und Autismus - Gibt es Zusammenhänge? In: autismus, Heft 23, S. 12 - 15.

INFORMATIONSBLATT des „Vereins für psychoanalytische Sozialarbeit e.V. Rottenburg (1994).

INNERHOFER, P./KLICPERA, Ch. (1988): Die Welt des frühkindlichen Autismus: Befunde, Analysen, Anstöße. München u.a.: Reinhardt.

JACOBS, K. (1984): Autismus - schulische Förderung und ambulante Therapie. Bonn u.a.: Duerr.

JAKOBS, G./KALDE, M./HARTMANN, H./ROHMANN, U. H. (1988): Gruppengespräche als therapeutischer Ansatz der Problemaufarbeitung bei Bezugspersonen behinderter Kinder. In: ARENS, Ch./DZIKOWSKI, S. (Hrsg.): Autismus heute (Bd. 1). Aktuelle Entwicklungen in der Therapie autistischer Kinder. Dortmund: verlag modernes lernen, S. 159 - 162.

JANETZKE, H. R. P. (1989): Fördern - statt fordern. In: PSYCHOLOGIE HEUTE, Heft 5, S. 12 - 13.

JANETZKE, H. R. P. (1997³): Stichwort Autismus. München: Heyne-Verlag.

JUDT, W. (1991): Facilitated Communication - Unterstützte Kommunikation. Eine einführende Bestandsaufnahme. In: autismus, Heft 32, S. 2 - 4.

KANFER, F. H./PHILLIPS, J. S. (1975): Lerntheoretische Grundlagen der Verhaltenstherapie. München: Kindler.

KANNER, L. (1966³): Child Psychiatry. Springfield u.a.: Charles C. Thomas.

KEHRER, H. E. (1978) (Hrsg.): Kindlicher Autismus. Basel u.a.: S. Karger.

KEHRER, H. E. (1981): Kindlicher Autismus - eine Angstneurose? In: autismus, Heft 12, S. 2 - 3.

KEHRER, H. E. (1986): Die Frühdiagnose des autistischen Syndroms. In: Der Kinderarzt, 17. Jg., Nr. 11, S. 1578 - 1581.

KEHRER, H. E. (1988a): Stellungnahme zu einer Behandlung mit dem Medikament Naloxon. In: autismus, Heft 25, S. 5.

KEHRER, H. E. (1988b): Zur Ätiologie des autistischen Syndroms. In: Der Kinderarzt, 19. Jg., Nr. 1, S. 43 - 50.

KEHRER, H. E. (1988c): Außenseitermethoden in der Behandlung des autistischen Syndroms. In: ARENS, Ch./ DZIKOWSKI, S. (Hrsg.): Autismus heute (Bd. 1). Aktuelle Entwicklungen in der Therapie autistischer Kinder. Dortmund: verlag modernes lernen, S. 61 - 69.

KEHRER, H. E. (1989): Autismus. Diagnostische, therapeutische und soziale Aspekte. Heidelberg: Asanger.

KEHRER, H. E. (1991): Neue diagnostische Verfahren. In: autismus, Heft 32, S. 7 - 9.

KEHRER, H. E./MORCHER, S. (1987): Das Erkennen und Lesen auf dem Kopf stehender (up side-down) Bilder und Schrift als Mehrleistung bei autistischen Kindern und Jugendlichen. In: Zeitschrift Kinder-Jugendpsychiatrie, 15, S. 315 - 326.

KESPER, G./HOTTINGER, C. (1997[4]): Mototherapie bei Sensorischen Integrationsstörungen. Eine Anleitung zur Praxis. München u.a.: E. Reinhardt.

KISCHKEL, W. (1988): Autistisches Syndrom bei Störung des fronto-limbischen Systems: Ein Fallbeispiel. In: Praxis Kinderpsychologie Kinderpsychiatrie, 37. Jg., S. 83 - 89.

KLONOVSKY, M. (1994): Skepsis soll nicht in Ignoranz umschlagen. In: PSYCHOLOGIE HEUTE, Heft 7, S. 10 - 11.

KREUTZIG, T. (1994[8]): Biochemie: Kurzlehrbuch und Antwortkatalog zum Gegenstandskatalog mit Einarbeitung der wichtigsten Prüfungsfakten. Nackarsulm u.a.: Jungjohann.

KUSCH, M./PETERMANN, F. (1991): Entwicklung autistischer Störungen. Bern u.a.:Huber.

LEIBING, E./RÜGER, U. (1994a): Die klienten-zentrierte Gesprächspsycho-therapie. In: HEIGL-EVERS, A./HEIGL, F./OTT, J. (Hrsg.): Lehrbuch der Psychotherapie. Stuttgart u.a.: Fischer, S. 331 - 350.

LEIBIG, E./RÜGER, U. (1994b): Verhaltenstherapie/Verhaltensmodifikation. In: HEIGL-EVERS, A./HEIGL, F./OTT, J. (Hrsg.): Lehrbuch der Psychotherapie. Stuttgart u.a.: Fischer, S. 313 - 330.

LENKITSCH-GNÄDINGER, D. (1985): Die Tomatis-Therapie. In: autismus, Heft 19, S. 11 - 13.

LUTZ, J. (1982): Hans Asperger und Leo Kanner zum Gedenken. In: autismus, Heft 13, S. 2 - 4.

LOEBEN-SPRENGEL, S. et al. (1981): Autistische Kinder und ihre Eltern. Veränderungen der familiären Interaktion. Weinheim u.a.: Beltz.

MAHLER, M. S. (1986[4]): Symbiose und Individuation. Bd. 1. Psychosen im frühen Kindesalter. Stuttgart: Klett-Cotta.

MALL, W. (1984): Basale Kommunikation - ein Weg zum anderen. In: Geistige Behinderung, 1, S. 1 - 16.

MALSON, L./ITARD, J./MANNONI, O. (1995[14]): Die wilden Kinder. Frankfurt am Main: suhrkamp.

MORTON, J. (1991): Warum Rainman nicht lügen kann. In: PSYCHOLOGIE HEUTE, Heft 3, S. 38 - 41.

MYSCHKER, N. (1989): Kunst- und musiktherapeutische Förderung von Kindern und Jugendlichen mit Verhaltensstörungen. In: GOETZE, H./NEUKÄTER, H. (Hrsg.): Handbuch der Sonderpädagogik. Band 6. Pädagogik bei Verhaltensstörungen. Berlin: Ed. Marhold im Wiss.-Verlag Spiess, S. 655 - 689.

NEUHÄUSER, G. (1986): Phosphatarme Diät bei Kindern mit hyperkinetischem Verhalten. In: Geistige Behinderung, 3, S. 218.

NIEß, N. (1987): Erfahrungen in Zürich. Das IAPP und die Tomatis-Methode. In: autismus, Heft 23, S. 16 - 18.

NISSEN, G. (1978): Wechselwirkungen bio- und informationsgenetischer Faktoren in den Familien autistischer Kinder. In: KEHRER, H. E. (Hrsg.): Kindlicher Autismus. Basel u.a.: S. Karger, S. 22 - 33.

OEPEN, G. (1988) (Hrsg.): Psychiatrie des rechten und linken Gehirns. Köln: Deutscher Ärzte Verlag.

O'GORMAN, G. (1976): Autismus in früher Kindheit. Beiträge zur Kinderpsychotherapie, Bd. 19. München u.a.: E. Reinhardt.

OTTO, B. (1986): Bruno Bettelheims Milieutherapie. Weinheim: Deutscher Studien-Verlag.

OY, C. M. von/SAGI, A. (1994[10]): Lehrbuch der heilpädagogischen Übungsbehandlung. Hilfe für das behinderte und entwicklungsgestörte Kind. Heidelberg: Ed. Schindele.

PREKOP, J. (1984a): Zur Festhalte-Therapie bei autistischen Kindern. Begründung und Anwendung. In: Der Kinderarzt, 15. Jg., Nr. 6, S. 798 - 802.

PREKOP, J. (1984b): Zur Festhalte-Therapie bei autistischen Kindern. Begründung und Anwendung. 1. Fortsetzung. In: Der Kinderarzt, 15. Jg., Nr. 7, S. 952 - 954.

PSCHYREMBEL Klinisches Wörterbuch (1994): - 257., neu bearbeitete Auflage - Berlin u.a.: de Gruyter.

REMSCHMIDT, H. (1985) (Hrsg.): Kinder- und Jugendpsychiatrie in Klinik und Praxis: in 3 Bd. (Bd. 2). Stuttgart u.a.: Thieme-Velag.

REMSCHMIDT, H. (1987a): Alterstypische, reaktive und neurotische Störungen. In: REMSCHMIDT, H. (1987c) (Hrsg.): Kinder- und Jugendpsychiatrie. Eine praktische Einführung. Stuttgart u.a.: Thieme-Verlag, S. 197 - 233.

REMSCHMIDT, H. (1987b): Psychosen. In: REMSCHMIDT, H. (1987c) (Hrsg.): Kinder- und Jugendpsychiatrie. Eine praktische Einführung. Stuttgart u.a.: Thieme-Verlag, S. 268 - 283.

REMSCHMIDT, H. (1987[2]c) (Hrsg.): Kinder- und Jugendpsychiatrie. Eine praktische Einführung. Stuttgart u.a.: Thieme-Verlag.

REMSCHMIDT, H./OEHLER, C. (1990): Die Bedeutung genetischer Faktoren in der Ätiologie des frühkindlichen Autismus. In: autismus, Heft 30, S. 16 - 24.

ROEDLER, P. (1983): Diagnose: Autismus. Ein Problem der Sonderpädagogik. Frankfurt am Main: AFRA-Druck, KA-RO.

ROHMANN, U. H./KALDE, M./HARTMANN, H./JAKOBS, G. (1988): Das therapeutische Konzept der Körperzentrierten Interaktion. In: ARENS, Ch./DZIKOWSKI, S. (Hrsg.): Autismus heute (Bd. 1). Aktuelle Entwicklungen in der Therapie autistischer Kinder. Dortmund: verlag modernes lernen, S. 139 - 151.

ROSENKÖTTER, H. (1994): Das Gehörtraining nach Dr. Guy Bèrard. In: autismus, Heft 38, S. 3 - 7.

SCHLÜTER, H. (1988). Die Musik-Körpererfahrungs-Therapie im Rahmen eines integrativen Therapiekonzepts. In: ARENS, Ch./DZIKOWSKI, S. (Hrsg.): Autismus heute (Bd. 1). Aktuelle Entwicklungen in der Therapie autistischer Kinder. Dortmud: verlag modernes lernen, S. 101 - 113.

SCHMIDT, M. (1991): Neue Ergebnisse in der Therapieforschung beim frühkindlichen Autismus. In: BUNDESVERBAND „Hilfe für das autistische Kind" (Hrsg.): Soziale Rehabilitation autistischer Menschen - Möglichkeiten und Grenzen -. 7. Bundestagung des Bundesverbandes in Düsseldorf. Hamburg, S. 32 - 43.

SCHOPLER, E./REICHLER, R. J. (1981): Förderung autistischer und entwicklungsbehinderter Kinder. Bd. 1 Entwicklungs- und Verhaltensprofil. P.E.P. (Psychoeducational Profile). Dortmund: verlag modernes lernen.

SCHOPLER, E./REICHLER, R. J./LANSING, M. (1983): Förderung autistischer und entwicklungsbehinderter Kinder. Bd. 2 Strategien der Entwicklungsförderung für Eltern, Pädagogen und Therapeuten. Dortmund: verlag modernes lernen.

SCHULTE-KÖRNE, G./REMSCHMIDT, H. (1995): Klinische und genetische Aspekte des fragilen(X)Syndroms. In: pädiat. prax., 49, S. 351 - 360.

SELLIN, B./KLONOVSKY, M. (1993) (Hrsg.): Ich will kein Inmich mehr sein. Botschaften aus einem autistischen Kerker. Köln: Kiepenheuer & Witsch.

SIEGEL, E. V. (1986): Tanztherapie. Stuttgart: Klett-Cotta.

SILBERNAGEL, S./DESPOPOULOS, A. (1979): dtv-Atlas der Physiologie. München: Thieme-Verlag.

SPECK, O. et al. (1987): Kindertherapie: interdisziplinäre Beiträge aus Forschung und Praxis. München u.a.: Reinhardt.

STROTHMANN, M. (1990): Basale Stimulation - Sensorische Integration: Einige kritische Anmerkungen zum theoretischen Konzept und zur Anwendung in der Praxis. In: DOERING, W./DOERING, W. (1990a) (Hrsg.): Sensorische Integration. Anwendungsbereiche und Vergleiche mit anderen Fördermethoden/Konzepten. Dortmund: verlag modernes lernen, S. 220 - 230.

THEILE, U. (1992): Checkliste genetische Beratung. Stuttgart u.a.: Thieme-Verlag.

TINBERGEN, N./TINBERGEN, E. A. (1984): Autismus bei Kindern. Fortschritte im Verständnis und neue Heilbehandlungen lassen hoffen. Berlin u.a.: Parey.

TÖLLE, R. (1991[9]): Psychiatrie. Berlin u.a.: Springer-Verlag.

TUSTIN, F. (1988): Autistische Barrieren bei Neurotikern. Frankfurt am Main: Nexus.

VANDE KERCKHOVE, L. (1990): Das Konzept der Kritischen Entwicklungbegleitung nach Prof. Hendrickx in der Arbeit mit autistischen Kindern und Jugendlichen. In: DZIKOWSKI, S./ARENS, Ch. (Hrsg.): Autismus heute (Bd. 2). Neue Aspekte der Förderung autistischer Kinder. Dortmund: verlag modernes lernen, S. 59 - 70.

WEBER, D. (1982): Autistische Syndrome und dazugehörige Verhaltensweisen. In: Geistige Behinderung, 1, S. 4 - 16.

WEBER, D. (1985): Autistische Syndrome. In: REMSCHMIDT, H. (Hrsg.): Kinder- und Jugendpsychiatrie in Klinik und Praxis: in 3 Bd. (Bd. 2). Stuttgart u.a.: Thieme-Verlag, S. 269 - 298.

WEBER, D. (1987): Probleme, die sich aus dem Stand der Autismusforschung für die Eltern frühkindlich autistischer Kinder ergeben. In: SPECK, O. et al. (Hrsg.): Kinder-therapie: interdisziplinäre Beiträge aus Forschung und Praxis. München u.a.: Rein-hardt, S. 162 - 167.

WELCH, M. (1984): Heilung vom Autismus durch die Mutter-und-Kind-Haltetherapie. In: TINBERGEN, N./TINBERGEN, E. A.: Autismus bei Kindern. Fort-schritte im Verständnis und neue Heilbehandlungen lassen hoffen. Berlin u.a.: Parey, S. 297 - 310.

WENDELER, J. (1984): Autistische Jugendliche und Erwachsene. Gespräche mit El-tern. Weinheim u.a.: Beltz.

WHO (WORLD HEALTH ORGANISATION) (1991): Internationale Klassifikation psychischer Störungen: ICD-10, Kapitel V (F), klinisch-diagnostische Leitlinien, Weltgesundheitsorganisation. Herausgegeben von DILLING, H./ MOMBOUR, W./SCHMIDT, M. H. Bern u.a.: Huber.

WILKER, F. W. (1979): Therapie autistischer Kinder unter besonderer Berücksichti-gung ihrer Wahrnehmungsverarbeitung. In: BUNDESVERBAND „Hilfe für das auti-stische Kind" (Hrsg.): Therapie und schulische Förderung autistischer Kinder in Eng-land, USA und Deutschland. Referate der 4. Bundestagung und des Kongresses in Frankfurt. Bremen/Hamburg, S. 170 - 175.

WILKER, F. W. (1989): Autismus. Darmstadt: Wissenschaftliche Buchgesellschaft.

WING, J. K. (1988[3]) (Hrsg.): Frühkindlicher Autismus. Klinische, paedagogische und soziale Aspekte. Weinheim: Beltz.

WURST, E. (1976): Autismus. Bern u.a.

ZIMBARDO, P. G. (1983[4]): Psychologie. Berlin u.a.: Springer-Verlag.